U1070213

亚太城市报告 2015

城市转型从量到质

联合国人居署　联合国亚太经社会　编著

周玉斌　应　盛　周梦妮　Sicheng　Zhou
刘　冰　艾　蓉　马书韵　周炳宇　杨晓予　译著

同济大学出版社
TONGJI UNIVERSITY PRESS

内 容 提 要

本报告是联合国人类住区规划署(联合国人居署)和联合国亚洲及太平洋经济社会委员会(联合国亚太经社会)关于亚太地区城市状况系列报告在2010/2011年报告后发布的第二份报告。基于2010年报告的调查结果和基线数据,并把握了迅速变化的新政策机遇,《亚太城市报告2015》旨在进一步为该地区的城市变化政策相关文献添砖加瓦。具体来说,未来的城市化将转为包容的、可持续发展的模式,该报告强调了当前城市化模式与这个愿景之间的鸿沟。亚太地区城市的角色无疑与国家、地区和全球发展前景紧紧联系在一起。

图书在版编目(CIP)数据

亚太城市报告2015:城市转型从量到质/联合国人居署;联合国亚太经社会编著;周玉斌等译著. --上海:同济大学出版社,2016.7

ISBN 978-7-5608-6423-5

Ⅰ.①亚… Ⅱ.①联… ②联… ③周… Ⅲ.①城市经济—经济发展—调查报告—亚太地区 Ⅳ.①F299.3

中国版本图书馆CIP数据核字(2016)第142598号

亚太城市报告2015:城市转型从量到质

联合国人居署 联合国亚太经社会 **编著** 周玉斌 等 **译著**

责任编辑 陆克丽霞 **责任校对** 徐春莲 **封面设计** 陈益平

出版发行 同济大学出版社 www.tongjipress.com.cn

(上海市四平路1239号 邮编:200092 电话:021-65985622)

经　　销 全国各地新华书店

印　　刷 上海安兴汇东纸业有限公司

开　　本 889 mm×1194 mm 1/16

印　　张 13

字　　数 416 000

版　　次 2016年10月第1版 2016年10月第1次印刷

书　　号 ISBN 978-7-5608-6423-5

定　　价 158.00元

HS/071/15E
ISBN:978-92-1-132681-9

免责声明

本报告中所使用的名称和呈递的材料，就联合国秘书处而言，不是关于任何国家、地区、城市或区域或其当局的法律地位的任何意见表述，也不是关于其边界或边界线定界，或经济体系和发展等级的任何意见表述。本出版物的分析性总结和建议不一定代表联合国人居署或其理事会或其成员国的观点。

参考文献中所提到的公司或商业产品和流程并不表示联合国人居署对它们的支持。

封面照片

广州珠江上的一座大桥

© Lim Ozoom/Dreamstime

序

我非常高兴向大家介绍本部也是第二部《亚太城市报告》，像《亚洲城市报告2010/2011》一样，本报告是联合国人居署和联合国亚洲及太平洋经济社会委员会(以下简称“联合国亚太经社会”)精诚合作的成果，它真正真实体现了“一个联合国”的精神。

本报告来得非常及时，因为亚太地区正在经历着一个急速变化的时期。因此，本报告试图点亮一道光芒，去揭示人口、经济、社会和环境的发展趋势，以及亚太地区的政府、商业机构和社会所面临的挑战。

鉴于联合国第三次住房和可持续发展大会(简称“‘人居三’大会”)即将在2016年召开，所以这也是一本非常及时的报告。我们期待这部报告中的发现有助于加强亚太地区各国为“人居三”的筹备工作。

在过去的数十年里，全球化、国外直接投资和私人部门为主导的举措都一致给亚太地区带来了经济的增长，甚至是城市的快速发展。这既带来了积极的作用，也带来了一些消极的影响。

从积极的方面来看，亚太地区已经成为世界的工厂、实验室和旅游目的地——在这个过程中，帮助该地区千百万人摆脱了贫困。

但取得这些进步的同时也存在着不好的一面。这些变化带来了相当大的环境代价，而在大幅减少收入贫困的同时，其他方面的匮乏，如住房不足、缺乏获得安全饮用水和卫生设施等情况并没有得到很好的解决。所有这些残留的尚未解决的主要问题波及整个亚太地区。

此外，随着时间的推移，虽然公共和私营部门的各大联盟都做出了许多努力以确保亚太城市在全球经济中具备高度的竞争力，但是这样的竞争力往往以中央政府牺牲国内公平、平等和可持续发展为代价。因此，亚太地区人口中有很大比例仍然处于低工资、不人道的工作条件和恶劣的生活环境中。

总体而言，全面的由公共部门主导的城市规划也已在削弱对经济增长的追求。现在谨慎的做法是该地区各国政府开始检查自己的城市、社会和环境治理方式，以确定将需要什么样的改革，以指导如何在将来实现更理想和更可持续的发展。

感谢联合国亚太经社会和联合国人居署之间值得称道的机构间合作，使得本报告能对上述事项和其他方面的议题进行深入的探讨。

霍安·克罗斯博士

联合国副秘书长

联合国人居署执行主任

译　序

我很高兴向大家介绍《亚太城市报告2015：城市转型从量到质》中文版。本书中文版的出版是同济大学和联合国人居署、联合国亚洲及太平洋经济社会委员会再一次紧密合作的成果。

《亚太城市报告》系列是联合国关于亚太地区城市发展状况的旗舰报告。这是一本非常耐看的综合报告。读完本书，你会对亚太范围内58个国家和地区的城市化、城市面临的挑战和发展趋势等情况有个全面的了解。据联合国人居署统计，全球已经有超过50%的人口生活在城市，而全球城市人口的55%生活在亚洲和太平洋地区。从现在到2050年，93%的城市人口增长都将集中在发展中国家，而亚太地区将是城市人口增长的主要家园。亚太地区不但是全球经济增长的重要动力之一，更成为全球城市化的重要承载区。到2018年，亚太地区超过50%以上的人口有望成为城市人口。亚太地区的城市化进程无疑具有重要的全球化意义。我们可以看到亚太地区有着一个城市的未来，但是我们必须为此做好准备。

2010年，我们目睹了首个以城市为主题的"城市，让生活更美好的"世博会在上海举行。上海世博会前所未有地展现了全球城市发展的精彩纷呈。亚太地区的城市活力更是让世界为之惊叹。从积极的方面来说，亚太地区城市的快速发展已经使该地区数亿人口摆脱了贫困。然而，亚太地区还拥有世界上最大的城市贫民窟人口和最密集的生活在贫困线以下的人口。除此之外，亚太地区城市还面临着新形势下环境恶化、气候变化挑战、城市社会转型、城市科技和城市治理上的种种挑战。这也警示了我们当前的城市化模式并不具有可持续性。

本书通过翔实的数据分析、精彩的案例介绍、跨地区的经验对比等，从城市人口、城市经济、城市社会转型、城市环境和气候挑战以及城市治理等方面进行了全面的剖析和生动的介绍。本书附表中的城市统计数据是一个丰富又很新的亚太地区城市数据总结。本书强调指出当前的城市化模式需要转向一个更加包容和更可持续的城市未来。

2016年10月即将召开第三届联合国住房和可持续发展大会(简称“人居三”大会)，所以《亚太城市报告2015：城市转型从量到质》中文版的出版非常地切合时机。各国领导人及利益相关者将齐聚这个20年一度的全球峰会，重振对可持续城市化的承诺，并且通过《新城市议程》，为今后20年世界城市的发展确立目标和方向。本书的出版将给中国乃至整个亚太华语区的广大城市决策者、城市研究人员、城市规划师以及城市市民等提供非常详尽的亚太地区城市发展的最新总结参考，从而有助于更好地参与联合国“人居三”大会的筹备工作和共同建设一个更加包容和更加可持续的亚太城市未来。

读者们在阅读本书的时候，或许多多少少都会有些心领神会的感觉，因为这也正是亚太地区城市化进程中我们的脑电波共振。亚太地区是如此的庞大，各国城市情况是如此的复杂，城市转型走向可持续发展的道路充满挑战。正如本书的副标题中所揭示的，亚太地区的城市化需要“从量到质”。

同济大学和其全球合作伙伴们已经做好准备为城市提供一切帮助。

伍江
同济大学常务副校长
2016 年 6 月于上海同济大学

前　言

继《亚洲城市报告2010/2011》成功发布后，我很高兴向大家介绍其第二版，也就是《亚太城市报告2015》。

和上一份报告一样，这份报告也是联合国亚太经社会和联合国人居署之间的合作成果。如果没有对亚太地区城市发展趋势进行大量的回顾和分析，这份报告就不可能实现。

亚太地区的城市化速度和规模是前所未有的。据预测，到2018年，该地区一半的人口将生活在城市里。目前，该地区超过20亿以上的人口居住在城市和城镇——而到2040年，又一个10亿人口将变成城市人口。

亚太地区正在发生着巨大的变化，而城市正在发挥着重要的作用。该地区已成为全球经济中心的重心，出现这个结果很大程度上是由于全球化和贸易自由化的推动。大部分财富都产生在城市里面或其周围。很显然，城市现在是该地区发展的中心，也是它未来发展的中心。

但亚太地区不再只是一个全球性制造商，这里越来越成为全球的研究、创造和创新中心。新兴的且大部分生活在城市的中产阶级已经成为一股重要的社会、经济和政治力量，他们带来了对更高质量的商品、服务、基础设施以及更好的生活质量的需求。这些推动形成了关于如何以可持续的方式满足人类历史上最大规模的城市群需求的创造性思维及解决方案。

虽然城市化作出了积极贡献，使数以百万人摆脱了贫困，然而还有大量的人继续住在贫民窟，他们收入微薄且生活在脆弱的和不健康的环境里。目前的经济模型并不能提供充分的包容和可持续发展的依据。城市经济转型需要新的视野以及跨越国家和地方政府以及私营部门和民间社会的合作伙伴关系。本报告阐述了这些机会。

亚太地区的城市面临着巨大的环境挑战。对于自然资源无节制的开采是不可持续的，或者说这一行为造成了不可逆的代价。污染和空气质量的下降说明越来越多的城市正面临着宜居性的多重危机。即使是该地区最令人印象深刻的城市沿街立面也掩盖不了高风险的危机。

为了应对这些挑战，需要新的多层次的协同治理模式。当地政府已发挥重要作用，但往往缺乏能力和权力去采取行动。目前的财政收入，也远远不足以满足基础设施和其他资本投资的长期融资需求。

显然，为了抓住我们城市未来的重大机遇，我们还有很多工作要做。但是如果没有足够信息的话，我们就几乎什么也干不了。空间管理、经济增长、减少贫困需要有效的政策；环境保护需要准确的、相关的和可访问的数据。这个地区需要不少于一次的城市数据革新来满足这一目标。

本报告的编制充分考虑了2015年后发展议程。它还分析了重点的地区热点，这将在第六届亚太城市论坛上讨论，并且在2016年召开的联合国第三次住房和城市可持续发展大会（人居三）上形成新城市议程。

本报告为以证据为基础的政策和规划，围绕可持续发展的三个维度和一个关键的第四个维度——城市治理，提供了一个分析知识平台。联合国亚太经社会致力于在实现一个更加可持续的地区和全球未来的努力中发挥其领军作用。

沙姆沙德·阿赫塔尔

联合国副秘书长

联合国亚太经社会执行秘书

谢 辞

《亚太城市报告 2015》回顾和分析了整个亚太地区城市发展的主要趋势。它延续了 2011 年出版的《亚洲城市报告》的特点，但进一步评估了《世界城市化展望 2014》中的最新城市数据，并且进一步揭示了该地区快速发展的城市和城镇变化趋势。其时序进一步呼应了 2015 年后发展议程，并为即将于 2016 年在厄瓜多尔基多召开的联合国第三届住房和城市可持续发展大会做了积极的地区筹备工作。

《亚太城市报告 2015》由联合国人类住区规划署（人居署）和联合国经济和社会委员会（亚太经社会）共同构思。在联合国人居署，本报告由项目司司长阿利・巴迪阿尼主持；在亚太经社会，由环境与发展司前司长钟来权主持。

本报告的概念化与协调工作由内罗毕联合国人居署技术顾问处的 Jos Maseland 和曼谷亚太经社会城市可持续发展处的 Donovan Storey 负责。在所有的协调过程中，他们得到了曼谷的经济事务官员 Kyungkoo Philip Kang 和内罗毕的人居官员 Katharina Rochell 的全程支持。Kioe-Sheng Yap 是本报告整体的实质性主要作者，其间得到了其研究助理 Matthew Sarsycki 和 Witchaya Pruecksamars 的协助。Banashree Banerjee 起草了第 5 章城市治理和管理。

亚太经社会特别要感谢以下工作人员和实习生对本报告草稿的实质性检查：Lorenzo Santucci, Ram Tiwaree, Natalja Wehmer, Alberto Isgut, Andres Montes, Fernando Preminda, Mari Sawai, Saori Miyake, Tiyani Yang, Seungji Choi, Inhye Kong, Duncan Munro 和 Ji-hyun An。统计数据和信息由亚太经社会统计司的 Eric Hermouet 和 Panpaka Supakalin 补充。Nia Cherrett 提供了几幅地图的支持。行政和后勤援助由 Rujiraporn Polchai 和 Sirikul Chan-amnuaysook 提供。

联合国人居署感谢所有相关工作人员，特别是联合国人居署亚太办主任 Yoshinobu Fukasawa，亚太办的 Mariko Sato 和 Bruno Dercon 以及联合国人居署曼谷办事处的 Muhammad Fazal Noor, Laxman Perera 和 Ilija Gubic。

本报告在编制的过程中得到了 John Connell, Jerrold W. Huguet, Paul R. Jones, Ildus Kamilov, H. Detlef Kammeier, Meruert Makhmutova, Jorge Carrillo-Rodriguez, Hari Srinivas 和 Kalpana Viswanath 在草稿分组讨论审校过程中的大力支持。

本报告在中期两个分组审核中得到了 Koichiro Aitani, Alex Brillantes, Tim Bunnell, Torwong Chenvidyakarn, Donna L. Doane, Tommy Firman, Arif Hasan, Yok-shiu Lee, Darshini Mahadevia and Om Prakash Mathur, Noman Ahmed, Edwin Hon-Wan Chan, Songsu Choi, Shobhakar Dhakal, Kamila Mukhamedkhanova, Wahyu Mulyana, VijayNaidu, Emma Estenzo Porio 和 Paul Chamniern Vorratnchaiphan 的大力支持。

联合国人居署感谢挪威和印度政府提供的财政支持！

联合国人居署感谢同济大学上海同济城市规划设计研究院对本报告中文版的翻译和出版！

简 介

本报告是联合国人类住区规划署(联合国人居署)和联合国亚洲及太平洋经济社会委员会(联合国亚太经社会)继《亚洲城市报告 2010/2011》后发布的第二份关于亚太地区城市状况的报告。基于 2010 年报告的调查结果和基线数据,并把握了迅速变化的新政策机遇,《亚太城市报告 2015》旨在进一步为该地区的城市变化政策相关文献添砖加瓦。具体来说,就是体现在它的副标题里面,本报告强调了当前的城市化模式,需要借助什么去转向一个更具包容性和更加可持续的城市未来。亚太地区城市的作用无疑与国家、地区和全球发展前景紧紧联系在一起。

地理覆盖范围

亚太地区包括 58 个国家和地区。在这份报告中,它们被分为 5 个子区域,如表 1-1 所示。它们分别对应于亚太经社会的成员和准成员的国家和地区。尽管它们的社会经济、政治和行政状况显著不同,但地区分组反应了它们地理上的接近和一定程度的可比性,这使得对于城市状况的分析和讨论更具有可行性。

表 1-1　亚太地区国家、地区和次区域

南亚和西南亚	北亚和中亚	太平洋地区	东南亚	东亚和东北亚
阿富汗	亚美尼亚	美属萨摩亚群岛	文莱达鲁萨兰国	中国
孟加拉国	阿塞拜疆	澳大利亚	柬埔寨	朝鲜
不丹	格鲁吉亚	库克群岛	印度尼西亚	中国香港
印度	哈萨克斯坦	斐济	老挝人民民主共和国	日本
伊朗(伊斯兰共和国)	吉尔吉斯斯坦	法属波利尼西亚	马来西亚	中国澳门
马尔代夫	俄罗斯联邦	关岛	缅甸	蒙古
尼泊尔	塔吉克斯坦	基里巴斯	菲律宾	韩国
巴基斯坦	土库曼斯坦	马绍尔群岛	新加坡	
斯里兰卡	乌兹别克斯坦	密克罗尼西亚(联邦)	泰国	
土耳其		瑙鲁	东帝汶	
		新喀里多尼亚	越南	
		新西兰		
		纽埃		
		北马里亚纳群岛		
		帕劳		
		巴布亚新几内亚		
		萨摩亚		
		所罗门群岛		
		汤加		
		图瓦卢		
		瓦努阿图		

报告的结构

考虑到这个地区是如此的庞大，地区差异性是如此的显著，本报告的组织结构最终确定应该从地理或专题的角度开展。而分区域特性是很重要的，毫无疑问，南亚、东北亚和太平洋岛屿的城市经验需要更全面的分析，它们也有重要的区域连通性，并可以从中吸取经验。因此，在可能的情况下，突出次区域的趋势，所以本报告共分5个专题章节。第1章关注地区、次区域和国家的城市化趋势及潜在的城市人口；第2章回顾了该地区的城市经济与城市化进程的关系；第3章分析了不断变化中的亚太地区城市社会变革；第4章着眼于城市化对地区、其国家和城市生态环境的影响和人口的聚集作用；第5章回顾了该地区面临的治理挑战和更有效的政策应对机会。

这5个通用实质性主题在联合国人居署自2008年起发布的其他城市系列报告里面也得到了鲜明的体现，这些报告包括《非洲城市报告》《阿拉伯国家城市报告》《亚太城市报告》《转型欧洲城市报告》和《拉丁美洲及加勒比地区城市报告》。这些共同的特点，在一定程度上促进了不同区域内全球城市的比较。

本报告中的一个新特点是增加了4篇发人深省的专题聚焦涉及亚太地区正面临的一些较为关键的问题，从而探讨哪些政策机遇有可能会带来改变。第一篇集中讨论城市的机动性；第二篇讨论社会和社会维度；第三篇讨论亚太地区的新兴生态城市；最后一篇回顾当前城市金融的挑战、实践和机会。我们希望，这些专题聚焦能够激励地区、国家和地方各级的进一步交流，以解决所在区域的问题。

报告在最后总结处提供了一个统计附件，详细说明了与本报告中的研究和分析相关的地区、次区域、国家和地方各级、农村和城市人口、城市规模的类别、城市化水平和价格等关键数据信息。

统计资料与其他数据

首先要指出的是比较数据和指标是非常困难的一件事，尤其在试图做出权威的比较以期给政策制定提供清楚的信息就更加不容易了。一个普遍的问题是，本报告中涉及的一些国家要么是缺乏统计资料的(或不便获得的)，或者就是数据覆盖各种行政区域级别。在测试经济和社会发展指标，以及对环境状况进行数据监测时也发生了类似的困难。

由于不同国家在数据统计收集制度和处理方法上的差异，要统一统计口径难度相当大。随着时间的推移，用于开展人口普查方法的框架也发生了变化，这往往会导致数据不兼容，甚至在一个国家或城市内的数据也不兼容。

考虑到数据收集方法的差异，以及对“都市区”定义的差异，本报告中使用的所有人口统计数据，除非另有说明，都来自联合国经济和社会事务部出版的《世界城市化展望:2014版》(图1-1)。

当然，联合国经济和社会事务部的数据也有不足的地方，特别是那些基于国家的“不是很近期的”人口普查统计数据。因此，在本次报告中，这一数据也只被用于基本趋势的判别，从而保证相关的政策敏感信息不受这些数据的影响。

主要发现和信息

到2018年，亚太地区超过50%以上的人口有望成为城市人口——到那时这个地区将不再被认为是以农村为主的。这种历史性的变化以及如何管理好它，可以说是亚洲和太平洋地区的政府和城市在21世纪初面临的最大挑战。因为这是城市的新纪元:人类历史上居住在城镇和城市的人口数量超过生活在农村的人口。

亚太地区的城市化进程也具有重要的全球意义。2014年，全球城市人口的55%生活在亚洲和太平洋地区。

该地区最近的经济成就已经使数亿人摆脱了贫困，并创造了一个快速发展的，目前将近20亿人的城市中产阶级。尽管如此，亚太地区还拥有世界上最大的城市贫民窟人口和最密集的生活在贫困线以下的人口。人人享有适当住房、安全的社区、洁净水和卫生、保健、交通和现代能源系统，甚至是法律上定义的地址等这些权利仍然没有得到完全实现。很明显，该地区的经济发展并没有惠及所有的人，而差距最鲜明的例子就是在城市地区。

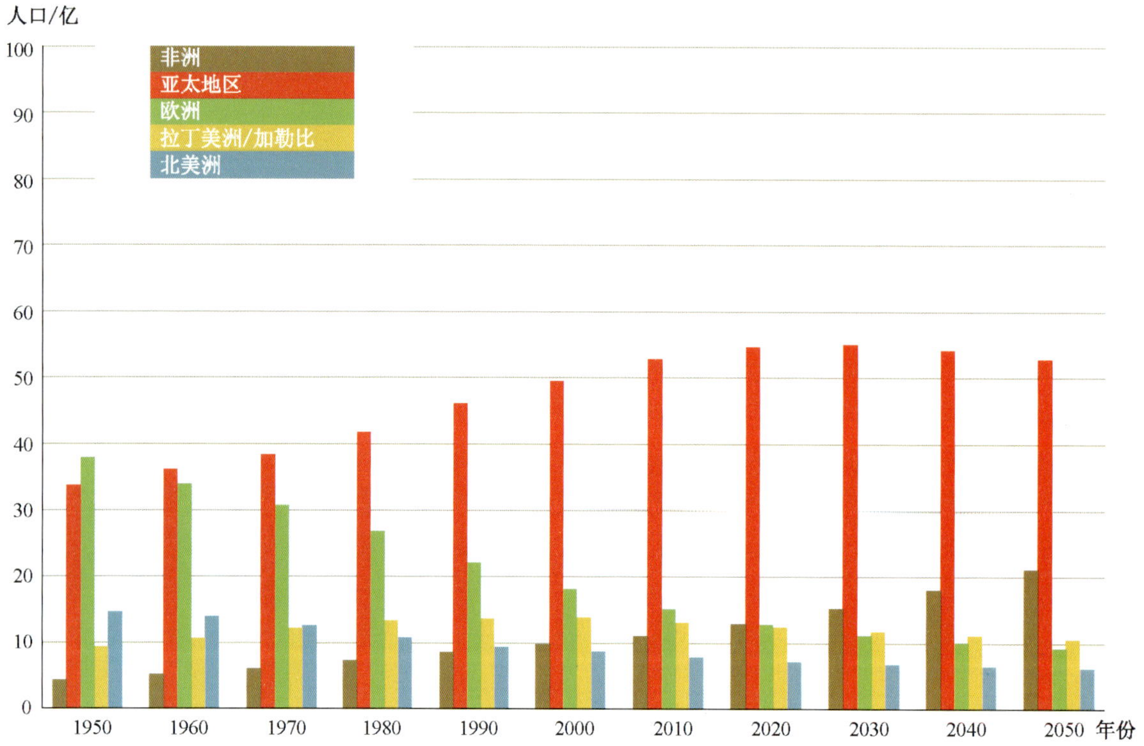

图 1-1 《世界城市化展望 2014》定义的各地区年中城市人口

来源:《世界城市化展望 2014》,文件 F03。

亚太地区令人印象深刻的城市立面往往掩盖了城市巨大的弱点和不平等现象。这不是什么秘密,亚太地区有着一些世界上污染最严重和最不健康的城市。此外,亚太地区的城市是最易受到自然灾害和气候变化的预期影响。1970 年到 2011 年间全球自然灾害造成的死亡人数几乎 3/4 在亚太地区。因此,目前迫切需要解决亚太地区城市的抗灾能力。支持这种响应是惠民政策的需要,因为灾害和气候变化的缓慢变化会严重影响穷人并边缘化他们。

因此,这就有赖于亚太地区的政治家、决策者和城市管理者,他们肩上责任重大。本世纪,他们必须更有效地实现城镇化发展带来的好处,同时尽量减少社会和环境成本。为了能做到上述这些要求,对处理制度管理和融资机制就有了一个显著的要求——因为现有的制度管理与融资机制被证明在面对快速变革的时候是不足的。这些都是地方、国家和地区关注的关键事项,但是鉴于各地区城市化进程对世界的重要意义,它们也有着全球性的影响。事实上,世界可持续发展的前景越来越依赖于如何管理好亚太城市。

本报告旨在应对这些成为亚太地区不断变化的城市景观和城市政府的主要优先事项的挑战。在本报告的后续部分将提供相关的研究结论。这些结论强调并反映了各个章节和专栏的重点,我们鼓励读者参考。

人口和城市化

亚太地区城市化的速度和规模是前所未有的。从 1980 年至 2010 年,该地区的城市人口增长了大约 10 亿人。据联合国预测显示,到 2040 年亚太地区的城市人口将再增加 10 亿(图 1-2)。

整个亚太次区域相较于人口增长比率,城市发展比例更快。虽然该区域作为一个整体,城市化水平还没有北美(81.5%),拉丁美洲和加勒比地区(79.5%)或者欧洲(73.4%)高,但是到 2018 年亚太地区一半人口将生活在该地区的城镇和城市里面。到 2050 年,亚太地区城市地区将容纳到亚太地区近 2/3 的人口。毫无疑问,亚太地区有着一个城市的未来,它必须为此做好准备。

亚太地区的发展前景将越来越多地依赖于它的城市是如何管理的。因此，政策制定者需要找出现有的做法和新的城市化模式之间的差距，以实现可持续和包容的城市化进程。除了人口的驱动，这还意味着迫切需要解决数量和增长质量之间的差距。

亚太地区庞大的规模和多样性成为捕捉和描述该区域特征的一个巨大挑战。例如，各国的城市化水平，范围就从新加坡的100%，到巴布亚新几内亚的13%、尼泊尔的18.2%和斯里兰卡的18.3%。

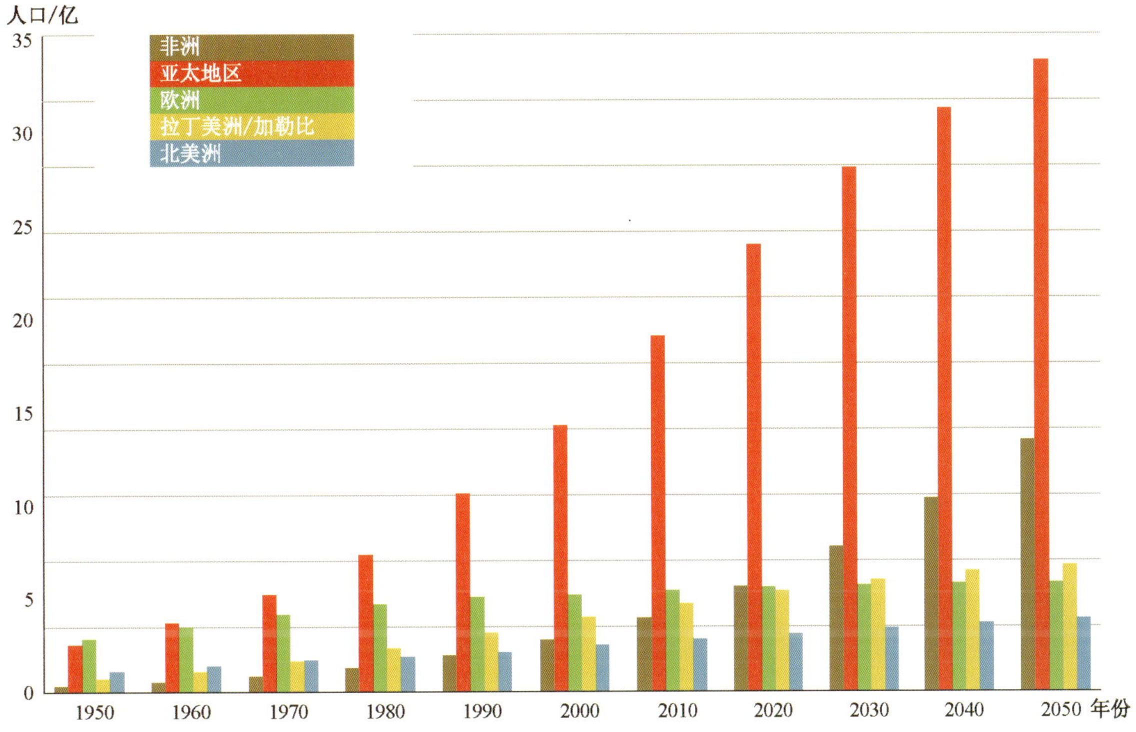

图1-2 各指定区域年中城市人口(1950—2050年)(亿)

数据来源：《世界城市化展望2014》，文件F03。

中国和印度的城市化发展趋势正在对亚太地区的人口城市化产生重大影响——例如从2000年到2010年，中国的城镇人口年增长率为2.6%，印度的城镇人口年增长率为3.8%。但增长率只是部分地说明了事实——城市人口数量的绝对增长总体是惊人的。据联合国预测，到2050年，单是生活在中国和印度城市的人口数量就将会增长6.96亿(印度4.04亿；中国2.92亿)。

城市不再只是有界的实体。通过地理的扩张，城市越来越多地需要关注的不仅是城市区域，也要关注更广泛的城市群，而非受行政边界的限制。随着城市人口的增加，城市地区通过正式和非正式途径扩大其边界，往往会把小型的居住区吸收进来。

以前很少见的特大城市(超过1 000万居民)现在越来越普遍了。今天，亚太地区有17个特大城市，它们中的三个是世界上最大的城市——东京、新德里和上海。

据预测，到2030年，亚太地区将有不少于22个特大城市。此外，特大城市现在正在让位给了特大城市区，这些特大城市区包括城市、城镇、村庄和农村地区，其中一些甚至跨越国界，以有规划或没有规划的城市走廊的形式出现。

全面管理这样的地区性城市、特大城市区域及它们之间的相互影响是非常困难的，因为它们往往有行政上的划分，而它们的问题却跨越行政边界。这就需要有一个新的多层次、协同治理的体系来更好地管理这些新兴的庞然大物。在一些情况下,从功能上或者地域上定义而不是行政上定义一个城市区反而能够获得更大的效益。

与普遍的看法相反,事实上,亚太地区仅仅只有超过10%的城市人口生活在特大城市。该地区的城市人口主要生活在中小型城市,该地区的城市转型很大程度上是在这种中小型规模的城市里展开的。这也是该地区一个重要的趋势和动态。

然而,尽管它们在不断成长并且日益重要,大多数二线或者更小的城市面临着缺乏必要的人力、财力和组织资源的未来。

小城市往往是全球化和国际贸易的无关者,很难获得它们带来的好处。由于缺乏足够的财政基础,它们还在为提供足够的水、卫生设施和交通服务而努力。这些城市是否以及如何应对这些挑战,将在很大程度上决定该地区城市未来的情况。它还将决定这些城市能否实现更低碳、更可持续、更有弹性、成功和包容。

亚太地区各个城市都有各自的故事。虽然很多城市都在不断增长,但是不少城市也正在经历增长停滞甚至人口下降。造成这种现象有很多不同的原因,包括人口老龄化、去工业化、传统就业形式的损失以及郊区化。在“发展中的中亚”和东亚的经济合作发展组织(OECD)国家中表现出极大的差别,“收缩的城市”这一情况给城市规划者和决策者带来了新的挑战,需要他们去寻求经济和社会可持续发展的新模式,不依赖于城市人口增长和经济的扩张。

亚太地区的城市化主要不再由人口迁移造成的,也不由其他任何单一明确的因素决定。在过去几十年保持城市的高增长率后,目前人口迁移带来该地区的城市人口增长在20%～30%,这与人口自然增长和重新分类占据了大致相等的份额。虽然在过去一些国家的政府遏制农村人口向城市迁移,近年来已经开始看到人口流动管制上的松动,甚至鼓励迁移。这反映出城市化与经济发展前景之间有很大的关联度。

要制定关于空间管理、经济增长、减少贫困和保护环境的有效政策,就需要准确的、相关的、最新的和实时的关于城市发展趋势和状况的数据。但城市的数据收集和报告没能跟上亚太地区大多数国家的需求。这种情况确实存在——特别是在全球网络相连的城市中——数据很少专为城市政策使用。这“数据不足”的情况正影响着科学决策和对城市发展的规划。在亚太地区城市转型的过程中,该地区面临着严重的数据不足,这会影响其应对复杂的社会和经济变化的能力。该地区需要一个“城市数据革命”。

城市经济

亚太城市现在是经济增长和财富创造的重要枢纽。它们的经济成就和转型已使数百万人摆脱了贫困。认识到这一点,政府已经明确地把自己的未来城市化和国家发展战略和经济前景联系在一起。越来越多的城市,现在立志成为“世界级”或“有全球竞争力”的城市,甚至要实现比亚太地区其他许多国家的国内生产总值还要大的经济规模。

然而,在大多数情况下,这种增长是基于出口制造业驱动的竞争结构,并由低成本和低工资的生产作为支撑。因此,它已经带来了巨大的成本——无论是社会、环境还是公平上的。从长远来看,保持生产和劳动力成本低并不是有效的发展战略。

城市经济转型需要构建新的伙伴关系,包括新的国家和地方政府,以及私营部门和民间社会的关系。它需要在教育和技能方面进行投资,同时培养有创造力的文化。如果城市要避开“城市中等收入陷阱”,这种转变将是必不可少的,但是这个回报将需要几代人才能实现,这些都需要更长期愿景目标实施。

目前的经济模式并不提供包容性和可持续发展的基础。尽管城市获得了经济上的成功,但是亚太地区有1/3城镇居民没有获得像样的住房、安全的饮用水和卫生设施以及清洁的能源。

亚太地区的经济增长产生的大量的就业机会,并且在过去20年中创造了大量的中产阶级,特别是在北亚、东北亚和东南亚。该地区经历了就业转变,工业和服务业增长很显著,但这并没有给所有人带来机会。因为较低的受教育水平和在某些情况下传统的家庭规范束缚,妇女和年轻人面临着额外的就业障碍。这两个群体在城市就业和失业的人数中比例非常不合理。如果在教育上有投资的话，就能实现更高的公平，并可以通过培训来提高人力资本的质量。

城市贫困和脆弱性继续被低估。城市收入贫困不能仅被理解是基于国家贫困线的考虑，因为城市贫困人口不像农村贫困人口还能生产许多属于他们自己的商品和食物，城市贫困人口通常必须用现金支付所有基本项目以及更高的住房和交通成本。

数以百万计的人仍然在非正规部门工作，并依赖于非正式的住房、土地、基础设施和服务。然而，非正式的工人对该地区的城市经济和其城市竞争力做出了重要的贡献，但是城市却很少有体现有利于穷人的经济和社会政策。非正式部门员工不太可能有退休金、社会保障、人身(警察)保护或其他形式的扶持和权利。随着地区的发展，其中的城市面临着巨大的需求，即提供充足的就业、可持续的生计，并且这些城市还要设法对付显著的贫富差距和城市人口的就业机会的问题。

许多城市和城镇并没有得到全球化带来的利益好处，这导致了在该地区的城市之间的不平等，尤其是那些处于不利地位的地区的小城镇。尽管它们的成长日益重要，二线的或者较小的城市并不具备必要的人力、财力和组织资源，以连接到全球经济中来，并利用好全球化和国际贸易。更可以通过国家城市政策和规划来给本地区的小城镇和城市创造更多的机会，让它们也能够从地区的转型中受益。

转型中的城市社会

亚太地区的城市社会正在发生着显著的变化。城市社会正日益变得更加多样和复杂，区域间更大的联通性加速了这一进程。管理这些变革和多样性并从中受益对当地政府来说既是挑战又是机遇。那些能够驾驭这些社会变革，创造开放、宽容和包容社会的城市，就更有可能获得受益，实现进步。

该地区迅速增长的中产阶级对于其城市来说有着深远的文化、经济和政治意义，这无疑将改变城市的社会结构。他们的期望、消费习惯的改变和出行模式的变化将对政策制定者提出特别的要求，但同时也能带来机会。随着收入的提高，中产阶级要求更高质量的服务、清洁的环境和更多的机会，以实现住房、交通和物质上的享受。由于他们往往求助于私营部门来满足这些需求，这就会促使更广泛的经济机会出现。然而，通过降低税收和消费者的费用会导致一个脆弱的增长和减少地方政府的资源。

亚太地区中产阶级的崛起不是一个包容各方的进程。那些被定义为在该地区城市的“中产阶级”的收入范围从每天 2 美元至 20 美元不等。该地区仍然被贴有高度不平等和贫穷的标签。对于城市穷人和少数群体而言要想获得负担得起的或适当的住房和服务往往非常困难。

虽然在大多数情况下，该地区的城市生活是安全的，但是贫富差距扩大可能会破坏社会凝聚力和共识。平衡竞争的需求和利益，减少收入差距，将要求社会政策重点考虑(并投资)。

只要城市贫民和他们的资产不被正式承认，他们就被剥夺了享有城市居民身份、安全的土地使用权和获得基本服务的权利。尽管他们是城市社会和经济生活的显著的贡献者。没有证件的城市移民往往被拒绝提供服务、保障性的土地使用权和住房。他们的孩子可能会被拒绝享有医疗保健和入学。对于那些跨国迁移过来寻找工作又缺乏必要证件的人来说，这些问题就变得更难了。

亚太地区有一个迫切需求是在一个人口群体非常大的地区促进增长模式更加平衡，由此广大民众，包括穷人都能享受到城市投资带来的好处，而不是遭受不公。目前，有太多的人生活在城市里没有获得像样的住房、稳定的工作、负担得起的医疗保健或新型的社会保障体系。在许多情况下，特别是对那些最脆弱的人群来说，这些障碍往往相互交织。为建设一个繁荣和包容性的城市未来，政策制定者必须通过一个新的城市社会政策议程来减少这些社会分化。

人口老龄化和老年人在城市发展政策的考虑需要得到更多的关注。城市生活的经济压力，使得家庭难以实现传统的孝敬老人的责任，而在该地区大多数国家的国家保障还很有限。在许多情况下，变化中的家庭结构和性别角色使得传统的养老支撑结构的作用正在下降，而政府将被期待发挥更大的作用。同样，更大的重视还需要给那些身患残疾的人士，使他们也能成为或保持活跃和独立，参与到城市社会和经济的建设中来。

城市环境和气候变化

亚太地区的城市面临着巨大的环境挑战。其中的一些挑战是新出现的(例如气候变化)，而其他的一些则是持久的(例如卫生和水)。该地区的许多城市同时在这些挑战中挣扎。调动资源和催化政治意愿，扩大获得环境服务能力，以减轻对水、土壤和空气污染和减少温室气体排放和适应气候变化就显得非常有必要。

虽然很多城市的开发都通过对其环境资本的掠夺模式，但是这种模式是不可持续的，也不是无成本的。我们考察这个地区的许多地方，都发现城市环境严重退化，这使得它们非常脆弱，并要面临高昂的清理费用。如果亚太地区要保持竞争力并过渡到一个基于城市的未来，那么该地区必须要开发新的和可持续的城市模式。

目前，亚太地区仍有数以百万计的人无法获得基本服务，特别是水和卫生设施。虽然该地区90%以上的城市人口已经获得了改善的水源，但是对于许多城市贫民社区而言，享有洁净水的人群并不多，获得水的权利仍然是高度不平等的。

尽管是千年发展目标的目标之一——卫生方面的进展要慢得多。仅有不到75%的亚太国家的城市人口拥有改善的卫生条件。城市供水和卫生危机交织着种种问题，如资源分配的不平等、资源管理的不善以及非常有限的使用行为的改变。妇女和女孩在没有充足和安全的卫生设施的情况下是特别脆弱的群体。

随着收入的提高，以及消费和生产模式的变化，亚太地区的城市也面临着废弃物的危机。虽然传统的废弃物管理做法威胁到公共资源(包括土地)的安全，亚太地区一些城市正在开展把废弃物转化为资源和把废弃物转化为能源的举措。"末端治理"解决方案在未来将不再站得住脚，亚太地区城市需要更大的决心来管理固体废弃物和废水，并重视把废弃物变为资源。

越来越多的城市正面临着宜居的危机，以交通拥堵和空气质量下降为主要特征。空气污染在不同的城市都是一个严重的问题，其多样化和经济体的差异化相一致，曼谷、北京、德里、加德满都和乌兰巴托，都面临一个相同的严重问题。基于替代性无污染能源资源的低碳城市发展应该是未来政策的一个重点考虑。

亚太地区的沿海城市极易受到气候变化的危害——尤其是海平面上升和更强的风暴和风暴潮——使正在快速发展且全球互联的城市受到伤害。内陆城市和内陆发展中国家横跨中亚和南亚的部分地区正面临着气温上升和干旱期。这无疑会增加相关的冷却能源成本和水资源分配的费用。最近的该区域地震和海啸的经验表明这些城市是多么的脆弱。太平洋岛屿城市，特别容易受到海平面上升所带来的各种各样的问题，因为大多数在该地区的国家缺乏财政资源和实际有效应对方法。

许多地方政府不具备人力和财力资源，去扩大环境基础设施和服务或去强制执行相关规定。地方政府面临的一个困境是这些环境挑战是如此的高度多样化，而且不能彼此孤立地去解决，因为它们是如此的密切相关。城市地区的可持续长远发展，需要跨行政和物理边界的综合规划和管理，但这些往往是缺乏的。

水、能源和食物安全通常紧密联系在一起，给"政策关系"即整合城市物理或司法管辖区边界内和边界外的城市规划和资源管理提供了一个机会。提高资源效率的方法与实践，可以确保自然商品得到保护并且谨慎消费。资源规划和管理的整合—— 一个"政策关系"——要求在地方和区域各级所有行动者和利益相关者的积极参与，但地方和地方政府往往缺乏规划和管理上的组织和协调能力。

城市治理

亚太地区城市仍然在为如何最好地管理它们经济快速增长和转型，它们不断增加的社会复杂性和碎片化，以及对环境的影响问题而努力。

城市缺乏有效管理，城市化在该地区的存在，主要是因为政府干预太少而造成的真空。这当然并不意味着政府应该大包大揽做好每一件事。相反，政府应发挥在组织协调城市发展，实现社会、环境和经济的可持续发展方面更为积极、主动和战略性的作用。这个角色是私营部门和民间团体所扮演不了的。

亚太地区的城市需要在管理和规划城市上做出重大的改变，这也需要体现在包容性的财政支持上。城市的发展前景和未来的挑战要求在城市规划和政府各部门进行包容性的管理，并且让所有利益相关者参加——尤其是民间团体和私营部门。

城市治理与多重利益相关者，与相互依存的行动，与有共同的目标的界限越来越模糊的公共和私营部门，正式和非正式的，国家和公民社会部门之间都有着关联。地方政府是一个关键角色，因为只有它才可以去管理公民、教育机构、各级政府、非政府组织和私营部门。

在解决城市发展需要的过程中，新形式的协同治理的出现是至关重要的。许多亚太地区城市正在使用着过时的法律和监管框架及制度来安排管理。这些不足以应付当前，更不用说未来的挑战。

在公共决策中实现更多的透明度和建立机构问责制应该是基本的目标。通过国家层面的支持加强并改革政府的城市规划对于创造反应更加及时和更有效的地方组织机构是至关重要的。

需要制定更加协调一致的国家方针和政策，以确保地方政府能力建设的有效管理。亚太地区的权力下放已不同程度得到落实，但是加强收入来源已成为地方政府的一个不断增长的需求。地方和中央政府之间的权力差距必须得解决，正如地方政府的预算和投资，地方政府在促进可持续的城市规划上的能力差距也需要得到解决。

目前，地方政府的收入来源远远不能满足基础设施和其他资本投资的长期融资需求。地方预算不足以支付基本的财政支出，甚至是现有的基础设施都得不到充分的维持。亚太地区所有国家中许多中小型城镇都继续依赖于从上级政府获得转移资金和财政开支。通常情况下，除了复杂的预算规划过程之外，这些资金是不能得到保证的，这就导致了服务人员和技术工人的长期短缺。

除了来自分权的补贴之外，房产税可以成为地方财政收入最强大的来源之一；然而，来自该地区的证据表明，房产税一般大约只占地方财政收入的 20%，因为很少有地方政府能够收集全欠它们的全部房产税。那些已经精简财产税评估和征收流程的城市能够显著提高它们的收入。

无论哪种改进方法，亚太地区的各国政府必须学习如何平衡权力下放政策。它们还必须继续提高地方财政来源，以确保城市可以在短期和长期都实现可持续和包容的发展(图 1-3)。

整个亚太地区都需要回归公共部门更强的干预和管制，包括城市规划在内。各级政府必须履行好为所有人提供良好治理的主要责任。

图 1-3 当前的经济模式不能为可持续和包容的发展提供基础 © Sim Chi Yin / VII

目　录

第 1 章

人口和城市化

现状概览和政策要点：

- 1980 年至 2010 年间，亚太地区的城市人口已增长大约 10 亿人。预计至 2040 年，还会有 10 亿人口的持续增长。2018 年该地区一半的人将会是城市人口。农村地区正在进入一个整体人口下降的新时期。
- 至 2050 年，仅仅中国和印度预计将继续增加 6.96 亿人口——其中印度增加 4.04 亿，中国增加 2.92 亿。
- 亚太地区现已有 17 个特大城市，其中包括世界上最大的 3 座城市：东京、新德里和上海。至 2030 年，亚太地区特特大城市将达到 22 个。
- 特大型城市开始逐渐让位于巨型城市区域，巨型城市区域包含城市城镇、村庄和农村，有的甚至横跨了国界形成了规划或未规划的城市走廊。
- 巨型城市区域往往是行政划分的，但他们的问题却超越了这些行政边界。管理巨型城市区域的冲突问题就需要新的、多层次、协同治理的模式。
- 亚太地区的特大城市只能容纳其 10%的城市居民和7%的总人口。大部分的城市居民生活在中小型城市，这些中小型城市也正在进行转型。城市转型日益重要，但大多数小城市都面临着来自于未来有限的人力、财力和组织资源等诸多问题与挑战。
- 虽然很多城市正在不断发展扩张，但是有些城市正在经历发展停滞甚至人口负增长。其原因是多种多样的，人口老龄化对就业市场和工业化都带来很大的损失。
- 城市规划者与决策者面对收缩城市的挑战从而需要寻求不依赖于城市增长与经济扩张的经济和社会的可持续发展新模式。
- 亚太地区对于有效的空间、经济、环境和减贫政策等缺乏准确的数据。所以“城市数据革命”是非常必要的。

亚太地区正经历着意义深远的城市转型

© Pisut Jarintippitack

TEL.088-018-1411
CKV
IT CITY
TESCO
Lotus

数据来源：word urbanisation prospects：The 2014 revision.

1.1 城市转型

把亚太地区的城市转型放在该地区的整体区域和次区域的人口结构和转移的背景下就非常好理解。2014 年，亚太地区有 43 亿人口，占世界总人口的 60%。该地区的人口增长一直经常被描述为“人口爆炸”，但亚太地区 2015 年的人口增长率为 1.0%，实际上比全球人口增长率（1.2%）要低，并且其人口增长已经减速了一段时间：从 1990—2000 年期间的 1.4% 降到 2000—2010 年期间的 1.2%。然而，从绝对值来看，2000—2015 年间亚太地区的人口仍然保持了高达 676 万人的显著增长。（WUP 2014 年）。

然而，亚太地区是广而复杂的，这主要体现在其宽广的地域范围，以及隐藏在其中却又非常明显的地域差异。在 2000—2015 这 15 年间，亚太地区人口增长率最低的是北亚和中亚区域，仅为 0.2%。究其原因主要为出生率低于死亡率。而对于中亚和一些太平洋岛国来说，高迁出率是该区域人口减少的原因之一。

在东南亚，人口平均增长率为 1.3%，但各个国家的人口增长率却也大不相同，如泰国的人口平均增长率仅为 0.5%，同时新加坡则为 2.5%，而后者主要是由于移民的结果。

南亚和西南亚区域的人口平均增长率为 1.4%，而阿富汗的人口平均增长率则为 3%，该数据明显高于亚太次区域的平均水平，并处于整个亚太地区的最高水平。

太平洋区域的平均人口增长率为 1.6%，位列各地区之首。几个美拉尼西亚国家（如瓦努阿图：2.4%）虽然有更高的人口增长率，但太平洋岛屿的总人口仍相对较少，只有巴布亚新几内亚的人口超过 100 万。太平洋的人口高增长率在局部区域相当明显，但对绝对数的影响有限。

显而易见在整体人口变化的背景下，城市地区正定量化地重新塑造着整个亚太地区。2014 年，亚太地区的城市化水平（47.7%）和城市化率（2.3%）已经接近全球平均水平（53.6% 和 2%）。2000—2010 年，亚太地区的城市人口增长速度（平均年增长率 2.7%）大幅超越其总人口增长（1%）和全球人口增长（2.2%）。其原因在于中国和印度的区域及次区域城市化趋势的影响。2000—2010 年，中国的城市人口增长率为 3.8%，印度的城市人口增长率为 2.6%（ESCAP，2013：17）。

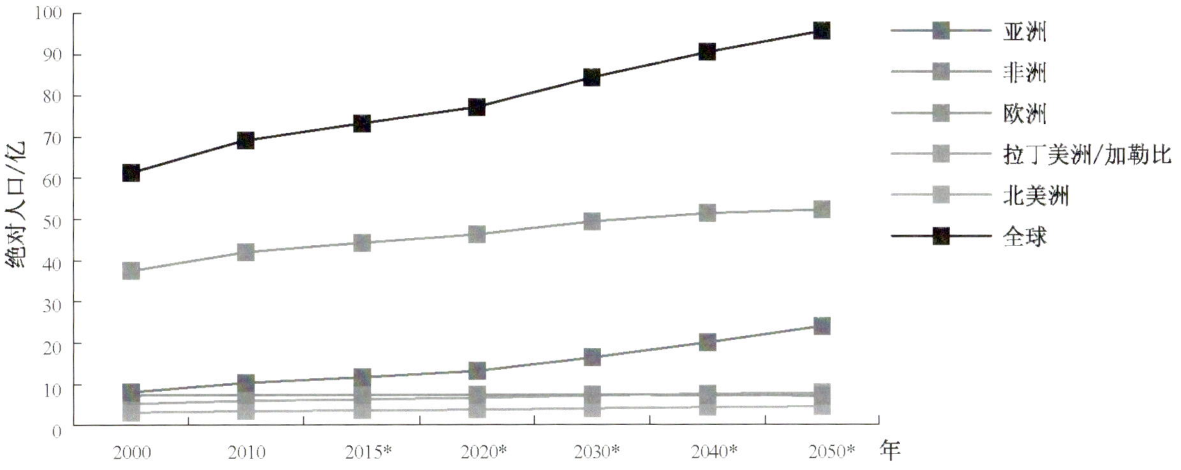

图 1-1　2000—2050 年区域绝对人口总数(亿)

* 预测

数据来源:World Urbanisation Prospects: The 2014 revision.

表 1-1　区域城镇人口增长,2000—2014 年　单位:万

次区域及全球	2000 年	2005 年	2010 年	2014 年	年变化 2000—2005 年	年变化 2005—2010 年
东亚及东北亚	61 707	73 113.6	84 853.9	94 235.6	3.5%	3.0%
东南亚	19 968.1	23 178.9	26 580.1	29 440.9	3.0%	2.8%
南亚及西南亚	46 158.4	52 956.7	60 161.9	66 441.7	2.8%	2.6%
北亚及中亚	13 917.8	13 811.4	13 984	14 104.7	-0.2%	0.2%
太平洋地区	22 013	23 711	2 592.4	2 747.3	1.5%	1.8%
亚太区域	143 952.8	165 431.7	188 172.1	206 970.2	2.8%	2.6%
全球	285 613.1	311 901.3	357 127.2	388 012.8	2.3%	2.2%

数据来源:World Urbanisation Prospects: The 2014 revision.

亚太地区的城市化进程如此显著主要归功于该地区庞大的人口基数。2015 年,23.8 亿人居住在城市地区,占世界城市人口的 60.1%。亚太地区的城市人口在 1950—1975 年间翻了一番,在 1975—2000 年间又翻了一番。而在 2000—2025 年间,预计再翻一番(表 1-2)。从绝对值来看,当前 25 年内(2000—2025)该地区的城市地区预计将增加约 11 亿人。

表 1-2　1950—2025 年年中城镇人口　单位:万

次区域	1950 年	1975 年	2000 年	2025 年
东亚及东北亚	11 747.8	27 362.9	61 707	113 708
东南亚	2 606.6	7 403.9	19 968.1	37 092.1
南亚及西南亚	8 421.2	19 418.6	46 158.4	85 326.3
北亚及中亚	5 420.7	11 269.2	13 917.8	14 466.5
太平洋地区	790.6	1 545	2 201.3	3 179.1
亚太区域	28 986.8	66 999.5	143 952.8	253 772

数据来源:World Urbanisation Prospects: The 2014 revision.

专栏 1.1　城市化界定

城市化可以以多种方式来定义。从人口学的角度来看，城市化指的是被定义为居住在“城市”区域中人口的比例。在联合国预估和预测城市人口的准备过程中，是依据不同国家当局采用的定义和准则所产生的数据进行分析。长久以来，由于各国家不同的情况，采取统一标准来区分城市与农村是不现实的(UNPD，2012)。不过，由欧盟委员会带领，与经合组织和世界银行合作的尝试中，提供了一个更接近于通用的定义，而且该定义有可能在 2016 年的人居环境会议上在全球范围内被采用。

城市化水平与城市化率是经常被人所混淆的两个概念。国家层面上对“城市”的准确定义是，城市化水平是一个国家的城市人口在总人口中的份额，并以百分比表示。城市化率表现在城市化水平的变化情况，通常表示为在特定周期年均百分比。

在亚洲和太平洋地区，城市化水平与各国经济发展水平之间有着很强的关联性，但两者之间的因果关系并不明确。2012 年该地区的低收入国家的平均城市化水平为 30.2%，而中等收入和中等偏上收入国家平均城市化水平分别为 35.5%和 54%。90%的高收入国家达到高城市化率(ESCAP，2013：17)。虽然经济不发达国家的城市化水平往往较低但它们也可能有较高的城市化率(表 1-3)。而对于这些国家的城市所面临的挑战与困难，往往是缺乏相应制度和财务资源以支持其城市化进程所需的基本住房和公共设施。

表 1-3　　2014 年选定国家及地区的城市化水平和速度

城市化水平较高的国家及地区		城市化水平较低的国家及地区		最高城市化率(部分城市的平均年变化率，2010—2015 年)	
国家及地区	城市化水平	国家及地区	城市化水平	国家及地区	城市化水平
中国香港特别行政区	100.0%	巴布新几内亚	13.0	老挝*	3.1
中国澳门特别行政区	100.0%	尼泊尔*	18.2%	泰国	2.7%
新加坡	100.0%	斯里兰卡	18.3%	马尔代夫	2.6 %
瑙鲁	100.0%	萨摩亚	19.3%	中国	2.4 %
关岛	94.4%	柬埔寨*	20.5%	班加罗尔*	2.4%
日本	93.0%	所罗门群岛*	21.9%	所罗门群岛*	2.2%
澳大利亚	89.3%	密克罗尼西亚	22.4%	不丹*	2.1%
北马里亚纳群岛	89.3%	汤加	23.6%	东帝汶*	2.1%
美属萨摩亚	87.3%	瓦努阿图*	25.8%	尼泊尔*	2.0%
帕劳	86.5%	阿富汗*	26.3%	越南	2.0%
新西兰	86.3%	塔吉克斯坦	26.7%	纽埃岛	1.9%
韩国	82.4%	东帝汶*	32.1%	缅甸*	1.7%
文莱	76.9%	印度	32.4%	阿富汗*	1.6%

* 最不发达国家
数据来源：World Urbanisation Prospects：The 2014 revision.

世界最大的 15 个城市中，现有 10 个位于亚太地区。这些规模可观的特大城市拥有庞大的空间、人口、知识和经济影响力。他们从各方面来说均代表着其国家的最强中心。亚洲前三大特大城市同时也是世界上最大的城市，它们分别是东京、德里和上海。印度和中国拥有着世界上规模最大，成长速度最快的城市，正如接下来几页的图表所显示一样。

表 1-4　　2014 年全球最大城市群　　单位：万

排名	城市群	国家	2014 年人口	排名	城市群	国家	2014 年人口
1	东京	日本	3 783.3	15	伊斯坦布尔	土耳其	1 395.4
2	德里	印度	2 495.3	16	重庆	中国	1 291.6
3	上海	中国	2 299.1	17	里约热内卢	巴西	1 282.5
4	墨西哥城	墨西哥	2 084.3	18	马尼拉	菲律宾	1 276.4
5	圣保罗	巴西	2 083.1	19	拉各斯	尼日利亚	1 261.4
6	孟买	印度	2 074.1	20	洛杉矶	美国	1 230.8
7	大阪	日本	2 012.3	21	莫斯科	俄罗斯	1 206.3
8	北京	中国	1 952	22	广州，广东	中国	1 184.3
9	纽约	美国	1 859.1	23	金沙萨	扎伊尔	1 111.6
10	开罗	埃及	1 841.9	24	天津	中国	1 086
11	达卡	孟加拉国	1 698.2	25	巴黎	法国	1 076.4
12	卡拉奇	巴基斯坦	1 612.6	26	深圳	中国	1 068
13	布宜诺斯艾利斯	阿根廷	1 502.4	27	伦敦	英国	1 018.9
14	加尔各答	印度	1 476.6	28	雅加达	印度尼西亚	1 017.6

数据来源：World Urbanisation Prospects：The 2014 revision，Highlights，UNDESA 2014

这些巨大的城市群和庞大的城市走廊中存在着许多增长或削弱是有原因的。他们正在改变，正是这种变化，以及如何管理它可以说是 21 世纪初亚太地区的政府和城市所面临的最大挑战。

城市群预测显示了全球城市景观将如何改变，特别是亚太地区。在未来 30～35 年，世界范围内的可持续的城市化挑战是令人怯步的，联合国的预测显示，未来选择居住在城镇与都市的人口比例将高达 70%。这对于未来的城市来说将迎来更大的挑战，比如如何解决贫民窟问题，以及如何构建友好的、包容的、拥有更加安全的街道和公共场合的新型城市，并且为了不断推动城镇与都市的发展的愿望而不断面对更多挑战。

表 1-5　　1990 年、2014 年、2030 年亚太地区最大城市群　　单位：万

排名			城市群	国家	1990	2014	2030（预测）
1990	2014	2030					
1	1	1	东京	日本	3 253	3 783.3	3 719
6	2	2	德里	印度	972.6	2 495.3	3 606
11	3	3	上海	中国	782.3	2 299.1	3 075.1
3	4	4	孟买	印度	1 243.6	2 074.1	2 779.7
2	5	8	大阪	日本	1 838.9	2 012.3	1 997.6
13	6	5	北京	中国	678.8	1 952	2 770.6
14	7	6	达卡	孟加拉国	662.1	1 698.2	2 737.4
12	8	7	卡拉奇	巴基斯坦	714.7	1 612.6	2 483.8
4	9	9	加尔各答	印度	1 089	1 476.6	1 909.2
15	10	13	伊斯坦布尔	土耳其	655.2	1 395.4	1 669.4
22	11	11	重庆	中国	401.1	1 291.6	1 738
10	12	12	马尼拉	菲律宾	797.3	1 276.4	1 675.6
7	13	22	莫斯科	俄罗斯	898.7	1 206.3	1 220
24	14	10	广州	中国	307.2	1 184.3	1 757.4

（续表）

排名			城市群	国家	1990	2014	2030（预测）
1990	2014	2030					
19	15	15	天津	中国	455.8	1 086	1 465.5
25	16	20	深圳	中国	87.5	1 068	1 267.3
9	17	17	雅加达	印度尼西亚	817.5	1 017.6	1 381.2
5	18	24	首尔	韩国	1 051.8	977.5	996
21	19	14	班加罗尔	印度	403.6	971.8	1 476.2
18	20	16	金奈	印度	533.8	962	1 392.1
8	21	25	中京	日本	840.7	937.3	930.4
17	22	21	曼谷	泰国	588.8	909.8	1 152.8
20	23	19	海德拉巴	印度	419.3	867	1 277.4
23	24	18	拉合尔	巴基斯坦	397	850	1 303.3
16	25	23	德黑兰	伊朗	636.5	835.3	999

注：超大城市（指人口超过 1 000 万的城市）已用阴影标识。
数据来源：World Urbanisation Prospects：The 2014 revision，file 22.

越南的芹苴被重新划定为省级直辖市之后，其居民数量增长至 100 万 © Pitu Jethani

亚太地区的城市发展状况不可一概而论，有些城市在迅速发展的同时，另一些城市却面临着成长停滞甚至倒退。然而亚太地区增长最为迅猛的城市（表 1-6）对于它们之外的城市发展状况似乎不甚清楚，并且没有意识到它们的快速增长与行政决策或政治要求密切相关。以越南芹苴市为例，它曾经是一座人口仅有 30 万的小城镇。但在 2004 年，该市的行政等级被重新划定为“省级直辖市”，并且在行政管理上吸纳邻近农村地区的人口。最终该市的人口增长到近 100

万人。同样的，缅甸的新首都奈比多市，现在由5 个新的城镇和原先的 3 个城镇合并而成，目前有超过 100 万的人口。

表 1-6　**2000 年和 2014 年世界人口增长最快的城市排名**　单位：万

城市	国家	人口		变化(2000—2014 年)	
		2000 年	2014 年	绝对值	百分比
内比都	缅甸	0	101.57	101.57	∞
汨罗	中国	10.91	47.09	361.8	331.7%
沙没巴干	泰国	38.86	165.21	126.35	325.1%
霍苏尔	印度	8.05	32.04	23.98	297.8%
鲁尔基	印度	11.31	36.53	25.22	223.1%
贝古瑟赖	印度	10.55	33.36	22.81	216.2%
雅加达	印度尼西亚	41.5	128.53	87.03	209.7%
巴中	中国	21.22	63.17	41.95	197.7%
厦门	中国	141.65	412.4	270.75	191.1%
罗勇	泰国	10.87	31.09	20.21	185.9%
浏阳	中国	27.24	76.52	49.28	180.9%
阿尔加塔拉	印度	18.7	51.28	32.58	174.2%
鄂尔多斯	中国	21.01	57	36	171.4%
森弟普尔	印度	13.61	36.91	23.3	171.2%
宜春	中国	22.16	60.09	37.92	171.1%
龙仁市	韩国	37.55	100.45	62.9	167.5%
静冈 M.M.A*	日本	121.68	323.93	202.25	166.2%
拉尼贝特	印度	12.61	33.42	20.8	164.9%
马亚尔	伊朗	12.57	33.1	20.54	163.4%
银川	中国	57.08	149.57	92.49	162.0%

数据来源：World Urbanisation Prospects：The 2014 revision.
* MMA：Major Metropolitan Area. 主要大型城市圈。静冈与滨松的人口于 2010 人口普查合并计算。

一些城市受益于区位优势，特别是受益于由相邻或附近的直辖市提供的经济和民生发展机会，并从该城市的投资和人口外溢中得到增长和发展。实例如，毗邻曼谷的北榄府以及毗邻首尔的龙仁市。

经济增长一直是其他一些城市人口增长的驱动力。由于国外资本的直接投入以及工业化中心的迁移，江门、东莞和中山，这三座珠江三角洲的城市，以及新加坡—柔佛—廖内（新柔廖）成长三角区的巴淡市，其人口都得到了快速的发展。位于中国最南端的海南省是中国最小的省，该省会海口市在成为中国重要自由贸易区之后得到了迅速的发展。巴厘岛的首府登巴萨，眼见着该岛屿在成为主要旅游目的地后得到迅速增长。

尽管城市得到快速发展的原因各不相同，但几乎所有发展中的城市都会面临着相似的挑战，比如不得不迅速调整和解决住房、交通和基础设施服务的需求。这种通常由正规及非正规部门共同作用下的快速城市扩张，将在未来的几十年内持续引领区域的城市发展。

快速增长的城市

有些城市的人口增速虽然不高，但其人口数量的增长却十分可观（表 1-7）。这是一个越来越明显的趋势，在亚太地区的特大城市中体现尤为突出。以北京为例，在 2000—2014 年的 14 年间，北京市人口数增加了近 940 万，与此同时，新德里的人口数增加了 920 万。而亚太地区人口增长数前十的城市人口增长总数在这 14 年间达到 6 370 万人之多。这些城市中，5 个来自中国，3 个来自印度，其余两个则分别来自孟加拉国及巴基斯坦。在过去的 30 年里，深圳人口经历着惊人的人口增长。1980 年深圳成为中国第一个经济特区伊始只是一个约 3 万人的小城镇。而如今深圳的人口数已经超过 1 000 万。

尽管城市得到快速发展的原因不尽相同，但几乎所有发展中的城市都会面临着相似的挑战，比如不得不迅速调整和解决住房、交通和基础设施服务的需求。

2000—2014 年，德里的人口增长了 920 万人

中国深圳，由 20 世纪 80 年代 3 万人的小渔村发展到今天人口过千万的超大城市

表 1-7　　2000 年和 2014 年世界主要城市绝对人口增长　　单位：万

国家	城市	2000	2014	绝对增长（2001—2014 年）	相对增长（2001—2014 年）
中国	北京	1 016.2	1 952	935.8	92.1%
印度	德里	1 573.2	2 495.3	922.1	58.6%
中国	上海	1 395.9	2 299.1	903.2	64.7%
孟加拉国	达卡	1 028.5	1 698.2	669.7	65.1%
巴基斯坦	卡拉奇	1 003.2	1 612.6	609.4	60.7%
土耳其	伊斯坦布尔	874.4	1 395.4	521	59.6%
中国	重庆	786.3	1 291.6	505.3	64.3%
中国	广州	733	1 184.3	451.3	61.6%
印度	孟买	1 636.7	2 074.1	437.4	26.7%
中国	天津	667	1 086	419	62.8%
印度	班加罗尔	556.7	971.8	415.1	74.6%
中国	深圳	655	1 068	413	63.1%
中国	东莞	363.1	741	377.9	104.1%
日本	东京	344.5	3 783.3	338.3	9.8%
印度	金奈	635.3	962	326.7	51.4%
印度	海德拉巴	544.5	867	322.5	59.2%
中国	佛山	383.2	698.9	315.7	82.4%
中国	成都	422.2	728.9	306.7	72.6%
巴基斯坦	拉合尔	545.2	850	304.8	55.9%
中国	苏州	211.2	515.6	304.4	144.1%
中国	杭州	316	612.1	296.1	93.7%
中国	南京	427.9	712.7	284.8	66.6%
菲律宾	马尼拉	996.2	1 276.4	280.2	28.1%

数据来源：World Urbanisation Prospects：The 2014 revision

收缩的城市

尽管亚太地区的城市人口增长率总体呈上升态势，但有些城市却出现了人口零增长甚至负增长现象。放眼全球，相对于发展中国家，这种现象则更为普遍地出现在发达国家中，而亚太地区亦是如此。这种城市人口减少的现象主要受以下几种因素的影响：人口老龄化；年轻人选择并迁往更多就业机会的城市；由于工业衰退，或者追求低成本而将工厂搬迁所造成的就业人员流失；由于卫星城拥有更好的居住环境和低价房产而造成的城市人口流失；国家经济政策以及投资重点转移带来的人口流动等。在中亚的一些国家，这种情况表现得尤为明显（见专栏 1.2 中亚城市人口下降）。

专栏 1.2　中亚城市人口下降

为满足国民经济的需要，苏联社会主义共和国联盟（苏联）创建了一些新的城市。这些新城市大多数的经济体是单一部门，由一个或两个经济部门（通常是农业或采掘企业）占主导地位。这吸引了全国各地的人们来到这些新型城市居住。

苏联在 20 世纪 90 年代初开始政治和经济转型后，导致它在中亚区域的部分国家开始独立，而全球竞争强度的加剧使得这些国家原有的产业遭到淘汰。随着苏联的解体，原本存在于这些国家中的垄断市场也随之瓦解，导致大多数城市经济水平的大幅度下降。也缘于这种国家政治和经济上的变化，造成了德国人、俄罗斯人以及乌克兰人离开了中亚区域。20 世纪 90 年代前期，有超过 300 万人从哈萨克斯坦移民出去(超过其人口的 20%)；近 11%的人口离开塔吉克斯坦；约 4%的人口离开乌兹别克斯坦，7%的人口离开吉尔吉斯斯坦，大部分迁移者都从这些国家的城市地区离开。随着时间的推移，该区域的一些城市经济状况得到了改善，人口数量的变化也趋于稳定。甚至部分区域重新出现了人口数量增长的趋势。从这段历史中，我们应学习到的教训即保持城市经济类型多元化。(CER，2013：17-20；Becker et al，2012：55-57)。(对这些现象更深入的说明，参阅《欧洲城市的国家转型 2013》，www. unhabitat. org/pmss/。)

一些国家城市有着非常典型的人口缩减现象，俄罗斯及韩国就是其中的代表，尽管造成他们人口数量减少的原因各不相同(表 1-8)。自 20 世纪 90 年代初期开始，一些俄罗斯的城市出现了人口数量减少的现象，这是由于高死亡率、低出生率以及移民造成的结果。尽管对于俄罗斯来说，移民的出现可能是苏联解体带来的短暂影响而已。

表 1-8　2000 年和 2014 年世界人口缩减的城市

国家	城市	2000 年	2014 年	变化 2000—2014 年	
				绝对变化	变化率
韩国	釜山	359. 4	323. 7	−358	−10%
孟加拉国	库尔纳	124. 7	103. 5	−212	−17%
中国	宜春	81. 5	65. 5	−161	−20%
俄罗斯	下诺夫哥罗德	133. 1	122. 4	−107	−8%
韩国	首尔	987. 8	977. 5	−103	−1%
朝鲜	咸兴	66. 6	58. 1	−85	−13%
韩国	大邱	232. 3	225	−73	−3%
日本	仙台	218. 4	211. 3	−71	−3%
亚美尼亚	耶列万	111. 1	104. 9	−63	−6%
俄罗斯	萨拉托夫	87. 8	82. 2	−57	−6%
中国	抚顺	135. 8	130. 4	−53	−4%
俄罗斯	下塔吉尔	39. 8	34. 9	−49	−12%
俄罗斯	伊凡诺沃	44	39. 8	−42	−10%
韩国	昌源	107. 7	104. 2	−35	−3%
俄罗斯	亚洛斯拉尔夫	61. 6	58. 2	−35	−6%
日本	长崎	35. 3	31. 9	−34	−10%
俄罗斯	乌里扬诺夫斯克	63. 3	60. 5	−28	−4%
俄罗斯	彼尔姆	101. 4	98. 7	−27	−3%
俄罗斯	布良斯克	43. 5	40. 9	−26	−6%
俄罗斯	奥廖尔	33. 4	31. 1	−24	−7%

数据来源：World Urbanisation Prospects：The 2014 revision.

一段时间以来，首尔市的人口逐渐向周边的京畿道和仁川流动：其中在 20 世纪 90 年代总计流失约 90 万人，本世纪前十年则流失约 20 万人(Cox，2011A)。然而与此相反的是，全国范围内仍然有大量的居民因为各种原因迁入首尔，这也许能对出现在釜山(韩国第二大城市和最大的港口)和大邱(第四大城市)的人口数量减少现象作出解释。其中一个重要的原因可能在于这两座城市的人口老龄化问题。也就是说，在韩国，老人倾向于留在或者迁入农村地区生活，而年轻人则更多地选择来到首尔生活。

1. 2　城市化的驱动力和组成要素

尽管农业带来的经济增长机会相对较低，但大多数决策者在关注快速城市化所带来问题的同时，也表现出了对于农村地区人口流失现象的关注。然而，农村人口向城市迁移只是城市化的三个组成部分之一，并且其重要性正在日益锐减。其他两个促进城市化进程的因素是人口的自然增长以及农村区划直接转变为城市区划（也被称为“就地”城镇化）。后两个因素对于城市化的贡献随着时间与地域的不同而不同，并且使传统规范和价值产生了变化。更好地了解这些要素对于城市化的作用，对亚太地区制定有效的城市政策有着至关重要的意义。

城乡迁移是上海自 2000 年人口增长近 1000 万的主要推动因素

专栏 1.3　城市增长的组成部分

从全球发展中国家的抽样调查结果来看，约有 60% 的城市增长可以归因于自然人口增长(即城市出生人口超过死亡人口)。剩下的 40% 是由于农村人口向城市迁移以及区域行政性质的重新划分(Montgomery,2008:763)。在对城市的研究中，可以发现三种促进城市化进程的因素，而其影响城市发展的比重已经发生了明显的波动。

在印度，1961—2001 年间，人口自然增长率对城市人口增长的贡献最大(50%～60%)，其次是农村人口向城市的迁移(约 20%)和重定区划(约 15%)。但在 2001—2011 年的 10 年中，这三种因素的比重已经发生了很大变化：自然增长所占比重降低到 44%，而人口流动上升到 25%，重定区划也上升到 30%(Kundu, 2011:16; Bhagat,2011a:11; Pradhan, 2012:1,6)。

人口自然增长是城市人口增长的主要贡献者，这或许有些与我们的直观感受相违背，因为我们通常认为城市地区的生育率低于农村地区。

城市人口自然增长

人口自然增长是城市人口数量增加的首要因素，这或许有些与我们的直观感受相违背，因为我们通常认为城市地区的生育率低于农村地区。而城市人口生育率随着时间推移逐渐降低的原因主要是：(1)家庭对于生育需要投入更多的规划；(2)为了给新生儿提供更好的医疗卫生条件，而选择优生优育；(3)城市的生活成本，特别是住房的成本，给希望在城市生活的家庭造成了阻碍。另外，由于女性的受教育程度的大幅提高，其就业机会及职业前景也得到很大改善，这就使得传统婚姻观受到挑战，直接造成生育率的降低。

然而，对于亚太地区的很多城市来说，作为城市人口主要构成的年轻人，夫妻拥有的孩子虽然可能较少，但城市的达到生育年龄的妇女的比例高于农村。农村像城市转移的流动人口也趋于年轻化，而反向流动人口(城市到农村的)往往比留在城市的人口平均年龄要大。尽管城市的生育率和死亡率正在下降，但时间滞后效应也保证了许多地区的自然人口高增长率将持续一段时间(表 1-9)。

移民驱动的城市化

农村人口向城市迁移的数量，平均而言，占亚太区城市人口增长的 20%～30%，但由于迁移的类型不尽相同，比如短期性的迁移、季节性迁移、每年的定时迁移以及永久性的迁移等，其确切的数量难以得到估量。虽然移民常常打算回到自己的出生地，但也有些不会回去或者至少很长一段时间将滞留。

表 1-9　部分国家城乡人口出生率

国家	年份	人口出生率	
		城市	农村
东帝汶	2009—2010	4.9%	6.0%
阿富汗	2010	4.7%	5.2%
萨摩亚群岛	2009	4.1%	4.7%
巴基斯坦	2006—2007	3.3%	4.5%
菲律宾	2008	2.8%	3.8%
亚美尼亚	2010	1.6%	1.8%
俄罗斯	2009	1.4%	1.9%
越南	2002	1.4%	2.0%
新加坡	2005	1.3%	—
中国	2001	1.2%	2.0%

数据来源：Afghanistan: APHI et al, 2011:40; Armenia: NSS: 2012; China: Riley, 2004:11; Pakistan: NIPS, 2008; Philippines; NSO, 2009; Russian Federation: Becker et al, 2012:25; Samoa: MoH, 2010; Singapore: Jones, 2007:454; Timor-Leste: NSD, 2010; Viet Nam: NCPFC, 2003.

在亚太地区，试图限制农村人口向城市迁移的情况有着悠久的历史，但这总是被证明几乎是无效的，尤其是从长期来看。在没有农村创收方案的背景下，强制减少城市外来人口的迁入几乎是不可能的，并且最终往往与国家的发展要求相违背。虽然在一些中亚国家以及中国和越南都存在着通过城市户籍控制人口流动的情况，但这些都因为许多城市需要额外的劳动力供给而逐渐放松。

近几十年来，国际劳工移民已经在亚太地区变得十分普遍，其重要性也在逐渐增强。国际劳工移民人才的构成也很多元化，不仅包括一般的劳动力人口，还有更高技能的专业人才，此外还有女性婚姻移民和难民（Collins et al，2013：5）。一段时间以来，许多国家因为拥有庞大的国内劳动力资源，因此对于国际劳工移民持保守态度。然而，随着城市经济的迅速发展，不管是对低收入人群还是专业技能人群，产生了许多的就业机会。因此，该地区的国际劳动力的流入和流出都有所增加（第 2 章也有相关内容）。

例如，在 2013，新加坡政府（nptd，2013：26-27，48）指出，要增加城市人口，与其加大国内多生多育的宣传力度，不如放宽对于移民的限制。泰国的劳工现在去到新加坡这类国家的同时，其他国家的移民也从落后的经济体迁移到泰国。2009 年，有 310 万国际移民居住在泰国，包括来自邻国的 250 万移民，其中 150 万人来自缅甸（（Huguet and Chamratrithirong，2011：9-10；He，2008：2）。

专栏 1.4　中国城市化进程的反思

长期以来，中国不鼓励农村人口向城市迁移。尽管如此，经济增长对劳动力的需求导致了大量“临时”农民工在城市“漂”着，尤其是在沿海城市。2010 年的人口普查统计中国有 2.21 亿农民工，在 2000—2010 年之间增加了 83%（Ren，2013：9-10）。农村移民来自中国各地，但他们的目的地通常是珠江三角洲的沿海城市，长江三角洲和北京。另一种特别的案例是中国西部的新疆维吾尔自治区，由于其特殊经济政策，也吸引了许多外来农民工前来寻求机会（Howell and Fan，2011：119）。

今天的中国依然采用户籍制度，没有城市户籍的农民工无法和城市户籍人口一样享受多种城市服务。虽然近 54%的中国人居住在城市，但只有 36%的城市居民拥有城市户籍。在这种无法享受正规城市服务的情况下，许多城市移民被迫离开他们的家庭（特别是儿童）而回到农村。

1999—2005 年间 中国省际人口流动方向

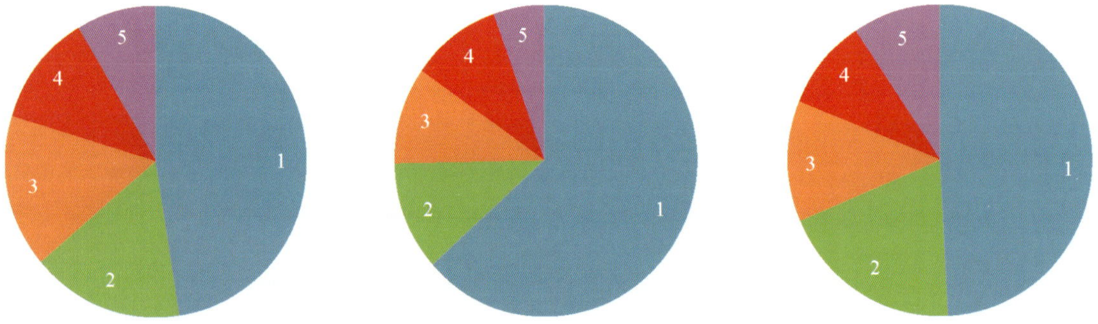

1990—1995 年			1995—2000 年			2000—2005 年		
排名	流入地	净流入量	排名	流入地	净流入量	排名	流入地	净流入量
1	广东	179.9	1	广东	1 106.3	1	广东	1 028.1
2	上海	61	2	上海	200.5	2	浙江	402.1
3	北京	60.6	3	浙江	174.5	3	上海	265
4	新疆	43.7	4	北京	171.5	4	江苏	196.3
5	江苏	31.9	5	新疆	92.5	5	北京	191.6

数据来源：Chan，2008：11.

然而，政府改变其城市化政策是为了提高国内消费指数以及增加城市中产阶级数量。在 2014 年 3 月，政府宣布计划到 2020 年，将有 1 亿人迁移到城市，并为目前已经居住在城市里却未享受城市基本福利的 1 亿农村移民提供更好的教育和医疗服务。由此可见，2020 年的中国城镇化水平会从 53.7%(2013 年)增加到 60%。

政府把城镇化作为中国未来发展的关键："城镇化是现代化"，"是推动社会进步的必然要求"。该计划强调通过增加政府对住房、交通和基础设施支出从而提高城市居民的生活质量(The New York Times, 17 March 2014)。

然而，目前的收集数据的方法是不够的，这很难确定无证移民的确切数目，尤其是生活在城市的外来劳工。这是因为，这样的移民群体往往倾向于保持低调，避免登记和统计，且他们生活在没有注册的非正规住房里。例如，德里有超过 15 000 多名难民和 6 000 多名寻求庇护者，主要来自阿富汗和缅甸。后者是最贫穷的群体，他们生活在拥挤的房屋中，有时甚至多达 20 户家庭共同居住在未注册的单人间(WRC, 2011:5-13)。

把农村居民点作为城市一样重定区划会给地方政府带来更多的权力，中央政府可能会出于各种原因不愿这样做。

重定区划：管理城市增长

人口自然增长和人口流动是出于个体的决定，而重定区划在原则上来说是政策与行政决定的结果。

重定区划是由多种因素主导的，这包括了正规部门和非正规部门的规划。具体来说包括，土地的转化(通常为房地产和工业园区开发)；因为人口密度增长而进行的重定区划，特别是对于那些原先是农村地区，现已扮演着城市功能的城镇地区；另外一种就是行政和政策的直接干预，通常是为了未来的发展与需求而寻求更多的土地资源。

每个国家都有自己的一套农村转为城市的标准。这使得就地城市化在区域间的对比相对困难：一个国家定义的"城镇"，在另一个国家却被定义为"乡镇"。政府可以改变其标准，从而大笔一挥的作出决策增加或减少其城市人口数量，改变其城市化水平。例如在中国，"城镇"的定义已在最近数 10 年来换了 3 次，导致在没有任何其他因素影响变化下，从 1983—1987 年间其城镇化水平从 23.5%忽然增高到 46.6% (Chang and Brada, 2006:29; Ren, 2013:9; Jones, 2002:9)。

重定区划的行政标准通常是很明确的，它们的应用往往是一个政治决策。把农村居民点作为城市一样重定区划会给地方政府带来更多的权力，中央政府可能会出于各种原因不愿这样做。但它可以通过提高地方税收，引导城市发展，或上级政府提供必要的支持和资源为当地被分类地区提高其应对挑战的能力。相反，城市聚落作为一个乡村来规划通常会降低地方政治家的权力，但也可以降低城市地区的财政需求。在中亚地区，近年来已经出现了几个实例，其中城镇已经被重新分类为"农村"，以减少财政负担。

专栏 1.5 冲突和城市化

移民，无论国内的人口流动还是国际移民，它的发生通常是由于经济上的原因，但种族冲突和战争也可以是强有力的驱动力。据统计，自 2001 年以来，由于遣返难民和国内流离失所者的作用，喀布尔的人口至今天已增长了 7 倍，遣返难民和国内流离失所者占喀布尔总人口的 70%。据非官方统计，喀布尔 2006 年人口为 340 万(Crisp and Refstie, 2011:4)，2014 上升到 440 万(WUP 2014, file 13)。冲突和有限的治安条件也推动了人口向国家以外的城市地区的迁移。据估计，卡拉奇人口有 10%的无证移民，其中四五十万来自阿富汗(Gazdar, 2005:15-17)。

东帝汶也经历了重大的与冲突相关的人口迁移。在 1999 年举行的一次支持独立的全民投票之后，大量的人口返回了这个国家，主要是迁移到其首都和最大的城市，帝力。之后帝力继续经历着冲突，促使 2002 年全民投票获得独立。自此零星的暴力也一直驱动着迁移。在此期间全市人口显著上升，2004—2009 年间大约增长了 8.4%，因为这里对于年轻人来说，有着比许多农村地区更安全的环境，更多的就业机会(Jutersonkeet al. 2010:17)。

阿富汗首都喀布尔的人口自 2001 年以来已经增长了 7 倍

专栏 1.6　模糊城乡界限

城市和农村之间的关系不能仅仅被理解为城市扩张和收缩非城市空间。在许多情况下，农村经济和系统（包括管理）在城市中发挥了重要作用，并形成了它们的发展。随着农民迁移到城市，村镇的要素被城市所吸收，农村的生活方式也出现在城市地区。在城市中食物往往是昂贵的，因此对于城市的市场来说，农贸市场是一个宝贵的民生资源。许多亚太地区的城市依旧保留着出售生鲜家禽的“菜市场”。在一些城市，都市农业被积极鼓励推动着，但在一些充满市井气息且本地化的地方，都市农业存在于非正规利用的空置场所和城市河道旁。

大多数的太平洋岛屿城市和城镇都在传统村落的周围或附近发展。在某些情况下，城市扩展已经将传统村落覆盖，创建了一个将村落镶嵌在计划或非计划的城市发展。这样的“城中村”可以在传统的管理规则下运作，其地位和权利经常保留在土地利用规划和其他治理安排，包括立法。这方面的例子可以在阿皮亚兹比港，南塔拉瓦和苏瓦找到。在这样的村庄中，身份以及起源和家庭的联合仍然很重要（Jones，2011c）。

随着新技术（尤其是智能手机）在农村地区的普及，新的思想和信息能够传播的更快更广。因此在农村地区的消费模式需要采取更多的“城市”的形式。

城乡融合

亚太地区日益增长的城市空间扩展使其越来越难以清晰地确定城市和乡村的界限。许多城市研究者、规划者和决策者都在重新分配城市和乡村的起始关系，因为城市经济特征、城市生活方式和城市社会规范正在日益渗透到农村地区。

信息和通信技术(ICT)一直是瓦解城市和农村曾经对立的原因，因为更好的公共交通网络造成更大的流动性。手机短信使远距离通信变得廉价，转账和汇款都比以往更容易且更快捷(akkoyunlu 2013:4–5)。这也是为什么越来越多农村的收入来自于非农工作以及城市地区的一个原因。教育，大众媒体和返乡移民越来越多地将城市规范和价值转移到农村地区，因此，如今更多的村民期望并需要获得一系列与城市地区相平等的服务。随着新技术(尤其是智能手机)在农村地区的普及，人们的思想和信息传播速度更快更广。因此，在农村地区的消费模式需要采取更多的“城市”的形式。

相反，农村的生活方式也逐渐出现在城市地区，特别是在城郊区。最早来源于农村地区的城市人口与农村地区依旧保持着很强的联系。农村规范和城市新移民的价值往往双方都没有被完全取代。部分城镇居民保持着它们的农村文化和联系从而来强调自己独特的身份，最大限度地提高他们的生活机会，或方便进入传统的安全圈。循环迁移可能会加强这些联系和经济安全。

城市环境中乡村生活方式的另一个原因是将对村庄吸收纳入城市的发展轨迹中。居民在“城中村”通常会力图继续他们的农村生活方式和价值观，甚至可以通过城市正规机构得到对其“传统”领导的支持。这样的例子可以在印度尼西亚和一些太平洋岛屿城市周边的村庄中发现也可以在中国和一些亚洲南部城镇中找到。

除中国外，在经济自由化和放松人口流动管制的变化下引发了大规模的农村向城市迁移的人口，一些亚太地区的特大城市正在经历人口爆炸。

1.3 管理城市增长

亚洲的特大城市

由于人口基数庞大，亚太地区超大城市(超过1 000万居民的城市地区)的数量稳步增长也不足为奇。1970 年，东京是亚太地区唯一的超大城市。到1990 年，亚太超大城市发展到 5 个：日本的东京和阪神，印度的孟买和加尔各答，韩国的首尔。至 2014 年，世界 28 个超大城市有 17 个都在亚太地区。

超大城市对各个国家城市人口的影响有着不同的重要性。孟加拉国和日本超大城市的城市人口占主导地位。达卡拥有孟加拉国城市总人口的三分之一。日本的两个超大城市，东京和阪神，总人口达到 5 790 万，相当于日本总城市人口的 49%和总人口的 46%。相比之下，印度和中国的大城市人口占全国城市人口和总人口的比例就小很多(表 1–10)。

表 1–10　　2014 年超大城市总人口

国家	超大城市数目	人口/万			超大城市人口占城市总人口比例	超大城市人口占总人口比例
		超大城市总人口	城市总人口	总人口		
中国	6	8 881	75 836	139 378.4	12%	6%
日本	2	5 795.6	11 813.6	12 698.1	49%	46%
印度	3	6 046	41 020.4	126 740.2	15%	5%
孟加拉国	1	1 698.8	5 312.7	15 851.3	32%	11%
巴基斯坦	1	1 612.6	7 091.2	18 513.3	23%	9%
土耳其	1	1 395.4	5 527.9	7 583.7	25%	18%
菲律宾	1	1 276.4	4 453.1	10 009.6	29%	13%
俄罗斯联邦	1	1 206.3	10 531.8	14 246.8	11%	8%
印度尼西亚	1	1 017.6	13 399.9	25 281.2	8%	4%

数据来源：World Urbanisation Prospects: The 2014 revision.

除中国外，在经济自由化和放松人口流动和管制的变化下引发了大规模的农村向城市的人口迁移，一些亚太地区的超大城市正在经历人口爆炸。事实上，就整体而言，它们的增长率都在下降，或至少缓慢下降(表 1-11)。造成这一趋势的原因很复杂，包括普遍放在国家人口增长速度的总体放缓，也许还少算了行政边界外超速发展的城市人口。同时，由于人口基数的庞大，依然有可观的人口增加数量。

表 1-11　　超大城市人口年平均增长率(1970—1990 年，1990—2010 年)

国家/地区	超大城市	年度人口/万			年平均增长率	
		1970 年	1990 年	2010 年	1970—1990 年	1990—2010 年
日本	东京	2 329.8	3 253	3 683.4	1.68%	0.62%
印度	德里	353.1	972.6	2 193.5	5.20%	4.15%
中国	上海	603.7	782.3	1 998	1.31%	4.80%
印度	孟买	581.1	1 243.6	1 942.2	3.88%	2.25%
日本	大阪	1 527.2	1 838.9	19 49.2	0.93%	0.29%
中国	北京	442.6	678.8	1 619	2.16%	4.44%
孟加拉国	达卡	137.4	662.1	1 473.1	8.18%	4.08%
巴基斯坦	卡拉奇	311.9	714.7	1 408.1	4.23%	3.45%
印度	加尔各答	692.6	1 089	1 428.3	2.29%	1.37%
土耳其	伊斯坦布尔	277.2	655.2	1 270.3	4.40%	3.37%
中国	重庆	223.7	401.1	1 124.4	2.96%	5.29%
菲律宾	马尼拉	353.4	797.3	1 189.1	4.15%	2.01%
俄罗斯	莫斯科	710.7	898.7	1 146.1	1.18%	1.22%
中国	深圳	2.2	87.5	1 022.3	20.25%	13.08%
韩国	首尔	531.2	1 051.8	979.6	3.47%	-0.35%

数据来源：World Urbanisation Prospects：The 2014 revision.

二线城市的崛起

一种主流的观点认为，亚太地区的城市人口主要是集中在大都市里，但实际上该地区的人口主要集中在人口不足 100 万人的城市当中。事实上，只有 14% 的城市人口生活在大城市，而 47% 的城市人口生活在分类为 50 万人以下的城市和城镇。

二线城市对于国家和区域经济的规划和发展的重要性越来越明显，作为关键的一环，二线城市现在担当着如省级中心、旅游胜地、投资新兴技术产业的基地，以及重要的交通枢纽等职责。作为城市走廊的一部分，二线城市经济与边界贸易的经济整合，会为地区带来新的繁荣。这种关系使地区经济提升到新的规模，但是面对存在着的各种机遇，二线城市往往缺乏城市管理能力、财力和人力资源去挖掘经济潜力，从而逐渐损害了其未来的发展前景。

城市扩张对经济和环境的影响

亚太地区的许多大城市都经历了经济快速下滑甚至城市核心人口的绝对下降。增长和扩张相邻城市和改造农村地区是导致其发生的原因之一，而雅加达及其大都市区域内的关系(JABOTABEK——包括周边省份在内的一种缩写)就是很好的例子(Cox，2011B)。虽然 JABOTABEK 大都市地区是亚太地区成长最快的地区之一，但雅加达 DKI 地区(雅加达中心城区)仍然停滞不前。经历了“大城市碎片化”，雅加达已经出现向周边地区的外溢。雅加达大都市区的建成区面积横跨在大雅加达，万丹和西爪哇及其后续增长的省份摄政的 12 个市已沿向东、南、西方向走廊发展(World Bank，2015)。

表 1-12　　2000 年和 2015 年不同等级规模的城市人口及占比

城市规模	总人口/亿		城市人口占总人口比例%		年平均变化率
	2000 年	2015 年	2000 年	2015 年	2000—2015 年
1 000 万以上	1.53	3.06	10.6%	14.4%	4.7%
500 万～1 000 万	1.29	1.83	9.0%	8.6%	2.3%
100 万～500 万	2.81	4.22	19.5%	19.9%	2.7%
50 万～100 万	1.25	2.03	8.7%	9.6%	3.3%
50 万以下	7.51	10.03	52.2%	47.4%	1.9%
城市人口	14.4	21.16	100.0%	100.6%	2.6%
农村人口	23.27	22.66	—	—	−0.2%
亚太地区总人口	37.67	43.82	—	—	1.0%

数据来源：World Urbanisation Prospects：The 2014 revision.

经济的不断增长使得数以百万计的人脱离了贫困，并且催生出了相当一部分的中产阶级

在全球抽样调查的 120 座城市中，在 20 世纪 90 年代，城市土地覆盖率以年均 3.7% 的速度增长着，而城市人口的年均增长率仅为 1.6%。

随着城市用地的扩张，农村用地转化为城市用地也越来越受到人们的关注，特别是对于那些非正式手段的转换。在全球抽样调查的 120 座城市中，在 20 世纪 90 年代，城市土地覆盖率以年均 3.7%的速度增长着，而当时城市人口的年均增长率仅为 1.6%。很显然，那段时期，城市用地的年均扩张率明显要快于城市人口的增长率。造成这种现象的原因，如家庭收入的增加，导致了更高的土地消费水平；大部分家庭规模的缩减；城市之间的流动性增强，在公共设施建设以及商业发展中，促进了次级城市化的发生。这对于城市的规划者以及相关政策制定者来说是值得参考的实例。

来自 Angel 参考文献中指出(2010A：75)，城市占用了大量的耕地，虽然这种理解可能会有些夸大。在全球范围内，2000 年，城市占用的耕地面积不到 1/25。尽管许多城市已经迅速膨胀，但平均而言，城市占总耕地面积不到 1%，在亚太地区也只有 3 个城市占总面积的2%～4%。然而，预计亚太地区城市在接下来的几十年会继续扩张并导致耕地显著的减少。如果在这种情况下，必须充分保证耕地面积，或者提高现有耕地的生产力，从而为不断增长的人口提供充足的粮食。城市规划者也应该把目光放长远，采取紧凑型一体化的发展模式，防止过度城市扩张带来的负面影响。

平衡城市发展的空间：政策能否有所作为？

亚太地区许多国家的政府仍然担心其人口的空间分布。他们指出，例如，一个城市最关键的是，人口和经济活动占一个城市的主导地位(表 1-13)。例如乌兰巴托的喀布尔，其城市人口达到国家总城市人口的 55%，在很多方面这个主要因素“挤掉”了其他原本可作为城市中心的地区的发展可能性。而由于投资和资源都集中在这样的一两个城市，这使得实现更均衡的城市层级或者发展其他城市变得更加困难和不可能。在小岛屿国家，往往只有一个城市中心，可能还远离其他岛屿和环礁。举个例子，马尔代夫 95%的城镇人口居住在首都马累。从经济角度来看，经济活动和人力资源的集中在资源紧缺的发展的早期阶段是合理的。然而，亚太地区大多数政府都明白，为了更加平衡和公平的发展，并避免城市集中的问题，他们需要通过一个更加平衡的国内就业机会和其他经济机会来平衡经济效益和公平性。

表 1-13　　2010 年亚太地区城市首位度　　单位：万

国家或地区	最大城市群	人口	占城市人口比例	第二大城市群	人口	占城市人口比例
蒙古	乌兰巴托	96.6	57.7%	额尔登特	8.3	2.6%
阿富汗	喀布尔	373.1	56.7%	坎大哈市	37.9	5.4%
亚美尼亚	耶列万	111.2	56.0%	Gyumry	14.6	7.4%
柬埔寨	金边	156.2	51.6%	西哈努克市	15.7	7.7%
格鲁吉亚	第比利斯	112	50.3%	巴统	12.4	5.4%

新加坡，城市首位度为 100%，故未列入此表。
数据来源：UNDP，2010b：42，UN-Habitat 2013：209-211，World Urbanisation Prospects：The 2014 revision. http：//www.citypopulation.de/Mongolia.html. http：//population. mongabay.com/population/cambodia

许多政府正在制定战略，以促进二级和三级城市的发展，特别是在经济和基础设施建设相对滞后的国家和地区。然而，从历史上看，这项任务一直很艰巨，作为城市发展模式的范例，选择城市中心通常为了实现特殊的增长模式。这就需要经济与区位因素来主导，而非国家的权衡政策。事实上，资源约束往往限制了那些可被促进和支持的中心的数量，亚太地区的国家很少能够通过特定的空间或其他政策在一段时间内改变城市的发展方向。

亚太地区的城市发展不是直接或间接通过宏观经济和部门政策决定。但这些发展有他们自己的空间的基本原理和因果关系，这可能不符合(甚至违背)更广泛的发展目标，特别是那些寻求更加平衡和公平的发展。此外，整个地区，负责宏观经济政策的部门往往比那些负责城市规划的部门更具影响力。因此，宏观经济政策可能会抵消城市政策的影响，甚至他们可能寻求抵消和平衡私人投资。强大的地方政府通过分散控制和强有力的领导，在其范围内进行空间决策可以缓解这一问题。然而在实践中是罕见的(Araki，2000:10)。对于亚太地区而言其中一个主要挑战是发展更强有力的国家城市政策，包括通过整合政府的各政府部门之间的差距，将国家经济发展政策与城市规划相结合。不丹是亚太地区一个典型的案例(见专栏 1.7)。

专栏 1.7　不丹的国家城市化战略

由于 2000—2050 年期间不丹全国范围的城市年平均增长率为 7.3%，首都廷布为 12.6%，不丹 2020 年的城市化水平有望从 2008 年的 30%增长到 60%。

决策者有两种基本的选择：(1)将允许目前的趋势继续，把廷布发展成首位城市；(2)一个有前瞻性的方法即用战略融资和体制干预措施来支持针对特定的城市发展中心的人口增长的分流。

政府决定通过国家的城市化战略，以确保全国各地的平衡，公平的发展。正如不丹西部地区人口最多且发展最快，在其他 3 个地区旨在促进城市人口增长的战略包括如下 3 点：(1)开发一个更平衡的包含具体功能城市节点的城市住宅层次；(2)基础设施投资优先；(3)城市生活和经济活动的发展。通过筛选现有的城市节点为其潜在经济发展中心。然而，由于缺乏平行的，长期的经济政策这项工作受到了限制，从而无法对未来的经济流动起到帮助作用(RGoB，2011)。

延布的一个不丹僧人，这里的城市化策略旨在于保证平衡、公正和发展

1.4 超越边界的城市化

21 世纪的城市在哪里终结？

在城市政府所划定的城市边界区域内，许多人在此工作，但却居住在该区域之外。诸如交通运输，水和能源供应，垃圾处理等城市服务，以及生态足迹往往都会突破这些城市行政边界。当城市扩大地域并突破城市行政边界时，看待问题的视角和层次由单一城市向城市群（不视城市行政边界，拥有相同城市居住密度等级的连续区域）转变和提升已是大势所趋。规划跳出仅关注单一城市的传统观念，并对此类新兴的城市格局及更为宏观的城市区域发展趋势进行思考表述，这些对于未来是至关重要的。

随着公路和铁路线的新建以及交通网络的不断完善，城市群正在不断地扩张。这些城市群随之变成都市圈、泛都市圈甚至巨型都市圈，覆盖着拥有城市居住密度水平的毗连区域，同时也包含着周边居住密度较低的区域，通过交通运输联系，通勤设施及其他形式的相互作用，这些区域受到中心城区的直接影响。这些连续建成区之间或之外的低密度区域无法进行严格的分类，因其既不是城市也不是乡村，亦或其两者皆是。麦基（2009）称亚太地区的此类区域为城乡融合区，是印尼语将乡村和城镇的结合词。在亚太地区，有很多这样的例子：曼谷、德里、达卡、雅加达和马尼拉，值得一提的是，同时他们也是巨型都市圈面对的组成部分。

巨型都市圈面对的主要挑战是整体统筹协调，诸如交通运输、流动性、给排水、垃圾处理和环境管理，其原因在于此层级通常缺乏行政管理架构，以及整体规划与管控的权力。其中包括管理不断扩大的城市劳动力市场的日常通勤。如斯里兰卡的科伦坡，其每工作日的通勤人口有 40 万～50 万人，同时二线城市康提也达到 15 万人，而与其对应的科伦坡与康提的常住人口则分别为 68 万和 12.4 万（World Bank & UN-Habitat, 2012）。同样，雅加达白天人口大约有 1 200 万，其中约有 250 万为进城通勤人口（Jakarta Post, 10 September 2011）。这一类以服务为基础的流动人口不包括在城市人口统计中。如此的发展模式就要求有新的构思、新的规划以及对于城市群的响应，它的成功对于亚太地区城市未来的管理至关重要（见专栏 1.8）。

专栏 1.8 非正规运输

对特大城市地区来说，运输和流动性至关重要，因为它们通过多种类型的道路和运输方式连接城市、城镇、村庄和农村地区并形成了劳动力市场的集水区。例如，低工资劳动力住在村里，但在城市谋生，可以通过类似摩托车、出租车等廉价运输形式通勤，而高收入人士可能通过高速列车达到远距离城市通勤。城郊农民利用交通工具把农产品运到城市市场，而消费者则从城市市场把新鲜的水果和蔬菜运回其城郊住宅。

由于正规运输的通达性和运能往往很有限，非正式运输以其廉价、灵活、可靠的服务提供了正规运输缺失的环节，提高了穷人和中产阶级的流动性。例如，印度尼西亚的日惹和梭罗，人口分别为 40 万和 50 万，市和市之间的交通非常频繁。通勤者和其他游客都倾向于使用非正规的交通工具，因为正规的交通只能在城市边界内进行且不能在某些部分的狭窄街道上进行（CDIA, 2011）。

高速列车把东京和大阪之间的旅行时间缩短至 2.5 h（400 km），创造了超过 8 000 万人的城市集中区。

连通性与城市发展

交通移动的进步正不断拉近城市，乡镇和村庄的距离。如今，高速铁路可以有效地连接相距 250～500 km 的大城市，或将各距 150～300 km 的一系列大城市连接起来（Amos et al, 2010: 1）。连接大城市之间与大城市内部的铁路干线和公路创造了由经济和信息网络组成的城市走廊。这使得一些小城镇产生了额外的经济活动。

通过各大枢纽站点相连的城市，可以获得显著的经济潜力。在这方面，一条公路或一列普通火车相对于中间站较少的高速列车（动车）会对其间城镇的发展产生更大的影响。

高速列车已经成为城市走廊枢纽城市的核心

城市走廊的例子可以是日本的东京—横滨—名古屋—大阪—神户—京都新干线（动车）走廊，中国的北京—天津—唐山走廊和印度的孟买—浦那的走廊。高速列车把东京和大阪之间的旅行时间缩短至 2.5 h（400 km），创造了超过 8 000 万人的城市集中区。中国正在建设高速铁路网络，而其已连接了 100 座城市。预计这将会提高生产率，数以百万计的客户和职员可在数小时内到达公司企业，如此将会大幅提高生产效率。同时，研究和开发中心能够利用其附近城市中丰富的高学历工人，同时为城市工厂提供较低的生产成本。

一些城市走廊已自发形成，而另一些交通走廊目前正由政府在进行规划目的是为了促进经济增长（Choe and Laquian，2008：8-12）。走廊作为基础的方法在成熟的地区具有利用优势但未被充分利用其经济潜力。它通过改善基础设施的发展带来了流动性，为相互依存的经济部门促进了经济增长。发展走廊是必须的，其经济意义是可行的，其节点必须是实质性的经济中心（Srivastava，2011：3）。

巨大的经济体量迫使香港将其生产制造业重新布局在了身为经济特区的广东省

中亚内陆国家通常规划以走廊的发展来获取深海港口和全球或区域市场的通道。哈萨克斯坦，吉尔吉斯斯坦，塔吉克斯坦和乌兹别克斯坦一直在寻求陆路运输路线将他们的城市和传输网络连接到亚洲和欧洲(CER,2013)。

鉴于持续的城市化进程和日益增长的城市间联系，一些城市走廊已经发展延伸至突破国界。交通运输的联系促进加强了由东京经由首尔到北京的连通性。有人建议，这条走廊甚至可以由北京延伸至上海和香港(Jones, 2000: 1)。连接由曼谷经吉隆坡至新加坡的走廊经常被认为有可能通过扩展到雅加达和泗水而得以加强。近年来，泰国向北寻求与中国更强的联系。虽然一些地区存在着金融和政治障碍，但随着如东盟这样一系列组织的出现，以及他们所产生的更密切的经济关系和贸易协定很可能会刺激更大的区域连通性——而其中的城市将发挥关键作用。

城市群包括有若干个在功能上相互关联的大、中小城市群，其中集聚着紧密相关联的企业、供应商、服务商、中间商和诸如大学和研究院的这样的相关机构。

共享空间的竞争优势

通过交通、流动性和信息的联通且距离相对较近的互补类经济活动集群有望产生一轮知识分享、创新和创业的周期，同时增加就业、生产力和收入，提高经济效益。城市群包括有若干个在功能上相互关联的大、中小城市群，其中集聚着企业、供应商、服务商、中间商和诸如大学和科研机构这样的相关机构。(Istrate et al. 2011:4)。

在亚太地区的部分区域，邻近的发达国家与发展中国家的经济差距使得企业将劳动密集型产业安排在工资较低的地区成为可能，且其通常分布在资本密集型城市的周边。珠江三角洲就是一个很好的例子。由于劳务工资上涨和发展空间缺乏，香港被迫将制造工厂迁移至其临近的广东省经济特区内的合适位置。这些特区(在“一国两制”的思想下)由国家和省政府管理的试验区，一方面是用来测试自由市场政策，另一方面也是通过境外投资发展出口导向型工业(Choe and Laquian, 2008:29; 4)。

同样一些跨国城市群亦是如此。20 世纪 80 年代初出现的新加坡—柔佛—廖内成长三角区即是其中之一，该城市群包括新加坡、印度尼西亚的巴淡、民丹岛，以及马来西亚的柔佛州新山市。借此新加坡可以避免吸纳大量移民转而依靠其邻国丰富的劳动力(Choe and Laquian, 2008:31-33; Jones, 2000: 1-2)。同样，为了吸引投资，马来西亚正在发展依斯干达特区，因其运营成本低，且距新加坡仅 30 min 的车程，而得到了新加坡中小规模企业的青睐。该特区现有以下计划：共享边境移民检查站以加快交通联系；于柔佛和新加坡之间建立快速捷运系统。(Reuters, 22 October 2012)。

专栏 1.9　胡志明市的人口增长评估

从全国性调查以外的范围寻找可供选择的数据来源，可以更好地了解城市的实际情况。据官方统计，胡志明市于 2002—2007 年间每年增长大约 19.8 万人。然而，官方的企业就业数据显示，每年有 40 万至 50 万人的增长，而摩托车注册登记和施工许可证的数据显示，每年分别有 48.7 万和 42.5 万的人口的增长，如果后者的估计更接近现实，那么官方数据就缺少一半到三分之二的实际人口增长。因此，其 2007 年城市人口将是 870 万而不是 660 万(Dapice et al, 2010:3-5)。

1.5　城市认知缺口

随着城市系统和其周围地区复杂性的增加，推动变革的各种因素变得很难理解和应对。同时随着城市形态的变化，重新定义未来规划以及实施规划所需的城市政策显得迫切及必要。

制定有效的城市政策来管理城市化和城市发展需要相关、可靠和最新的数据，以及对城市发展趋势、条件和城市动态的深入了解，尽管这种连贯和可比较的数据几乎是不可能得到的。城市的数据收集和报告根本无法满足城市规划者及管理者的需求。“数据不足”影响着城市发展规划，也影响着对城市变化的理解，包括对复杂的社会变革的理解。当公共和私人决策者起草城市政策和计划或者比较城市发展趋势和条件时，他们往往不得不使用那些不可对比且不兼容的城市数据。

测量城市地区

相邻的农村和城市地区的蔓延，不仅使得人口数据失真，而且也给城市规划者带来了问题。居住在城市边界之外的人们往往与城市经济和社会也存在联系。他们生活和工作在不同的行政区这可能将会导致成本和效益的脱钩、因为人们从城市服务中受益但却交农林地区很低的税。通勤者造成交通拥堵和城市污染，也使用了城市水设施和医疗卫生设施，促进固体废物垃圾的产生等，但对城市财政上的增加，基础设施和服务并没有做出贡献。这给许多大城市或以通勤为主的城市地区的管理者带来了一个重大挑战。

在该地区进行更详细的研究，目的是更好地确定每天、每周、甚至每个季度在不同的城市区之间往来，包括从农村到城市地区的通勤者的数量和类型，消除这些数据缺口将有助于了解城市基础设施和服务的需求，以及就业和流动趋势。这将使地方政府能够更为有针对性的和有效的制定政策。然而，获取这些数据需要新的方法，包括过程参与进程，契约以及宣传，然而面对这些举措很多地方政府要么缺少能力，要么不会坚持去做。实时动态数据的发展，对于城市管理和决策的基础奠定会越来越重要。

出于对城市地区进行分析为目的所做的描述就需要，抛弃如行政地位，大小，密度，职业，或者应用功能标准职能及功能标准等此类单一的标准而改用多功能性的评判标准。功能定义可以把一个城市地区看作相对独立的经济实体单位，并以高水平的劳工和其他经济互冲来刻划它。基于此就能对生产和生产力增长率的空间分析，劳动力市场的范围和组织，业务联系和城乡的溢出效应和基础设施和服务的需求做空间分析(OECD and CDRF, 2010：11；OECD, 2010：5)。

虽然城市是经济增长的引擎，其对国家和全球经济的贡献在很大程度上仍然是猜测。

消除城市数据缺口

数据不必局限于了解该地区的城市人口。虽然城市是经济增长的引擎，其对国家和全球经济的贡献在很大程度上仍然是臆测。然而，尽管城市的经济数据和城镇人口规模的已知数据都不精确，这些数据集依旧被用来评估一个城市的经济成就，而排名通常被市领导用来评价一个城市的优势和不足或是为了利用其竞争优势(Clark and Moonen, 2011：5)。在当今竞争激烈的全球经济中，各国政府要更好地了解城市的经济过程，必须利用各种科技、人力和财政资源来更好地理解城市经济的发展。

今天的城市至少可以更好地利用生成的数据。公共汽车和火车，水利基础设施和气体管线网络，医院，公寓，办公楼都在产生数据，这些数据可以被收集并实时进行分析。这就使我们能深刻理解趋势和条件，使其更容易理解和更有效地采取行动。当城市在恰当的时间向合适的人提供正确的信息，他们就可以做出更好的决策，并不断评估决策产生的影响。

然而，城市的数据不仅应该使城市经济更有效率，而且也应该有助于改善扶贫政策和环境决策。城市对以下数据非常的需要，如住房条件的差距，获得安全饮用水和环境卫生和固体废弃物的收集，以及城市间的状况，包括大，小城市之间的差距。数据的严重缺乏对于那些城市的贫困，生活在城市边界的边缘群体，被忽略的非正式居住区显得尤为严重(Raman, 2012：2)。

但是有关社会和经济状况的分项数据很少被使用，因为家庭调查所收集的数据在大多数国家除大城市以外的其他等级城市中是不具备代表性的。缺乏确凿的证据会影响脱贫政策的制定。取而代之的“甜甜圈”效应则利于相关城市地区收集大量的数据。许多全球经济投资机构，咨询公司和私营部门收集了相当广泛的城市数据,但其中大部分并不适用于地方决策者和规划部门。此外,通过参与枚举项目通常也会获得大量的地方或社区数据,而这些数据也很少体现于城市政策中(Dodman et al, 2013:1-4)。总的来说影响是,尽管这些地区有很多城市数据,但它往往是零碎且难以理解的,这意味着那些负责制定有关城市地区的未来发展的决策的人员可能只能依靠这些有限的信息。这就需要改变从而支持城市级的"数据革命"。

1.6 参考文献

ADB—Asian Development Bank (2012), The State of Pacific Towns and Cities: Urbanisation in ADB's Pacific Developing Member Countries, Pacific Studies Series, Asian Development Bank, Manila.

Akkoyunlu, Sule (2013), The Potential of Urban-Rural Linkages for Sustainable Development and Trade Links, Working Paper No 2013/37, Swiss National Center for Competence in Research.

Amos, Paul, Dick Bullock and Jitendra Sondhi (2010), High-Speed Rail: The Fast Track to Economic Development? World Bank, Washington DC.

Angel, Shlomo (2012), Planet of Cities, Lincoln Institute of Land Policy, Cambridge.

Angel, Shlomo. Jason Parent, Daniel L. Civco, and Alejandro M. Blei (2010a), A Planet of Cities: Urban Land Cover Estimates and Projections for All Countries, 2000—2050, Lincoln Institute of Land Policy Working Paper WP10SA3, Lincoln Institute of Land Policy, Cambridge.

Angel, Shlomo. Jason Parent, Daniel L. Civco, and Alejandro M. Blei (2010b), The Persistent Decline in Urban Densities: Global and Historical Evidence of "Sprawl", Lincoln Institute of Land Policy Working Paper WP10SA1, Lincoln Institute of Land Policy, Cambridge.

APHI et al. – Afghanistan Public Health Institute, Ministry of Public Health, Central Statistics Organisation, ICF Macro, Indian Institute of Health Management Research and World Health Organisation (2011), Afghanistan Mortality Survey 2010, ICF Macro, Calverton.

Araki, Kousuke (2000), Technological Innovation, National Urban Policy and Local Development: Policy Implications of the Concept of Technopole and Japan's Technopolis Programme for Developing Countries, Technological Innovation, National Urban Policy, DPU Working Papers, No. 110, London.

Becker, Charles, S. Joshua Mendelsohn and Kseniya Benderskaya (2012), Russian urbanisation in the Soviet and post-Soviet eras, Urbanisation and Emerging Population Issues Working Paper No. 9, International Institute for Environment and Development and United Nations Population Fund, London.

Bhagat, R. B. (2011), Emerging Pattern of Urbanisation in India, Economic and Political Weekly, Vol. XLVI, No. 34, pp 10-12.

Bulkeley, Harriet (2013), Cities and Climate Change, Critical Introductions to Urbanism and the City, Routledge, London.

CDIA—Cities Development Initiative for Asia (2011), Informal Public Transportation Networks in Three Indonesian Cities, Cities Development Initiative for Asia, Manila.

CER—Center for Economic Research (2013), Urbanisation in Central Asia: Challenges, Issues and Prospects, Center for Economic Research, Tashkent.

Chan, Kam Wing (2008), Internal Labour Migration in China: Trends, Geographical Distribution and Policies, United Nations Expert Group Meeting on Population Distribution, Urbanisation, Internal Migration and Development, 21-23 January 2008, United Nations, New York.

Chang, Gene Hsin, and Josef C. Brada (2006), The Paradox of China's Growing Under-Urbanisation, Economic Systems, Vol. 30, No. 1, pp 24-40.

China Daily (2013), Pacts to Boost Economic Cooperation, 29 November 2013.

Choe K., and A. Laquian (2008), City Cluster Development: Towards an Urban-Led Development Strategy for Asia, Asian Development Bank, Manila.

Clark, Greg, and Tim Moonen (2011), The Business of Cities: City Indexes in 2011 www. TheBusinessOfCities. com.

Collins, Francis L., Lai Ag Eng and Brenda S. A. Yeoh (2013), Introduction: Approaching Migration and Diversity in Asian Contexts, in: **Lai Ah Eng, Francis L. Collins and Brenda S. A. Yeoh** (eds.), Migration and Diversity in Asian Contexts, Institute for Southeast Asian Studies, Singapore, pp. 1-28.

Cox, Wendell (2011a), The Evolving Urban Form: Seoul, New Geography

Crisp, Jeff, and Hilde Refstie (2011), The Urbanisation of Displaced Persons, CIVIS: Sharing Knowledge and Learning from Cities, No. 5, Cities Alliance.

Dapice, David, Jose A. Gomez-Ibanez and Nguyen Xuan Thanh (2010), Ho Chi Minh City: The Challenge of Growth, Harvard Policy Dialogue Papers, Series on Vietnam's WTO Accession and International Competitiveness Research, Policy Dialogue Paper, No. 2, United Nations Development Programme, Ho Chi Minh City.

Denis, Eric, Partha Mukhopadhyay and Marie-Hélène Zerah (2012), Subaltern Urbanisation in India, Economic and Political Weekly, Vol. 47, No. 30, pp. 52-62.

Dodman, David, Daniel Schensul and Sainan Zhang (2013), Demographic Data as a Tool for Adaptation Planning, Technical Briefing for UNFPA in association with IIED, December 2013.

ESCAP—United Nations Economic and Social Commission for Asia and the Pacific (2013), Statistical Yearbook for Asia and the Pacific 2013, United Nations, Bangkok.

ESCAP—United Nations Economic and Social Commission for Asia and the Pacific (2013), Statistical Database, United Nations, Bangkok www. unescap. org/ stat/data/statdb/ DataExplorer. aspx.

Gazdar, Haris (2005), Karachi, Pakistan: Between Regulation and Regularisation, in: **Marcello Balbo** (ed.), International Migrants and The City: Bangkok, Berlin, Dakar, Karachi, Johannesburg, Naples, São Paulo, Tijuana, Vancouver, Vladivostok, UN-Habitat, Nairobi, pp. 151-185.

Hauser, Philip M. (1985), Urbanisation: An Overview, in: **Philip M. Hauser and Leo F. Schnore** (eds.), The Study of Urbanisation, Wiley & Sons, New York, pp. 1-47.

He, Jinsong (2008), Myanmar Migrant Workers in Thailand: Policies and Prospects, The Asian Scholar, Issue No. 45 (2008).

Howell, Anthony, and C. Cindy Fan (2011), Migration and Inequality in Xinjiang: A Survey of Han and Uyghur Migrants in Urumqi, Eurasian Geography and Economics, Vol. 52, No. 1, pp. 119-139.

Huguet, Jerry, and Aphichat Chamratrithirong (2011), Thailand Migration Report 2011: Migration for Development in Thailand: Overview and Tools for Policymakers, International Organisation for Migration, Bangkok.

IBM (2012), Smarter, More Competitive Cities: Forward-Thinking Cities are Investing in Insight Today, IBM Smarter Cities, Point of View, Somers.

Istrate, Emilia, Alan Berube and Carey Anne Nadeau (2011), Global MetroMonitor 2011: Volatility, Growth and Recovery, Metropolitan Policy Program, The Brookings Institution, Washington DC.

Jones, Gavin W. (2000), Megacities in the Asia-Pacific Region, Paper delivered at the 10th Biennial Conference of the Australian Population Association Population and Globalisation: Australia in the 21st Century, Melbourne 28 November - 1 December 2000, Melbourne.

Jones, Gavin W. (2002), Urbanisation Trends in Asia: The Conceptual and Definitional Challenges, Paper prepared for the conference New Forms of Urbanisation: Conceptualising and Measuring Human Settlement in the Twenty-first Century, IUSSP Working Group on Urbanisation, Bellagio, 11-15 March 2002.

Jones, Gavin W. (2007), Delayed Marriage and Very Low Fertility in Pacific Asia, Population and Development Review, Vol. 33, No. 3, pp. 453-478.

Jones, Gavin (2008), Comparative Dynamics of the Six Mega-Urban Regions, in: Gavin W. Jones and Mike Douglass (eds.), Mega-Urban Regions in Pacific Asia: Urban Dynamics in a Global Era, NUS Press, Singapore, pp. 41-61.

Jones, Paul (2011b), Urbanisation in the Pacific Island Context, Development Bulletin, No. 74, June 2011, The Australian National University, pp. 93-97.

Jones, Paul (2011c), The Rise of the "Rural Village in the City" and "Village Cities" in the Pacific Region, Paper presented at the 2011 Asia-Pacific Network for Housing Research Conference on Neoliberalism and Urbanisation in the Asia-Pacific, University of Hong Kong, 9 December 2011, Hong Kong.

Jutersonke, Oliver, Ryan Murray, Edward Rees, and James Scambary (2010), Urban Violence in an Urban Village: Case Study of Dili, Timor Leste, Geneva Declaration Secretariat.

Khan, Jabir Hasan, Tarique Hassan and Shamshad (2011), Socio-Economic Causes of Rural to Urban Migration in India, Asia-Pacific Journal of Social Sciences, Vol. III, No. 2, pp. 138-158.

Kundu, Amittabh (2011), Trends and Processes of Urbanisation in India, Urbanisation and Emerging Population Issues No. 6, Human Settlements Group, International Institute for Environment and Development and Population and Development Branch, United Nations Population Fund, London.

McGee, Terry (2009), The Spatiality of Urbanisation: The Policy Challenges of Mega-Urban and Desakota Regions of Southeast Asia, UNU-IAS Working Paper No. 161, United Nations University, Institute of Advanced Studies, Yokohama.

MoH - Ministry of Health, Bureau of Statistics and ICF Macro (2010), Samoa Demographic and Health Survey 2009, Ministry of Health, Apia.

Montgomery, Mark R. (2008), The Urban Transformation of the Developing World, Science, Special Section, Vol. 319, 8 February 2008, pp. 761-764.

NCPFC - National Committee for Population, Family and Children (2003), Vietnam Demographic and Health Survey 2002, Committee for Population, Family and Children and ORC Macro, Calverton.

NIPS - National Institute of Population Studies and Macro International Inc. (2008), Pakistan Demographic and Health Survey 2006—07, National Institute of Population Studies and Macro International Inc., Islamabad.

NPTD-National Population and Talent Division (2013), Sustainable Population for a Dynamic Singapore: Population White Paper, National Population and Talent Division, Singapore.

NSD - National Statistics Directorate, Ministry of Finance and ICF Macro (2010), Timor-Leste Demographic and Health Survey 2009-10. NSD and ICF Macro, Dili.

NSO - National Statistics Office and ICF Macro (2009), Philippines National Demographic and Health Survey 2008, National Statistics Office and ICF Macro, Calverton.

NSS - National Statistical Service, Ministry of Health and ICF International (2012), Armenia Demographic and Health Survey 2010, National Statistical Service, Ministry of Health and ICF International, Calverton.

NYT - The New York Times (2013), Speedy Trains Transform China, 23 September 2013.

NYT - The New York Times (2014), China Releases Plan to Incorporate Farmers into the City, 17 March 2014.

OECD - Organisation for Economic Cooperation and Development (2010), Defining OECD Functional Cities for Comparison of Economic and Environmental Performance, Working Party on Territorial Indicators, Organisation for Economic Cooperation and Development, Paris.

OECD and CDRF - Organisation for Economic Cooperation and Development and China Development Research Foundation (2010), Trends in Urbanisation and Urban Policies in OECD Countries: What Lessons for China? Organisation for Economic Cooperation and Development, Paris.

Opel, Aftab (2005), Bound for the City: A Study of Rural to Urban Labor Migration in Afghanistan, Afghan Research and Evaluation Unit, Kabul.

Pradhan, Kanhu Charan (2012), Unacknowledged Urbanisation: The New Census Towns of India, CPR Urban Working Paper No. 2, Centre for Policy Research, New Delhi.

Raman, Nithya V. (2012), Data Gaps and Planning for the Poor: Lessons from the Transparent Chennai Project, Sixth Urban Research and Knowledge Symposium 2012: Rethinking Cities: Reframing the Future, Barcelona, 8-10 October 2012.

Ren, Xuefei (2013), Urban China, Polity Press, Cambridge.

Reuters (2012), Cheap as China and Closer: Malaysia Zone Woos Singapore Firms, 22 October 2012.

RGoB - Royal Government of Bhutan (2011), Bhutan National Urbanisation Strategy, Ministry of Works and Human Settlement, Thimphu.

Rigg, Jonathan (2013), From Rural to Urban: A Geography of Boundary Crossing in Southeast Asia. TRaNS: Trans Regional and National Studies of Southeast Asia, Vol. 1, No. 1, pp 5-26.

Riley, Nancy E. (2004), China's Population: New Trends and Challenges, Population Bulletin, Vol. 59, No. 2, June 2004, Population Reference Bureau, Washington DC.

Srivastava, Pradeep (2011), Regional Corridor Development in Regional Cooperation, ADB Economics Working Papers Series, No. 258, Asian Development Bank.

Sueprasertsitthi, Chakchai (2004), Urbanisation in Thailand, 1960—2000, Mahidol University, Bangkok.

Tisdale, Hope (1942), The Process of Urbanisation, Social Forces, Vol. 20, No. 3, pp. 311-316.

TLAVA - Timor Leste Armed Violence Assessment (2009), Issue Brief: Groups Gangs, and Armed Violence in Timor Leste, Supported by Australian Agency for International Development (AusAID).

UN-Habitat (2008), State of the World's Cities: 2010/2011, Bridging the Urban Divide, United Nations Human Settlements Programme, Nairobi.

UN-Habitat (2010), Papua New Guinea: Goroka City Profile, United Nations Human Settlements Programme, Nairobi.

UN-Habitat (2012), Solomon Islands: Gizo Urban Profile, United Nations Human Settlements Programme, Nairobi.

UN-Habitat (2013) The State of European Cities in Transition 2013: Taking stock after 20 years of reform, United Nations Human Settlements Programme, Nairobi.

UNPD - United Nations Population Division (2010a), World Population Policies 2009, United Nations, New York.

UNPD - United Nations Population Division (2010b), World Urbanisation Prospects: The 2009 Revision, Highlights, United Nations, New York.

UNPD - United Nations Population Division (2012), World Urbanisation Prospects - The 2011 Revision, United Nations, New York, www.un.org/esa/population.

UNPD - United Nations Population Division (2014), World Urbanisation Prospects - The 2013 Revision, United Nations, New York www.un.org/esa/population

UNPD - United Nations Population Division (2014), World Urbanisation Prospects - The 2014 Revision, United Nations, New York, http://esa.un.org/unpd/wup/CD-ROM/Default.aspx

US Census Bureau (2013), TIGER Products, http://www.census.gov/geo/maps-data/data/tiger.html.

WRC - Women's Refugee Commission (2011), Bright Lights, Big City: Urban Refugees Struggle to Make a Living in New Delhi, Women's Refugee Commission, New York.

World Bank (2015) Urban Development Series, East Asia's Changing Urban Landscape: Measuring a decade of spatial growth, Washington DC 2015 (http://www.worldbank.org/content/dam/Worldbank/Publications/Urban%20 Development/EAP_Urban_Expansion_full_report_web.pdf)

World Bank & UN-Habitat (2012) Turning Sri Lanka's Vision into Policy and Action, World Bank Colombo office.

阿富汗面临着来自于数据缺失的巨大挑战

专题聚焦：阿富汗对于数据赤字的克服

联合国秘书长的高级小组在 2015 年后发展议程中站在引发全球变革的视角上呼吁“数据革命”，是为捕捉全球变革，并更好地了解实现可持续的政策的发展需求。这将需要“硬”“软”两方面的基础数据设施的巨额投资，其中包括新的数据收集和现有数据的扩充工作。这也意味着更新信息技术和工具对现代统计系统的高效运转至关重要。在 2015—2030 年期间关于可持续发展被提及的 169 个目标的（SDGs）投资预算估算为 2 540 亿美元：几乎是近年来每年政府开发援助投资的两倍。由于这个投资规模显然超出了许多国家和城市的能力，因此在除数据收集，分析和传播之外其他方面的思考将是至关重要的。

良好的数据对城市管治政策尤为重要。城市政策和规划只有建立在可靠的、及时的和最新的数据分析之上才能实现。由于人口结构变化和流体城市变换速度以及复杂程度日益增长的城市群行政空间，弥合现有的城市数据差距是一个巨大的挑战。

然而，有一些相对快速且具有成本效益的方式用来改善一些城市的数据流。行政数据目前由政府持有且往往利用不足。这些数据通常包括教育、交通、卫生、劳动、金融和社会服务。应用于辅助人口普查的地理空间数据往往使用率不足，由于缺乏通用的应用程序和统一标准，使这些潜在的有价值的数据流往往体现不出其全部价值。许多数据由私营部门生成和利用，这些数据或许可以被更好地整合进城市政策的发展，尽管成本和获得商业信息之间可能会出现一个挑战。为协作和信息共享建立新的伙伴关系并超越政府可以提供的有效平台。还有很多其他方式可以更好地利用已经可用的信息来改进数据流。

然而，在解决目前的城市数据，信息和知识缺口的过程中获取新城市地区的数据是一个重要的出发点，而不仅仅是只针对过时的市界以内范围。在很多城市中，城市肌理扩张远远超越城市边界的现象早已出现，获取更广泛的城市集中区数据对于城市政策的制定变得日益关键。

但是数据收集本身并不是最终目标，也不是过程的结束。数据只是构建块，需要转换成有用的信息，才能有效地影响政策和干预措施。虽然许多国家都专注于提高他们的数据收集，而分析这些数据的能力往往仍很薄弱，因此也导致了政策的制定和评价出现了障碍。

另一个经常遇到的关键差距是影响决策制定数据的通信和传播。此外，由于城镇边界区域的高度的随意性和“多孔性”，其城镇人口数据仍然没有正规的途径进行收集。但多年来，地方组织已经收集了城市非正式定居点，以及人口普查中漏掉的社区居民的相关数据。

然而，我们现在有机会从传统的数据集统计跨越发展到可视化信息的。视觉辅助数据，如基于卫星形像的 GIS 测绘，往往是被决策者忽视的资源，特别是在阿富汗的研究中较为突出。

总之，城市为了保持现有的信息跟踪已经变得过于复杂和动态。由于传统的大规模调查成本过高，因此非常罕见。同时，这种方式需要很长的时间来分析和评估，从而导致重要信息的空白。整合空间，城市政策的统计和其他信息是具有挑战性但又是非常根本的。综合城市数据有一个非常需要克服的障碍，包括明确的了解针对不同的政策或规划目的需要什么样的数据。

弥合数据鸿沟：阿富汗的经历

对于地理信息系统（GIS）技术应用的一个重要的例子是在阿富汗该地的数据是过时的，分散的，不完整的，且不定期收集。阿富汗面临着巨大的数据赤字挑战。由于许多信息和数据基础设施在多年的暴力冲突中遭到破坏和丢失，该国已准备应用新的技术和方法。

在联合国人居署的支持下，为解决数据空缺，阿富汗目前正在实施阿富汗城市计划 2014/15（SoAC），通过快速和低成本地收集可靠的数据和最近的城市建设能力，改善了城市监控。

在城市发展部门，独立地方治理局和喀布尔市部的领导下，SoAC 已经开发出从城市的高分辨率卫星影像中提取最新数据方法。从城市人口估计从而生成数据集的土地利用已被证明是有效的。从卫星影像中可以生成两个数据集：（1）房屋数量（依山而建，不规则和规则，公寓和国内流离失所者营地）；（2）土地使用（住宅，商业，机构，工业，农业和空置地块）。

阿富汗计划涉及若干城市规划和政策需求，包括：

- 引导智慧城市增长，可持续的城市规划将促进地方经济发展，确保环境保护，改善土地、住房和基本服务，使城市更安全、更包容。卫星地图有助于优化城市密度，确保土地混合使用，改善城市中心之间的连通性。联合国人居署的战略城市行动计划（SMAP），例如，帮助巴米扬市确定关键的增长领域，限制发展，保护历史遗迹和农业用地。
- 开发一个财产数据库，阿富汗城市有足够的潜力可以通过增加土地和财产税从而增加地方收入，最终支持基础设施和基本服务条款。地产税已经被证明是具有多重效益，如市政创收，权属安全和经济发展，尤其是在非正式定居点。这将很难建立如果只是通过家家户户的调查。通过地理信息系统收集和评估信息，财产登记和税收是越来越有效地利用，且可以在电子财产数据库中有效的获取信息。

- 社区为主导的邻里关系升级，因政治冲突而四分五裂的社区，已影响到城市发展。在改善贫困和流离失所的社区以及改善城市管理和市政服务方面，公民参与和能力建设显然是需要的。地理信息系统允许通过识别建成区，社会和经济的功能关系，以及未来的城市扩展区，开发空间框架。社区已经能够通过他们的区域的可视化表现来参与和推动参与性规划方法。

阿富汗城市 2014/15 计划：方法论

1 卫星影像的初步分析与数据提取

为每个城市提取最新影像资源。影像至少包含在市政边界内的区域，以及在城市的功能性部分的边界之外建成区

1 其他数据的采集与分析

源，从其他来源收集和清洗数据集，例如：AUWSSC，MUDA，IDG，CSO

2 土地利用

在卫星影像上利用 GIS，分析和数字化主要的土地使用种类

评论 + 输入地理信息系统土地使用数据集

2 土地使用数据

审查该地 GIS 土地使用文件并将其导入 SoAC GIS 文件

3 住宅

在住宅用地分类下分析和计算个人住房

交叉检查与数据集计数来检查图像判读精度

3 其他人口数据

审查人口数据同时交叉审查住宅数量例如：联合国人居署的数据集；人道协调厅的数据集

4 数据表和地图

上述分析中两个主要成果：(1) 数据表中提取数据的概述为地区和城市的关键指标；(2) 基于 GIS 的地图在空间上表示的数据

5 现场验证和检查

通过实地调查验证和检查数据。这包括：(1) 住宅数量抽样调查；(2) 通过当地利益相关者修订 GIS 数据集；(3) 未知地区的实地调查

6 完善和巩固城市数据集

根据反馈意见，并从现场调查结果显示，城市数据集达到了更新和巩固。已准备材料用于城市加固研习会（例如密度的地图；地区人口和房屋的地图）

7 参与城市协商

由市长，市顾问委员会的领导下，举行城市研讨会咨询会，相关部门、民间社会，私营部门、学术界和国际社会也一并参与。城市的数据要进行反馈和进一步的验证

8 2014/15 数据集的完成和传播

从城市研讨会中，数据集得到更新，从而提供最终的数据集。这些数据集在 2014/15 SoAC 报告中使用，并在本地和国际传播

第 2 章

城市经济

现状概览和政策要点：

- 近几十年，亚太地区的许多政府将城市化与国家发展战略联系起来，城市经济体的成功现已完全与国家和地区的成功交织在一起。
- 许多城市已成为经济增长和创造财富的关键节点，有几个城市的经济规模甚至超过某些亚太国家的 GDP。
- 越来越多的城市期望成为"世界级"或具有"全球竞争力"的城市，但更小的城市和城镇由于缺乏连接到全球贸易并对其加以利用的人力、财力和组织资源而处于劣势。
- 国家城市政策和规划将帮助那些较小的城市和城镇创造更大的经济机会。
- 虽然竞争激烈，但低成本生产已使数百万的人摆脱了贫困，创造了广大的城市中产阶层。然而在大多数情况下，这种转变付出了高昂的环境和社会成本。
- 保持生产和劳动力的低成本也不是一个有效的长期发展战略，因为它既不能提供包容的城市发展，也不能提供可持续的城市发展。
- 如果一个地区的城市要超越"中等收入陷阱"，除了对教育和技能进行大量投资，他们需要新的视野和伙伴关系，同时需要对增长质量给予更大的关注。
- 城市贫困和脆弱性不断被低估：亚太地区三分之一的城市居民无法获得适当的住房、清洁能源、安全饮用水和卫生设施。
- 由于减少了接受正式教育的机会和/或作为传统家庭规范的结果，妇女和青少年继续面临就业和独立生活的障碍。
- 城市贫民对经济竞争力的贡献依然没有充分体现在扶贫的经济和社会政策中。

亚洲领先的后工业城市东京© Xiye

2.1 城市与区域转型

对于经济增长和转型而言，亚太地区的城市可称之为该地区的发电站。它们在国家和区域经济发展中的作用不仅带动了也得益于该地区的整合、大规模投资和创造就业。这使数百万人摆脱了贫困，锻造了正在成长的中产阶级，也改造了城市的物质性景观。在不同的次区域，城市对 GDP 贡献的估计(Dobbs et al，2011：29)清楚地表明了其在经济上的重要性以及城市人口相对较高的生产率。例如中国，城市仅以 43% 的人口贡献了全国 74% 的 GDP。在整个亚太地区，城市在经济运行中的主导地位和不断增长的重要性是显而易见的，见表 2-1。

然而，一个城市对 GDP 的确切贡献很难测度，因为经济数据往往是在国家层面进行汇总的。此外，推动城市经济产量和产值的资源往往来源于农村腹地而不是城市本地。

但是毫无疑问，亚太地区的城市体经济规模非常显著。在这方面，东京引领了整个亚太地区乃至全球，其城市生产总值(GCP)在 2010 年几乎达到 1.9 万亿美元，其次是莫斯科和悉尼(图 2-1)。这些领先的城市拥有比亚太地区许多国家还要大的经济总量。

表 2-1　城市占次区域 GDP 的比重(2007 年)

次区域	GDP 占比(%)	人口占比(%)
中国次区域*	74	43
东北亚	71	65
澳大利亚	68	65
东南亚	48	21
南亚	31	18

* 包括中国内地；中国香港；中国澳门和中国台湾省。
来源：Dobbs et al. 等，2011：29.

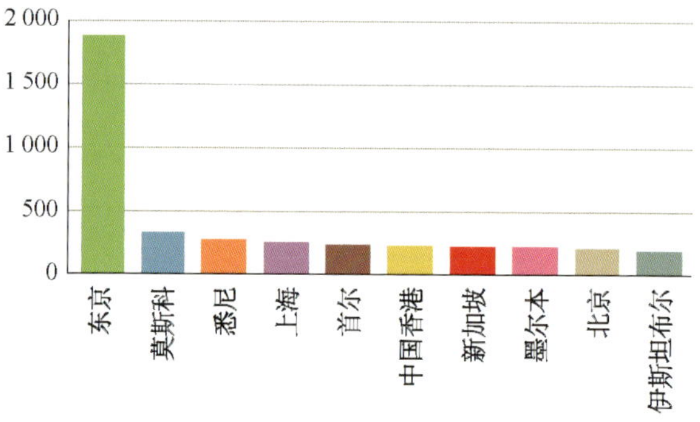

图 2-1　亚太地区最大城市经济体的 GDP 估算值（10 亿美元；2010）

来源：FP，2012。

在全球或区域经济中，城市的作用不仅与其经济规模有关，还与其功能有关。Lo 和 Marcotullio(2000:97-106)根据它们的功能，将亚太地区的大城市分为四种类型：

(1) 后工业化的资本输出型城市：东京和首尔有高度集中的跨国公司总部、跨国银行和生产性服务业，具有全球和区域的指挥与控制作用；

(2) 工业城市：曼谷、雅加达和马尼拉仍然是地区及世界工厂，大规模的外国直接投资进入了出口导向型的制造业；

(3) 转口或无国界城市：中国香港和新加坡分别处于单一的大型跨境经济区——香港—珠江三角洲—福建—台湾省，以及新加坡—柔佛—廖内增长三角区的中心；

(4) 服务型城市：悉尼拥有与区域经济相整合的后工业经济以及高度集中的便利设施，以吸引投资和经济活动。

许多大城市虽然明显地连接到全球经济，但不过是从属于另一个承担国内指挥与控制功能的城市，正如名古屋与东京的关系。达卡或拉合尔虽然也连接到全球经济中，却没有吸引跨国公司的总部，也没有先进的生产性服务业。因此，它们必须依靠其他城市从而依旧发展成重要的制造业基地，尤其是达卡在制衣业方面。最后，一些城市已被排除或把自己排除在全球网络之外(例如德黑兰和平壤)。直到最近，仰光的连接性还很大程度上受到国际制裁的限制，但它目前正在寻求重新的连通(Short，2014)。

一些中小城市因专业化和本身就作为工业中心而在全球经济中找到了一席之地。在泰国，6万人的罗勇市被称为“东方底特律”，拥有全国最大的工业地产，是世界上主要的石化中心之一。

朝鲜人民民主共和国首都平壤© Linqong

在亚太地区的一些城市，旅游观光是其重要的收入来源(例如普吉岛、登巴萨和暹粒市)。旅游业也成为亚太地区一些大城市的重要收入来源：曼谷、香港、伊斯坦布尔、吉隆坡、首尔、上海、新加坡、台北和东京，都是2013年全球顶尖的旅游目的地(表2-2)。曼谷作为2013年的首选目的地，有1 600万人的过夜游客，他们共花费了大约143亿美元(Hedrick-Wong 和 Choog，2013)。

表2-2　亚太地区国际过夜游客前10名的目的地城市(2010—2014年)

排名	城市	国际过夜游客量/百万人						2014年游客消费额(10亿美元)
		2010年	2011年	2012年	2013年	2014年*	2013—2014年变化	
1	曼谷	10.4	13.8	15.8	18.5	16.4	-11.0%	$13.00
2	新加坡	8.8	10.1	11.1	12.1	12.5	3.1%	$14.30
3	吉隆坡	8.9	9.0	9.3	9.6	10.8	13.1%	$8.10
4	香港	8.1	8.4	8.4	8.3	8.8	7.0%	$8.30

（续表）

排名	城市	国际过夜游客量/百万人						2014 年游客消费（10 亿美元）
		2010 年	2011 年	2012 年	2013 年	2014 年*	2013—2014 年变化	
5	首尔	6.1	6.6	7.5	8.2	8.6	4.7%	$11.50
6	台北	3.5	4.0	4.7	5.8	6.3	8.4%	$10.80
7	上海	6.7	6.2	6.0	5.7	6.1	7.6%	$5.30
8	东京	4.5	2.9	4.1	5.0	5.4	6.5%	$7.40
9	孟买	4.0	3.8	4.0	4.6	4.9	5.9%	$3.30
10	北京	4.5	4.8	4.6	4.0	4.4	9.2%	$4.20

*估计值

资料来源：万事达卡，2014 年全球目的地指数，第 8 页。

亚太地区的城市继续从业务外包中获益，无论是前台办公（与客户相关的服务）和后台办公（人力资源管理、会计等）。由于其人口精通英语，印度和菲律宾的城市是业务流程外包的全球领导者，印度的班加罗尔、钦奈、德里、海得拉巴、孟买和浦那，以及菲律宾的宿雾和马尼拉位于全球前十名。2016 年，菲律宾计划在服务外包产业中获取 260 亿美元的收益，这将产生大约 130 万个就业岗位（Tholons，2014：4-6）。

班加罗尔市已成为业务流程外包的全球领导者，Bagmane 科技园© Joe Ravi

尽管越来越多的亚太城市连接到全球经济，该地区真正具有全球经济实力和全球城市地位的城市只是少数。据估计，2007 年全世界仅 600 个城市中心的 15 亿人口创造了 30 万亿美元的 GDP，占全球 GDP 的 60%（Dobbs et. al，2011：10），这表明了城市对全球经济贡献的不均衡。

专栏 2.1 开放全球运输路线

缅甸的转变可使现有的和潜在的制造业中心连接到印度洋,而无需通过新加坡海峡,这给城市和区域的连接性提供了新机遇。例如泰国已对开发土瓦(Dawei)深水港表现出兴趣,该港口与曼谷的陆上距离只有300km,将使泰国资金更容易进入印度洋。同样,中国热衷于开发皎漂港(Kyaukphyu),与云南的昆明相连接;而印度感兴趣的是将其内陆的东北各邦和城市连接到实兑港(Sittwe)。

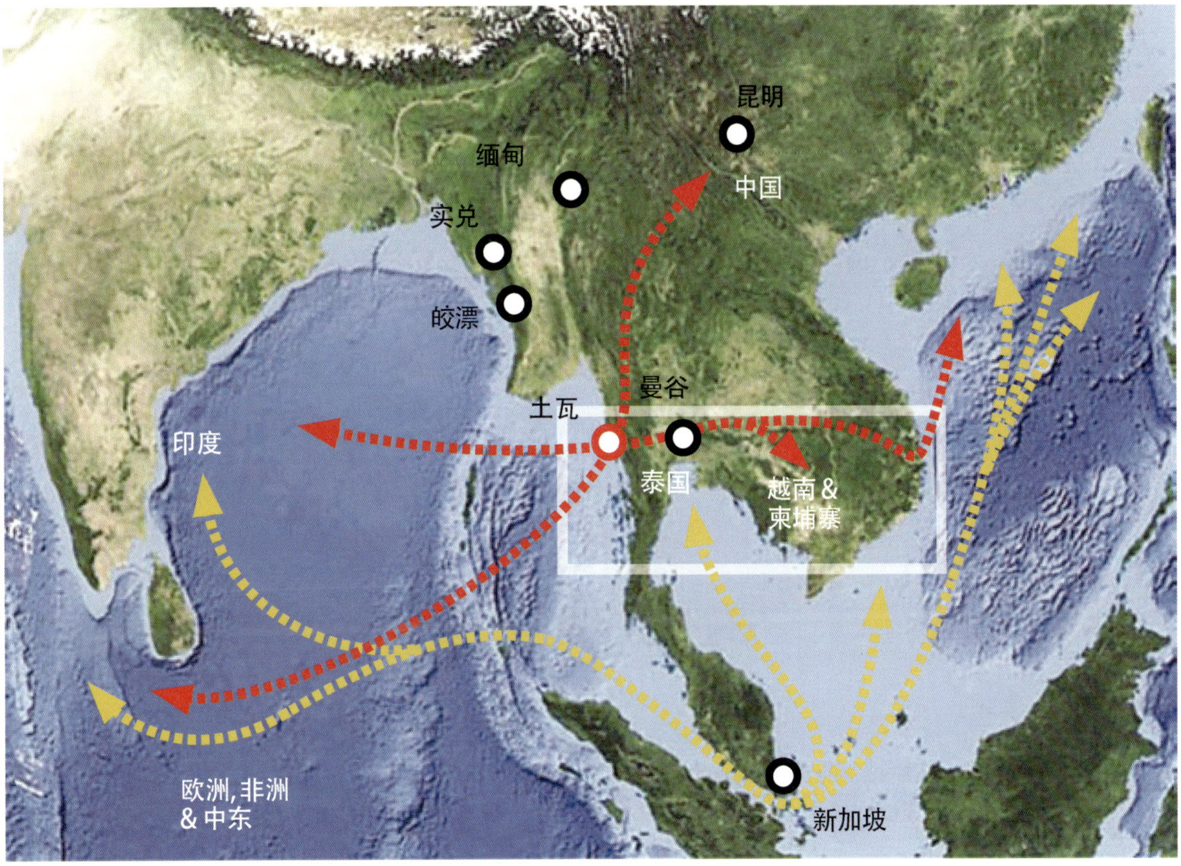

来源:Pavin Chachavalpongpun. 土瓦港:泰国在缅甸的大型项目,《2011全球亚洲》. 并刊登于《全球亚洲特色随笔》(第6卷第4期,2011冬)

亚太地区的政府部门和包括亚洲开发银行在内的国际机构,一直在推动连接不同国家城市的经济走廊开发。这种走廊基于城市协作模式,有时与自由贸易协定和跨国运输便利化相结合,有潜力为当地产品打开新的或迄今为止封闭的市场,并缩短海港和空港的航线。它们还可以使区位有利的较小城市更容易进入全球市场。亚太地区目前已经有珠江三角洲这样的重要例子,而大湄公河次区域、东南亚群岛和中亚也提出了或者正在规划经济走廊。显然,城市将在未来区域和次区域一体化的努力中发挥关键的作用。

太平洋岛国的经济体也在最近几年发生了显著的调整,包括资源配置从农村部门向城市地区的转变。现在城市地区产生的GDP份额越来越大,特别是服务业;但许多较小的城市地区即使GDP增长,幅度也很小。太平洋上的一些城市是世界上最偏远的地区之一,因此在抉择区域和全球贸易航线上的一个地点及其角色时会面临挑战。这种偏远也体现在太平洋岛国内部和它们之间空中和海上旅行的高成本。然而,太平洋群岛的城市地区在经济运行中不断增加的份额显然不亚于亚太地区的其他地方,尽管有这些挑战，城市无疑在未来岛国经济中将具有更加重要的作用（ADB，2012：31）。

要连接到全球经济，在地理区位方面有很多工作要做。事实上，亚太地区内陆国家的城市面临着与那些处于偏远岛屿环境的国家相类似的挑战。在中亚和东北亚，领土广阔的哈萨克斯坦、蒙古、土库曼斯坦和乌兹别克斯坦等国，由于薄弱的交通和昂贵的通信网络与市场，也面临高昂的交通、通讯成本以及城市之间有限的连通性。

2.2 从比较性优势到有竞争力的优势

亚太地区的投资常常想设法利用其最低税收制度、廉价劳动力和土地成本，以及灵活和非强制劳动、建设和环保法规等方面的优势。起初，城市是外国直接投资的相对被动接受者，但是亚太地区的城市已经逐渐转向更为复杂的比较和竞争优势的市场营销中，有些则越来越多追求基于城市与城市之间在生产、运输或服务节点上相互协作的竞争优势。

基础设施的重要性

在亚太地区不只是那些最大的城市在寻求竞争，欠发达国家已经涌现出来一些越来越具有成本效益和竞争力的较小城市。如 2012 年，柬埔寨由于其低劳动力成本、低利税以及有竞争力的办公楼和工业成本，在一项调查中被列为最具有成本效益的城市（fDi，2012：32）。前十名的其他亚太城市是越南的岘港、海防和河内；马来西亚的亚罗士打和新山；老挝人民民主共和国的万象；尼泊尔的加德满都；巴基斯坦的木尔坦和泰国的罗勇府。然而，尽管廉价劳动力成本是投资决策的关键因素，但由于基础设施的差距和低效，它们可能会快速地达到最高限度。对于亚太地区的许多二级城市，基础设施投资滞后，使得成本增加并限制了它们与高附加值产业的联系，要超越原有以低劳动力成本为基础的比较优势是很困难的。

专栏 2.2　振兴印尼小城市经济

北加浪岸

北加浪岸是一个沿爪哇北部海岸的城市，居民为 25 万人，具有独特的阿拉伯、中国和爪哇的文化遗产。这反映在该市多元文化的人口上，使之在印尼的城市中脱颖而出。北加浪岸曾有一个繁荣的渔业，但设施不足和港口沉降导致了它的衰落。该市制定了一个愿景以指导它的重建和现代化。规划旨在加强城市的独特识别性，并通过重振中心和修复文化遗产而把它变成一个旅游目的地，例如有着蜡染作坊、遗产建筑和蜡染博物馆的传统街区。为了促进经济发展，北加浪岸还准备建设新的港口、渔民和水手的旅舍以及完善的基础设施，以重振其捕鱼业。该市目前正在通过保护红树林这一举措，使沿海岸线的社区免受洪水和冲蚀（UN-Habitat，2012a）。

马辰

马辰，有 63.9 万居民，是通往加里曼丹的门户。由于其优越的地理位置，它的港口为通往资源丰富的内陆地区和更远的贸易路线提供了便利。煤、木材和橡胶的分配和加工曾驱动了地方经济，但橡胶和木材行业目前正处于衰退之中。马辰市必须转型地方经济以保持其区域港口的作用，同时加强它作为区域贸易中心的功能，以及发展旅游业。根据这个目标，该市开发了中央商务区，整修了市场，完善了港口基础设施。由于河流是该城市地域特色的核心，当地政府正在重新定位城市和振兴其水上市场，以强调传统的河流文化，但这需要提升河流的环境质量和相关的公共空间（UN-Habitat，2012b）。

专栏 2.3　缺电成为投资障碍

巴基斯坦的工业通常因电力短缺只能按一半的产能运行，甚至一天长达 20 小时的削减工作。电力短缺也是印度企图发展出口导向型制造业的一大障碍。在缅甸仰光，许多工厂依靠发电机来渡过经常性的电力供应短缺，但是发电机比国家补贴的电网供电贵得多。廉价劳动力可以部分抵消基础设施赤字的高成本，使劳动密集型的制衣厂仍然保持盈利，但对重工业的投资尚未起步。即使是在水电丰富的尼泊尔，能源部门也被认为需要关键性的投资，以满足不断增长的需求(NYT，2012 年 6 月 29；Asia Sentinel，2014 年 4 月 18 日)。

鉴于亚太地区基础设施质量最高的前五名城市(新加坡、东京、首尔、香港、大阪)在经济上的成功和高度竞争力，近年来所谓的“基础设施差距”及其对未来城市增长、竞争和繁荣的影响受到了越来越多的关注(fDi，2012)。南亚和东南亚倍受注目，特别是印度和印度尼西亚，因为它们最需要对城市基础设施的大幅投资，以增加其竞争力和效率。据估计，世界银行和亚洲开发银行已经投入了数万亿美元，还要求私营部门资金的强大杠杆作用来支持公共投资(ADB/ ADBI，2009；Andres，2013)。

亚太地区还有一些城市需要完善基础设施，以确保建成环境能促进更大的经济社会融合和发展机会，并促进未来的低碳城市建设。通过低碳的创新方法来弥合城市和城镇的基础设施鸿沟，同时整合其社会、经济和环境的成果，可为解决城市发展面临的挑战创造机会。

作为经济实力和抗风险能力建设的一种手段，吸引商务活动和投资是许多城市的当务之急。但是，与其说是企业数量，不如说经济的多样性程度更多地决定了经济的灵活性和城市的韧性。单一产业的城市(从某个单一的经济活动中获得该城市 20% 以上的总产值)远比那些经济更加多元化的城市更易遭受经济冲击。外部冲击会对单一产业的城市及其支持的地区造成严重的经济损失，就像中亚的案例(CER et. al，2013：33)。在亚太地区一些最大的城市中，也会发现过度专业化的情况，如达卡和金边面向出口的女性服装行业。

保持低成本的后果

快速经济增长通常发生在一个国家从低生产率的农业经济转向更高生产率的工业和服务部门之时，正如亚太地区许多较大的全球化城市近几十年所见到的。当这一过程发生时，由于需要更多的技术工人，致使工资开始上涨，继而影响了城市的竞争力，但这也为更小的城市创造了竞争机会。这也就是为什么亚太地区的其他城市，也包括中东和非洲的城市，通过宣扬自己是低成本生产的地方而继续进入外向型制造业的外商直接投资竞争中去。

非正规化和缺乏监管执法的情况不限于劳动合同，也延伸到建设和安全法规等方面。2012 年，在达卡附近的萨瓦区(Saver)一家服装厂发生大火，致死 112 人。此前消防部门曾拒绝给该建筑发放消防安全证书，并下令其关闭。同样，2013 年，萨瓦区的一座 8 层建筑倒塌，死亡人数超过 1 100 人。这个建筑安置了 5 家工厂，为外国公司生产成衣的工人有 6 000 名。当地政府已为该建筑颁发了许可证，其建筑许可标准低于达卡，政府违法通过了在现有 5 层建筑之上加盖 3 层的许可。

2012 年，卡拉奇一个牛仔布工厂的一场大火致死 262 名工人。工厂未经登记注册而非法经营。该建筑被批准容纳 250 名工人，但房主却违章搭建了两个楼层，并招收了 1 500 名工人。几乎没有工人与工厂有合约，他们大部分是第三方雇用的合同工。就在这一事故的几个小时前，在拉合尔一家鞋厂发生的火灾死了 25 名工人，是发电机引燃了附近储存的化学品，而这家工厂非法设在一个居民区内。当公司通过降低生产成本竞争外国订单，又在不受监管的商业环境里而没有动力采取强有力的干预和管制时，这样的工业灾害是常见的。

使生产成本降低的人力成本：2013 年，在孟加拉国萨瓦区 1 127 人死于一个服装厂建筑的倒塌© MaximPetrichuk

专栏 2.4　保持低成本的价格

在亚太地区，低成本城市中的许多公司通过保持非常低的生产成本而参与了全球经济的竞争。他们招收一名技术工人作为核心人员，并聘请临时工以满足更多需求或外包给在家里工作的工人。临时工可以被长时间雇佣，但仍然是短期工人，没有社会保障。因此公司把长期工的就业岗位转变为永久性的临时工，并把临时工变为打杂的外包工。其结果是，在正规部门的许多工人事实上成为非正规的就业人员，没有法律的认可或社会保护。公司为了降低成本以及规避劳动法规的执行，还把工作外包给其他的公司。这方面的例子是存在的，如在印度的艾哈迈达巴德市，比迪（手卷香烟）销售商先获得原材料，再外包给劳工去卷烟，然后购买成品并销往市场。这种外包劳动力不需要获得与比迪全职员工同样的利益（Chen，2007：8-9）。

2.3　知识型城市

从长远来看，由于生活成本上升和更大的利润分配要求，保持低劳动力成本也不是一个有效的策略。经济可能会陷入所谓的“中等收入陷阱”：无法从中等收入转向高等收入经济体。为了能持续发展，城市必须更有效地分配财富，其中包括将财富转向附加值更高和技术先进的产品和服务上。然而，这种转变并不容易，因为它要求不同的劳动力以及重视与奖励知识、技能、创造力和创新以开发和销售新产品的经济文化。要获取这些知识和技能，需要投资人力资本，而这个结果需要一定的时间才能实现。

城市经济转型还需要各级政府以及私营部门之间的合作与磋商，主要是由私营企业家担当投资、发展业务、创造利润和提供就业机会的角色，而政府承担管制的责任。地方和国家政府都需要为私营部门创造条件，通过提供必要的物质性和制度性基础设施，以支持私营部门发挥作用。

经济转型不会在一夜之间发生，但政府可以投资教育和医疗而在近期内启动这个进程。事实上，亚太地区城市未来发展的关键条件是其人力资本的发展。所以毫不奇怪，在知识创造和创新方面得分高的城市通常正是亚太地区中较为繁荣的城市。但重要的是应注意到，这样的转变已历经了几代人的行动和革新。

迈向创新型城市

除了外显知识，企业还需要内隐知识，例如那些集体的而不是个人的，并且只能在现场获得的知识。这就解释了为什么科研院所、高技术公司和制造企业通常聚集在一起。然而，相互交流并不总是起作用，正如大阪的经验所揭示的那样。在制造业失利后，大阪试图发展知识型经济，但是体制差异和截然不同的优先发展事项，使它很难在私营部门和学术界之间实现协同（Anttiroiko，2009）。

中国的城市已派出代表团去国外，鼓励接受海外教育的有才华的公民回国。为使回国具有吸引力，上海、北京为海外归国学者建造了高新区，对进口汽车提供税收优惠、购房补贴、子女上学和配偶工作。大多数海归学者和科学家专长于知识型经济增长的某个关键领域：信息与通信技术、生物技术等。他们中的许多人成为企业家，因为其海外经验帮助他们把自己的公司连接到全球经济（Zweig，2006：198－200；Wanget et al，2011：414-415）。

以大学为中心的城市（表 2-3）可能是跨国公司寻求把研发活动迁移到“海外”亚太分支机构的重要地方。根据美国国家科学基金会的数据，美国跨国公司在国外的研发人员从 2004 年的 16％增加到 2009 年的 27％。这种趋势可能会使亚太地区的城市超越其作为世界工厂的地位并把它们变成世界的研究中心（NYT，2013 年 3 月 30 日）。

表 2-3　亚太地区前 10 位大学排行榜（2013—2014 年）

排名	机构	国家	得分
1	东京大学	日本	76.4
2	新加坡国立大学（NUS）	新加坡	72.4
3	墨尔本大学	澳大利亚	68.2
4	香港大学	中国	65.3
5	首尔国立大学	韩国	65.2
6	北京大学	中国	65.0
7	澳大利亚国立大学	澳大利亚	64.4
8	清华大学	中国	63.5
9	京都大学	日本	63.2
10	韩国高等科学技术院（KAIST）	韩国	62.9

注：在全球大学排名中，东京大学第 11 位，京都大学第 19 位，新加坡国立大学第 21 位。在另一个全球大学排名（QS 世界大学排名）中，东京大学和新加坡国立大学共同位列第 31 名。
来源：http://www.timeshighereducation.co.uk/world-university-rankings/2013-14/regional-ranking/region/asia

专栏 2.5　吸引高技能专业人才

由于人力资本的开发需要时间，新加坡政府试图通过提供与全球相连的工作环境、高品质的生活和高收入，来吸引外国的专业人士。在生物城(Biopolis)和启汇城(Fusionopolis)，新加坡寻求促进公共和私人研究机构之间的产业集聚并培育它们的协同关系。生物城提供世界一流的、可以共享资源和服务的生物医学研发(R&D)设施，以推进研究机构与私人实验室之间的合作。启汇城能够开展信息和通信技术、材料科学、微电子、高性能计算和其他资源的研发。来自 50 个国家的 3 000 名研究人员和科学家在建筑综合体中一起工作(Toh and Jiang，2012：46)。

要成为领先和转型的经济体，城市也需要企业家。新加坡已采取了企业孵化器政策，作为培养高新技术企业家的一个五年计划的一部分。它仿照“谷歌”创始人曾经居住的斯坦福大学宿舍建设了 N-House 住宅，它可以让学生集思广益，把他们推销给潜在的投资者并为有前途的初创企业提供有补贴的办公用房、法律咨询和免费会计等。该计划促进了创业技能的教学，提供赠款并且支持风险投资基金(Bloomberg，2013 年 1 月 25 日)。

新加坡是许多其他城市想仿效的城市，因为它在没有优越资源基础的情况下起步，发展成为世界上最富裕的城市之一。从新加坡的经验中可以得出许多启示，主要包括新加坡对经济、社会和空间政策的协调，以及在规划初期阶段重点对经济和社会发展政策的整合。

建设世界级城市

为了使城市经济转变成知识型经济以及吸引高素质人才，越来越多的城市正在寻求“世界级”的地位。科伦坡、孟买和仰光等不同的城市已经宣布计划仿效新加坡或上海，投资高质量的基础设施和美化他们的城市。一旦定位为“世界级”，城市的期望就是去吸引特大活动、希望成为跨国公司的地区总部以及吸引游客和商务旅客。

作为具备世界一流设施的地方，一个城市的发展会产生意想不到的后果。然而，不是所有的变化都是有益的。亚太地区的一些城市已成为全球医疗旅游目的地(表 2-4)，近几年一个引人注目的例子是曼谷。如果利润能够交叉补贴国内医疗保健或者投资到卫生部门的基础设施和医务人员队伍的扩充与改善，那么一个城市可以从医疗旅游中获得好处。但医疗旅游也可以把资源从当地卫生保健机构转移到为外国患者服务的私人医院，或者通过更好的工资和工作条件诱使医务人员从公共部门流动至私营部门(Lunt，2014 年)。

表 2-4　领先的医疗旅游目的地

排名	国家/地区	收入(百万美元)	主要市场	国际患者数/人	程序
1	泰国	4 300(2013 年)	澳大利亚、海湾合作委员会国家、日本、英国、美国	250 万(2013 年)	整容手术、牙科、眼科
2	印度	3 900(2014 年估)	孟加拉、中亚、欧洲、马来西亚、中东、缅甸、巴基斯坦、斯里兰卡	50 万(2014 年估)	心血管、骨科(包括髋关节和膝关节置换)
3	新加坡	3 500(2014 年估)	孟加拉、柬埔寨、中国、印度、马来西亚、缅甸、越南	85 万(2014 年估)	癌症、心血管、生殖、神经内科、眼科、器官移植、儿科
4	中国台湾	430(2014 年估)	中国	20 万(2013 年)	全面体检、整容外科、整形外科
5	马来西亚	216(2013 年)	海湾合作委员会国家、印度、缅甸、越南	76.8 万(2013 年)	替代疗法、整容手术
6	韩国	204(2013 年估)	中国、日本、俄罗斯、阿联酋、美国	25 万(2014 年估)	口腔科、皮肤科、生殖、内科、眼科、整形外科

资料来源：Medical Tourism Association；
http：//yourhealth. asiaone. com/content/43b-revenue-likely-singapore-medical-tourism-year；　http：//www. imtj. com/news/? entryid82=436838

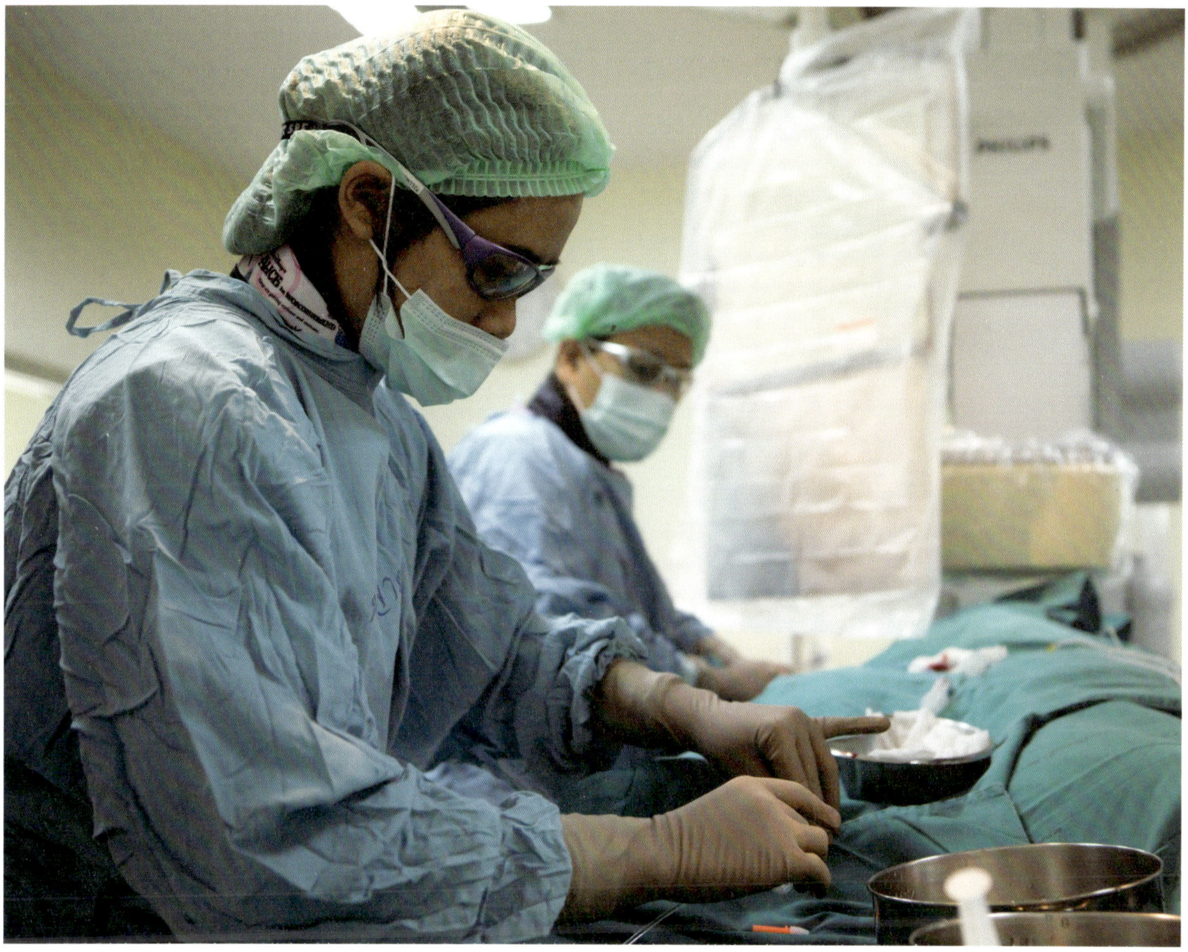

曼谷已成为全球医疗旅游目的地© Rufous

高技能和高薪的外籍专业人士或富有的外国人的出现也并非没有后果。一个“引进人才”可以取代国内企业和本土劳动力,它也会导致房地产价格的快速上涨,就像发生在香港、新加坡和悉尼以及一些二、三线城市的那样。先是高端物业的价格被驱动,随着时间的推移可能会影响中产阶级的住房成本。

文化遗产

如果一个城市要改造自己,历史建筑和文物古迹可能会碍手碍脚。在整个亚太地区,历史建筑已经让位于城市更新产生的利润。在亚太地区的城市,强大的房地产行业和迅速上涨的房地产价格,往往把文化遗产保护置于城市议程的低位,使地方政府难以执行区划法规。在许多城市,历史建筑已被替换为玻璃和钢的办公结构,使全世界的城市看起来都一样。但是城市往往忽视了遗址的经济潜力,它会给予城市一个独特的识别性并提振旅游业(UNESCO,2004:50)。

通常,要在促进经济增长、减少贫困以及保护自然和文化遗产之间实现平衡很困难。许多地方政府缺乏与强大的、资金充裕的私营部门成功谈判的能力。然而,一旦被销毁,历史建筑、独特的城市景观和自然环境将不会复原。另外,当地政府可能既没有政治意愿,也没有经济资源为公共利益采取行动。

不过,也有一些重要的区域案例,尤其是中等城市和小城市,它们力求通过遗产保护来形成强大的商机,这包括聚焦旅游业、强化符合国家定位的文化遗址等。马六甲和槟城,双双对文物建筑和博物馆进行了大量投资,以颂扬马来西亚在包涵了荷兰、英国、印度、中国和马来影响的一条贸易路线上的独特历史联系。乌兹别克斯坦的布哈拉,最近复兴了与它在丝绸之路的重要历

乌兹别克斯坦的布哈拉（上）和马来西亚槟城（下）已经投资了遗产保护，旨在发展旅游业和强化国家定位© Donovan Storey（上）© Helen Mitchell（下）

史作用相关联的文化基础设施。即使是非常小的城镇，如斐济原首都莱武卡，联合国教科文组织“世界遗产”的地位也促进了它更广泛的区域和全球定位。作为一个人口仅略多于 1 000 人的小而偏僻的城镇，它的幸存提供了一个如何利用遗产的例子。

专栏 2.6　平衡缅甸的经济增长和社会文化优先权

缅甸的决策者希望把仰光变成下一个新加坡，不仅要拥有新加坡的经济，也要有心目中的现代城市景观。殖民时期的建筑定义了城市的大部分特性，虽然它们被称为英国文化遗产而不是缅甸的文化遗产。政府搬迁到新的首都内比都后，许多建筑遭到遗弃，正处于失修状态。仰光市中心的许多房子都因租金管制和/或产权不清而没有得到维护。不维护也可以是一个蓄意的策略。由于经济改革带来土地升值，土地所有者对当地政府施压让其宣布这些建筑不适宜居住，这样它们就会被拆除而进行土地重建。

最佳营商城市

2014 年普华永道的《机遇之都》报告中列出了全球 27 个具有最佳营商环境的城市。名单中居前的城市可能倾斜于西方国家，而亚洲城市正在快速提升，现有 11 个城市跻身于世界的前 30 名(表 2-5)。摩根大通和布鲁金斯研究所近期发布了另一份报告，通过他们合作开展的“全球城市倡议”项目衡量了城市的经济表现(表2-6)。在排名最高的 10 个城市中，就有 9 个来自亚太地区，表明全球经济实力已经转移到这个地区。令人吃惊的是，在 50 个表现最佳的城市中有不下 27 个来自于中国。该报告还显示，随着不断上升的经济地位，亚洲城市的就业水平和生活质量已经有所改善。

表 2-5　全球“机遇之都”(2014 年)

排名	城　市	优　势
1	英国伦敦	智力资本和创新；城市门户；技术准备度；经济影响力
2	美国纽约	智力资本和创新；营商环境；城市门户
3	新加坡	技术准备度；城市门户
8	中国香港	交通和基础设施；营商环境
9	澳大利亚悉尼	可持续发展与自然环境；健康、安全和安保
13	日本东京	智力资本和创新；营商环境；城市门户
14	韩国首尔	可持续发展与自然环境；智力资本和创新
17	马来西亚吉隆坡	技术准备度；交通和基础设施
19	中国北京	经济影响力；城市门户
20	中国上海	营商环境；生活成本
21	俄罗斯莫斯科	经济影响力；城市门户
25	土耳其伊斯坦布尔	智力资本和创新；经济影响力
28	印度孟买	生活成本；城市门户
29	印度尼西亚雅加达	可持续发展与自然环境；生活成本

资料来源：PWC，机遇之都，2014

表 2-6　全球城市倡议，支持我们城市经济的未来(2014 年部分城市)

排名	国家	城市	实际人均 GDP 增长率(2013—2014 年)	就业增长率(2013—2014 年)	经济运行状况排名(2009—2014 年)
1	中国特别行政区	澳门	8.0%	4.2%	10
2	土耳其	伊兹密尔	2.0%	6.6%	8
3	土耳其	伊斯坦布尔	2.0%	6.5%	17
6	中国	昆明	8.1%	2.9%	9
7	中国	杭州	7.0%	3.3%	6

（续表）

排名	国家	城市	实际人均 GDP 增长率（2013—2014 年）	就业增长率（2013—2014 年）	经济运行状况排名（2009—2014 年）
8	中国	厦门	8.6%	2.6%	1
9	土耳其	安卡拉	1.1%	5.7%	27
10	中国	福州	8.0%	2.7%	13
19	马来西亚	吉隆坡	4.1%	3.4%	4
23	越南	胡志明市	3.9%	3.1%	46
34	印度尼西亚	雅加达	4.3%	2.6%	42
47	马来西亚	乔治城	3.8%	2.6%	52
61	新加坡	新加坡	1.8%	3.1%	48
139	菲律宾	马尼拉	4.1%	0.5%	69
300	泰国	曼谷	−0.5%	−1.7%	259

资料来源：JP Morgan and Brookings Institute：全球城市倡议，支持我们城市经济的未来

2.4 创造城市就业

就业是经济增长和减少贫困之间的首要环节，但这不是预先确定的关系。在亚太地区，城市的经济增长并不总是劳动密集型的。一些产业是资本和技术密集型的，这意味着经济增长可能不会创造更多的就业机会。经济增长与贫困之间关系的关键决定性因素在于，新创造的就业机会数量、这些工作的质量（包括薪酬）、稳定性以及抓住新就业机会的个人能力（Melamed et al，2011：1）。

一个儿子和父亲在印度贾里亚包装煤炭。大多数的极端贫困人口通过自营或无薪的家庭工作在非正规行业谋职 © Koscusko

专栏 2.7 孟加拉国的妇女劳动力

孟加拉国服装行业的扩张增加了285万名以上的妇女劳动力。1980年，大约只有5万名女工在制衣行业就业。到2002年，有大约300万名工人，其中90%是女性。虽然服装行业是个要求高、工资低且过长时间内重复技巧的工作，但它对创造就业具有积极的影响。劳动力参与改变了妇女在她们家庭中的地位，平衡了父亲、兄弟和丈夫的传统优势，因为妇女可以赚取自己的收入而不需要依靠丈夫来获得同样的收入。许多家长现在依赖于他们未婚女儿(们)的收入，直到家庭收入稳定之前不准许她们结婚。如今，妇女一般会拖延婚姻和推迟生育，有证据显示，在家务劳动中丈夫的参与有所增加。女工人数在孟加拉国服装行业以90%的比例占了很大的份额。与之相比，女工的比例在斯里兰卡为87%，印度为34%，尼泊尔为15%，巴基斯坦为10%(Ahamed,2013:46-47)。

在孟加拉国，劳动力参与改变了妇女的家庭地位 © Eduardo Lopez Coronado

过去几十年，亚太地区的经济增长已经创造了许多新的就业岗位，但是城市就业的具体数据却不容易得到。

过去几十年中，亚太地区的经济增长创造了许多新的就业机会，但具体城市就业数据不容易得到，经常用部门的就业数据来代表(表2 7)。随着工业和服务业的显著发展，农业的整体就业率下降，使亚太地区的就业经历了一个转变。该地区的一个重要趋势是来自农业和基于工业的就业逐渐转向服务业。由于很少能获取到任何有把握程度的非正规部门就业活动，因此对官方数据应予以谨慎。

表 2-7　按次区域和各部门的就业百分比(1995—2010 年)

部门	农业		工业		服务业	
	1995	2010	1995	2010	1995	2010
东亚和东北亚	46.3	33.0	25.0	28.8	28.7	38.1
东南亚	52.1	41.5	16.2	18.6	31.7	39.9
南亚和西南亚	59.2	49.4	16.1	21.2	24.7	29.4
北亚和中亚	21.3	19.3	28.4	24.3	50.4	56.4
太平洋	17.3	17.1	20.0	17.9	62.7	65.0

资料来源：ESCAP，2013：242

Huynh and Kapsos(2013：2)按人均消费或每天的收入(按购买力平价计算)，划分了 4 种工人阶层：

(1) 极度贫困(每天 1.25 美元以下)：不能满足人所有的基本需求。

(2) 中度贫困(每天 1.25～2.00 美元)：仅能满足人的基本需求，例如每天的热量摄入在一个可接受的水平。

(3) 接近贫困(每天 2.00～4.00 美元)：不贫困，但非常容易陷入贫困。

(4) 中产阶级(每天超过 4.00 美元)：能负担非必需的商品和服务。

在过去的 20 年间，亚太地区的一个重要趋势是劳动力向中产阶层就业转移，特别是在东亚和东北亚；同时也出现了贫困人口的就业扩大。这两种趋势导致包括极度贫困和中度贫困两类收入贫困人口的大幅下滑(表 2-8)。总体上，与几十年前相比，亚太地区很多城市中心的工人有了更高的收入和更好的就业条件，尽管工作保障不一定得到改善。

表 2-8　部分次区域不同经济阶层的就业情况(1991—2012 年)

年份	1991		2012	
	人数/百万人	占各阶层总就业人口百分比	人数/百万人	占各阶层总就业人口百分比
中产阶级	65	5.0%	671	37.9%
接近贫困	178	13.8%	497	28.1%
中度贫困	333	25.8%	365	20.6%
极度贫困	715	55.4%	238	13.4%
总计	1 291	100.0%	1 771	100.0%

地区包括东亚地区、东南亚和太平洋地区、南亚地区
来源：Huynh and Kapsos，2013：26-27。

表 2-9　青年和成年失业率(1995—2010 年)

次区域	失业率		
		1995 年	2010 年
东亚和东北亚	青年	8.6%	8.8%
	成年	4.3%	4.2%
东南亚	青年	9.5%	13.9%
	成人	3.8%	4.9%

（续表）

次区域	失业率		
		1995年	2010年
南亚和西南亚	青年	9.7%	10.7%
	成人	4.4%	4.5%
北亚和中亚	青年	18.7%	17.4%
	成人	9.9%	8.1%
太平洋	青年	13.1%	11.0%
	成人	7.3%	5.0%

资料来源：ESCAP，2013：243

就业机会的障碍

纵览全球，大部分的极度贫困人口通过自营工作或无薪家庭工作而在非正规行业劳动。在极度贫困人口中，工资性就业只有12.7%。在中度贫困阶层中，自营工作或无薪家庭工作的较少一些，工资性就业为19%。接近贫困的工人和中产阶级工人，工资性就业分别为35.3%和60%以上。较高的收入和更稳定的就业为中产阶级家庭提供了至关重要的好处，他们可以投资健康和教育，从而比贫困和接近贫困的人过上一种更健康、更富有成效的生活。他们还作为更高开销的消费者推动经济发展（Kapsos and Bourmpoula，2013：5，25）。

但仅这样创造就业还不足以减少贫困。人们必须有足够的健康和教育水平才能满足经济增长产生的就业机会。许多城市贫困人口生活在非正规定居点，那里没有安全的饮用水和卫生设施等基本的市政设施，他们会受到健康状况不良的影响。此外，随着经济的发展，就业特征发生变化，雇主要求雇员有更好的知识和技能，尤其是在高附加值的制造业和服务业部门。没有知识和技能的劳工不容易被雇用。他们往往由比较脆弱的城市人口组成：老年人，他们长大的时候小学教育尚未普及；在农村接受教育不足的移民；不被雇主考虑的人，如那些身患残疾的人，无论他们的知识和技能情况如何。在亚太地区的某些地方，父权制继续成为已婚妇女参与工作的一个障碍。

在亚太地区，青年（15～24岁）继续占据城市失业和就业不足的显著比例。很多人逐渐面临着找到全职或固定职业的困难。在所有的次区域地区，青年的失业率比整体失业率高得多，而除了太平洋、北亚和中亚，其他次区域的青年失业率是在上升的（表2-9）。有几个因素导致青年的高失业率（World Bank，2012：207-208；Kapsos，2013：2-3）。一个是青年人口膨胀，即相对于现有岗位数的一个比较大的青年群体；另一个因素除了年轻人缺乏工作经验以外，就是他们的技能类型与劳动力市场的要求不相匹配；第三个因素是存在诸如缺乏就业机会的信息以及缺乏有助于找到工作的个人网络等方面的就业障碍。年轻的创业者也可能存在获得创业资金的困难。

同样，亚太区域女性劳动力参与率明显低于男性（表2-10）。东亚地区的女性劳动力参与率最高，虽然仍然落后于男性。南亚和西南亚的女性参与工作的比率一直很低，而且城市比农村地区更低。在农村地区妇女必须工作，而城市妇女如果无法找到与其社会地位相符的工作，她们会从劳动力退出，或者她们因教育、文化或歧视的障碍而可能被拒绝就业，尤其是正规的就业。由于出行机动性的限制，许多妇女从事无报酬的家庭劳动或在家的有偿工作（Kabeer and Mahmud，2004：94）。

在印度的城市非正规就业人员中，从事行业占比最大的是非贸易服务业，其次为女性的制造业和男性的商贸业。

表 2-10　　男性和女性的劳动力参与率(1995—2012 年)

地区	男		女	
	1995	2012	1995	2012
东亚和东北亚	79.3%	75.0%	66.6%	62.7%
东南亚	80.0%	78.5%	56.3%	55.8%
南亚和西南亚	79.9%	77.3%	33.0%	29.4%
北亚和中亚	64.1%	67.4%	48.1%	52.5%
太平洋	68.3%	69.5%	51.6%	57.6%

资料来源：ESCAP，2013：141

在南亚和西南亚，女性劳动力参与工作有时被视为对父权制的一个挑战，即使是在城市贫困的家庭，这是因为传统会凌驾于收入的损失之上，使其影响超越了家庭。尽管如此，家庭中女儿就业比妻子就业更可接受，这使得年轻的未婚女性在服装行业工作成为一个可以接受的选择(Banks，2013 年)。

专栏 2.8　印度的城市非正规就业

印度的城市非正规就业率非常高。尽管近期经济增长，这种高比例仍在持续。它的构成是：小部分正规的工薪劳动人口(20%)，其中大约 2/3 的人在正规的办公室和工厂里工作；非正规的报酬劳动人口(40%)，他们中大约 15%在正规的办公室和工厂里工作；大量的非正规个体劳动力(40%)，其中一半在家里或是开放的公共空间里工作。

非正规城市就业人口的最大多数从事非贸易的服务，其次是女性从事的制造业与男性从事的商贸业。家政人员、在家务工者、街头小贩和拾荒者占总城市就业总数的 33%和城市非正规就业的 41%，其中在家务工的人口占最大比例(是城市就业总数的 18%，城市非正规就业的 23%)(Chen and Raveendran，2011：6-7，14)。

按部门、性别和年份划分的印度城市非正规就业情况

就业	1999—2000 年		2004—2005 年		2009—2010 年	
	男性	女性	男性	女性	男性	女性
农业	6%	18%	18%	6%	6%	14%
制造业	17%	21%	19%	26%	17%	25%
建筑业	9%	5%	9%	4%	11%	5%
商贸业	25%	14%	24%	10%	23%	10%
非商贸的服务业	20%	24%	21%	28%	22%	28%
城市总非正规就业	77%	82%	79%	85%	79%	81%
城市总正规就业	23%	18%	21%	16%	21%	19%
城市总就业	100%	100%	100%	100%	100%	100%

资料来源：Chen & Raveendran，2011：6-7。

2.5 一个持久的城市非正规行业

尽管经济快速增长，但是许多男人和妇女在城市地区找不到正规行业的工作，因为他们要么不符合条件，要么在开办自己的正规企业时面临太多的障碍。非正规行业提供了更大的就业机会，包括可以共同分担工作和其他任务的家族型企业。由于其性质和众多的形式，城市非正规行业很难界定，其经济上的重要性也很难衡量，但在亚太地区其规模和现实作用仍然非常高。它非但没有随着经济增长而逐渐减少，在某些情况下，非正规行业正在增长（Chen，2007:6）。非正规行业的规模、它对于经济环境变化的顺应力以及它的持久性，是亚太区域城市就业的一个重要特征，也是城市经济的巨大驱动力（图2-2）。

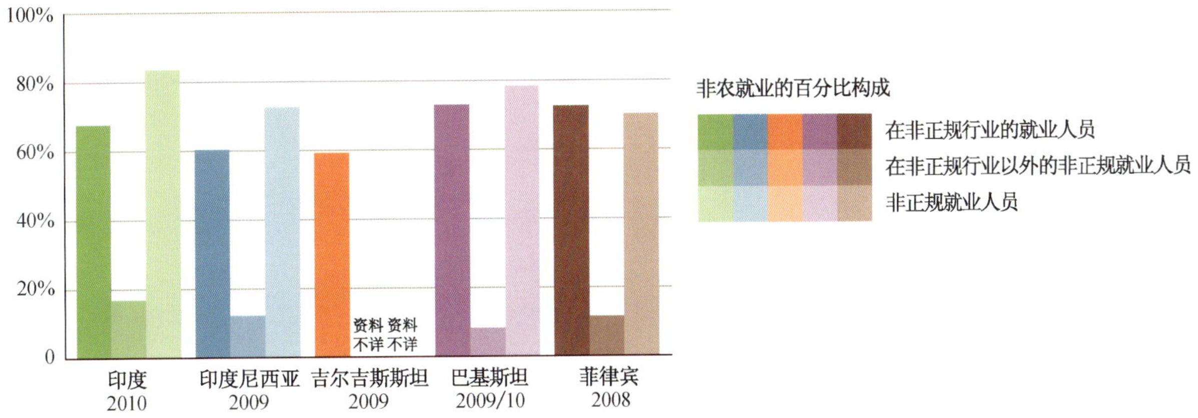

图2-2 亚太地区某些国家的非正规经济部门就业情况

资料来源：ILO，2012:4-5.

专栏2.9 弱势群体就业率

2013年，全球经济增长放缓到自2009年以来的最低点，疲软和不均衡的全球经济复苏继续危害着劳动力市场，特别是发展中国家，主要表现在减少低质量就业方面的进展有限，而这一问题在大多数发展中国家十分普遍。弱势群体就业率——定义为自营和无薪家庭从业者在总就业人数中的比例——估计占到2013年发展中次区域总就业数的56%。与之对照，发达次区域的这个比例仅为10%。在2008—2013年期间，该数字下降了2.8个百分点，而在前一个五年期间(2003—2008年)减少了4.0个百分点。劳动者的弱势群体就业比例高，意味着普遍的非正规工作安排。这种境况下的劳动者，通常缺乏足够的社会保护，并会遭受低收入以及有可能侵犯他们基本权利的艰苦的工作条件。弱势群体就业率下降较慢的情况波及了大部分次区域，但最明显的是西亚，其弱势群体就业率在2008—2013年只下降了1.2个百分点，而在2003—2008年超过了8个百分点(联合国《千年发展目标报告2014》)。

多样性的非正规就业

当20世纪70年代，“非正规行业”这一术语被引入描述非洲不受管制的经济活动时，就提出了现代的正规行业和其余的非正规行业二者之间的明确划分。在亚太地区，形成了从纯粹的正规就业（受管制和受保护）到纯粹的非正规就业（无管制和无保护）两大行业的连续集合体，两者之间夹杂着诸多混合就业形式。工人和企业沿着这个连续体移动，并经常在不同点位上同时承担两类行业的工作。城市非正规行业的核心是自营职业者及其合作的家庭成员，但在正规行业内部的非正规就业也非常显著。

个体劳动者及其家庭填补了正规公司因为劳动力成本、管制或市场规模小、购买力低而不能或不愿提供的商品或服务的需求。在许多亚太城市，非正规行业的重要性仍然很突出，特别是在食品、交通运输和住房方面。非正规形式的住房、服务、商业或交通等，使穷人和中低阶层得以保持城市生活的低成本，因而十分有助于这一地区的城市竞争力。

不过，值得注意的是，很多非正规企业为正规企业、跨国公司甚至全球市场供应成品和服务(Daniels，2004：505； Chen，2007：2－3)。非正规行业被认为具有低生产率和低收入的特点，但一些非正规行业的生产率和收入却超过正规行业，而且在正规行业也可以找到低工资和恶劣的工作环境。从其他公司分包业务的工厂所提供的工作条件和工资收入，可能与那些非正规行业的差别不大(Kabeer and Mahmud，2004：95)。

非正规工作的局限性和风险

然而，非正规行业的工作条件往往极其恶劣，而且收入一般非常低。除了执法人员的骚扰、维持生意而必要的行贿，还有无法获得信贷等，都是非正规行业发展一个可持续的业务或者迈向正规行业的障碍。由于他们非正规的身份、不定期的收入和不确定的前景，非正规创业者往往无法获得正规金融机构的信用。此外，他们大多数也无法纳入紧急社会保障体系，包括养老金和储蓄计划。

他们必须依靠亲戚和朋友(有时通过存贷组织)、来料供应商或产品采购商以及当地的放贷者。微型金融机构的小额信贷可为非正规企业提供重要的金融支持，但对于亚太地区的大部分区域而言，其覆盖仍然十分有限。

非正规创业者往往无法获得金融信贷 © Kyungkoo

同时，在亚太地区仍有一大批儿童被困于童工劳力，与城市相比，这在农村是一个更为普遍的现象。据最新估计(ILO，2013b：3－5)，亚太地区童工(5～17 岁)的数量约有 7 800 万人，占儿童人口的 9.3%。其中，几乎有一半的童工(3 400 万人)从事危险工作，如直接危及他们的健康、安全和成长的工作。然而，整个地区童工已经全面下降，从 2008 年的 1.14 亿减少到 2012 年的 7 800 万(表 2－11)。

表 2-11 从业儿童、童工和从事危险性工作的儿童的比例(2008 年和 2012 年)

年份	儿童人口	从业儿童		童工		从事危险性工作的儿童	
	千人	千人	百分比	千人	百分比	千人	百分比
2008	853 895	174 460	20.4%	113 607	13.3%	48 164	5.6%
2012	835 334	129 358	15.5%	77 723	9.3%	33 860	4.1%

注:①从业儿童:那些在参照期内从事任何经济活动至少 1 h 的儿童。
②童工:那些最恶劣形式的童工和低于最低年龄的从业儿童,不包括从事许可的轻体力工作的儿童。童工比“从业儿童”的概念更狭窄。
③危险性工作:任何活动或职业,其性质或类型对孩子的安全、健康和道德发展具有或会导致负面影响的工作。
资料来源:ILO,2013:27。

2.6 城市居民收入贫困和不平等

从主要基于农业的低生产率就业转移到基于城市的更高生产率的就业,这一转换显著减少了亚太地区的居民收入贫困。亚太经社会(ESCAP)的研究表明,在 1990—2011 年间,生活在每天收入 1.25 美元及以下的人数(极端贫困人口)从 16 亿下降到 7.43 亿,减少了 8.84 亿。生活在每天收入 1.25~2.00 美元的“中等贫困”人口从 24 亿下降到 16 亿,减少了 7.74 亿(ESCAP et al,2013:26)。其中有些人脱离了贫困升入了中等收入水平。其他一部分人虽然不再贫穷,但仍然极易重新陷入贫困。

表 2-12 不同次区域的极度贫困人口比例(1990—2008 年)

地区	1990 年		1996 年		2002 年		2008 年	
	农村	城市	农村	城市	农村	城市	农村	城市
东亚和太平洋	67.5%	24.4%	45.9%	13.0%	39.2%	20.4%	6.9%	4.3%
南亚	50.5%	40.1%	46.1%	35.2%	45.1%	35.2%	38.0%	29.7%
世界	52.5%	20.5%	43.0%	17.0%	39.5%	15.1%	29.4%	11.6%

注:① 极度贫困人口:生活在每天 1.25 美元或以下的人。
② 这两个次区域的贫困数据来自数量有限的国家,因为得不到所有国家的数据。
资料来源:World Bank,2013b:87

尽管经济快速增长、大量的就业岗位以及在减少贫困上取得的重大进展,亚太地区的收入贫困现象仍然普遍存在,特别是在农村地区。然而,值得关注的是,随着国家的城市化发展,收入贫困将更加会成为一个城市问题。

城市贫民是如何被损害的:需要重新定义城市贫困

城市贫民需要以现金支付几乎所有的基本生活必需品,而且通常比富人付出的更多。城市贫民也有相对于他们收入来说更高的住房和交通成本。在世界范围内,比如,那些缺乏自来水的人总是比连接到水网的人付得更多。他们经常不得不长途跋涉去获取水源或收集烹饪燃料,这通常是家庭中女孩的任务。在缺乏卫生设施的地方,问题会进一步加剧,因为妇女和女孩面临着在卫生设施或者往返的途中被骚扰或袭击的危险。贫困社区的犯罪也趋向于比城市其他地方更高,虽然报告和记录不充分而难以有明确的数据。这些都是城市贫民所处的不利境况。

在菲律宾马拉特的一个非正规定居点，一位母亲给她的孩子洗澡。缺乏自来水的人几乎总是比那些连接到水网的人付出更多 © Sjors737

亚洲次区域中有限几个国家的数据显示，农村、城市的收入贫困人口占各自总人口的份额均有下降。在东亚和太平洋地区，城市贫困人口的比例从 1990 年的 24.4%下降到 2008 年的 4.3%；在南亚，同期城市贫困人口比例从 40.1%下降到 29.7%（表 2-12）。虽然这两个次区域的贫困发生率受到中国和印度这两个人口最多国家的发展趋势的严重影响，但是来自亚太地区 6 个国家的数据显示出了类似的下降（图 2-3）。

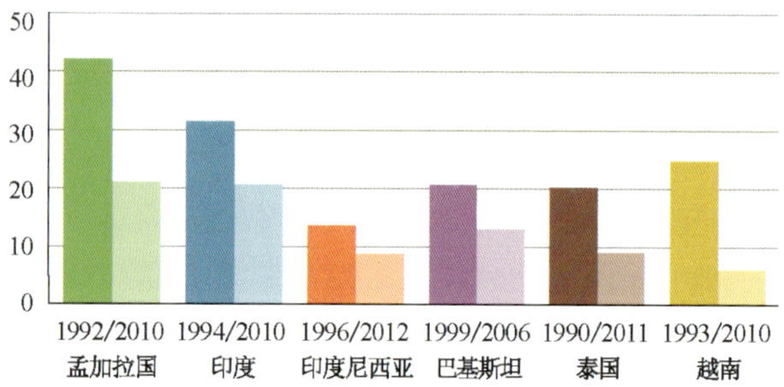

图 2-3　某些国家城市贫民占城市人口的比例

资料来源：UNStats：2013. ＜http://mdgs.un.org/unsd/mdg/SeriesDetail.aspx?srid=582&crid=＞

然而，城市和农村的贫困不能分开看，因为他们往往是相互依存的，并且城市化进程通过农村与城市的人口迁移、钱款汇兑以及地域重新划分，对减少农村贫困起着重要作用。农村贫民迁移到城市地区，会减少农村居民的收入贫困而增加城市居民的收入贫困，但情况并非总是如此。城市地区通常比农村地区提供更多的经济机会，一些农村移民很可能摆脱收入贫困而加入“接近贫困”甚至中产阶层。有一些移民只是迁移了他们的贫困，加入到城市贫民之中从而促进城市收入贫困的增加。如果脱离城市收入贫困的人口（最初是贫民）构成了移民的很大一部分，那么城市化也有利于减少农村和总体的收入贫困。

然而，农村收入贫困的下降和城市收入贫困的增长，也可能是把农村并入城市聚居区的用地重新分类的结果。在这种情况下，贫困的城市化更多是一个纯粹行政决定的结果，不改变实际的贫困水平。

还应当认识到，城市-农村之间以及国际侨

民的汇款构成了由城市化促进农村收入贫困减少的另一种方式。在亚太地区的许多国家，汇款成为农村家庭收入中不断增加的一部分。

收入贫困和不平等

收入贫困数据来自全国家庭收入和消费的样本调查。该样本代表了总体的人口情况，有时仅代表大城市的人口，而非较小城市的人口。运用国家贫困线辅以一些相关注意事项(特别是对城市的定义)，Ferré 等人(2012:355-356,360-361)发现，在哈萨克斯坦、斯里兰卡和泰国，生活在较小城市和城镇里的城市贫困人口比例往往偏高(图 2-4)。越南的情况类似，即小城市和城镇在城市人口中的比例为 43%，但它们在城市贫民中的比例超过了 70%，而河内和胡志明市占城市人口的 32%，却仅占城市贫民的 11%(Hoang et al, 2013:4)。

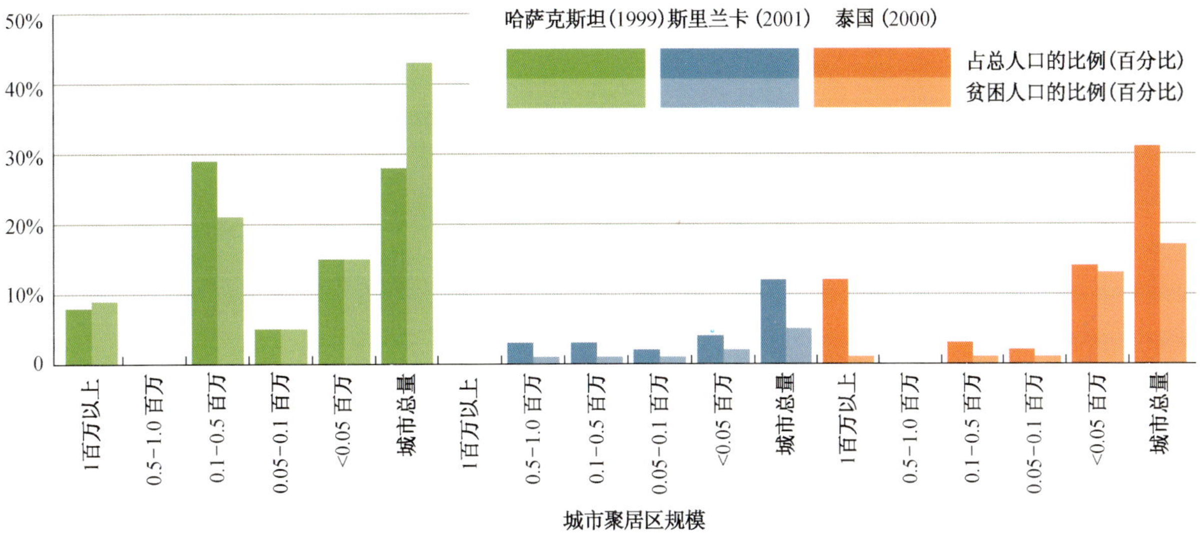

图 2-4 部分国家按城市聚居区大小的贫困人口状况

因为衡量城市收入贫困很困难，经常用“缺乏适当住房”加以替代表征(表 2-13)。但应该注意，不是所有的“收入贫困”者都住在非适当住房里，也不是所有非适当住房的住户都是“收入贫困”者。此外，拥有非适当住房的不正规聚居区有时被排除在地图、测量和普查之外，正如一些非适当住房存量那样(例如廉租房)。

表 2-13 部分国家居住在非适当住房里的城市人口

国家	1990 年		2005 年		2009 年	
	百分比	百万人	百分比	百万人	百分比	百万人
孟加拉国	87.3%	20.0	70.8%	27.8	61.6%	27.5
中国	43.6%	131.7	32.9%	183.5	29.1%	180.6
印度	54.9%	121.0	34.8%	112.9	29.4%	104.7
印尼	50.8%	27.6	26.3%	24.8	23.0%	23.3
尼泊尔	70.6%	1.2	60.7%	2.6	58.1%	3.1
巴基斯坦	51.0%	18.1	47.5%	27.2	46.6%	30.0
菲律宾	54.3%	16.5	43.7%	18.0	40.9%	18.3
越南	60.5%	8.1	41.3%	9.5	35.2%	9.2

注：非适当住房有以下一个或多个特征：土地或房屋权属无保障；缺乏安全的饮用水和/或卫生设施；生活空间不足；未能防范极端气候条件的临时或半永久性结构；危险和灾害易发的位置。
来源：http://mdgs.un.org/unsd/mdg/Data.aspx

专栏 2.10　增长的城市贫民窟人口

根据联合国最新的全球贫困研究的数据，在 2000—2012 年间，超过 2 亿的贫民窟居民获得了改善的用水，或改良的卫生设施，或耐用的房屋，或不那么拥挤的住房条件。到 2012 年，世界上发展中地区仍然有近 33% 的城市居民生活在贫民窟。而在 12 年前，即 2000 年，发展中地区有大约 40% 的城市居民一直生活在这种条件下。尽管取得了相对的进步，贫民窟居民的绝对数量继续增长，部分是由于快速的城市化。全球范围的城市贫民窟居民数量，从 1990 年的 6.5 亿、2000 年的 7.6 亿，增长到 2012 年的预计 8.63 亿。在撒哈拉以南非洲地区，生活在城市贫民窟的人口比例特别高（62%），南亚地区的程度较低一些（35%）；而拉美和加勒比地区为 24%，北非为 13%。因此，需要更多的努力来改善发展中国家的城市贫困人口的生活，并扭转生活在贫民窟的人数不断增加的趋势。（联合国千年发展目标报告 2014）

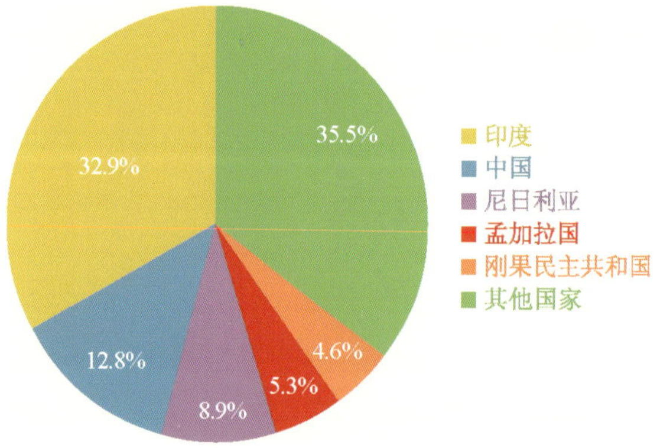

占全球极度贫困人口份额最大的前五位国家，2010（百分比）
资料来源：联合国千年发展目标报告 2014

尽管存在这些不足，住房仍然是收入贫困的一个有效和有用的替代表征，因为它联系了城市贫困的其他几个方面。非适当住房的关键特征通常是缺乏当局对这些（非正规）定居点的法律认可，这会产生严重的后果：低水平的居住权保障和被驱逐的不断威胁、无法获得安全饮用水及改善卫生条件、过度拥挤、住房质量差，而且往往更易受到不安全感、犯罪和灾害的侵犯。这些缺陷会影响住户的健康、生产力和收入，以及孩子在学校表现良好的能力。

比城市居民收入贫困本身更引人注目的是穷人和富人在收入和消费上的对比。这是因为在城市中穷人和富人经常彼此较为接近地居住或工作，他们的不平等往往非常明显。在大型的非正规住区和贫民区旁边，可以发现玻璃和钢结构的办公楼、充满奢侈品的购物商场和令人印象深刻的封闭式豪宅社区，而街头乞丐试图从过往的豪华轿车司机那里勉强谋生。

然而，正如收入贫困的情况，城市内部的收入差距很难用现有的数据来衡量，因此必须谨慎地看待相应的估算结果。在亚太地区，几个有数据的城市表现出了高度的收入（或消费）不平等（表 2-14）。

表 2-14 亚太地区基尼系数较高的部分城市

城市	年份	国家	基尼系数
清迈**	2006	泰国	0.58
香港*	2001	中国	0.53
胡志明市*	2002	越南	0.53
曼谷	2006	泰国	0.48
莫斯科*	2001	俄罗斯	0.47
科伦坡*	2002	斯里兰卡	0.46
达沃市*	2003	菲律宾	0.44
暖武里**	2006	泰国	0.43
马尼拉*	2006	菲律宾	0.40

注：*收入；**以城市为主的省
当基尼系数超过 0.40 时，被认为显示出较高的不平等程度。
UN-Habitat，2008：193-194

虽然亚太地区的城市发生了重大的经济转型并为许多人创造了机会，但是不平等以及有限的基础设施和服务仍然是城市需要面对的严峻挑战。对于亚太地区的城市来说，如果他们要发挥进一步促进发展的作用，那么更多的精力和资源需要投入到弥合不断增长的经济和社会分化之间的鸿沟当中。

2.7 参考文献

ADB/ADBI (2009), Infrastructure for a Seamless Asia, Asian Development Bank.

ADB—Asian Development Bank (2012), The State of Pacific Towns and Cities: Urbanisation in ADB's Pacific Developing Member Countries, Asian Development Bank.

Ahamed, Ferdous (2013), Background of History of Bangladesh and Ready Made Garment Industry: Key Challenges in the RMG Industry, Middle East Journal of Business Vol 8, No. 1, pp. 33-52.

Andres, L., D. Biller and M. Dappe (2013), Reducing Poverty by Closing South Asia's Infrastructure Gap, The World Bank and Australian Aid.

Anttiroiko, Ari-Veikko (2009), Making of an Asia-Pacific High-Technology Hub: Reflections on the Large-Scale Business Site Development Projects of the Osaka City and the Osaka Prefecture, Regional Studies, Vol. 43, No. 5, pp. 759-769.

Asia Sentinel (2014), Yangon Lights Up, 18 April 2014.

ATKearney (2012), 2012 GlobalCity Index and Emerging Cities Outlook, A. T. Kearney, Chicago.

Banks, Nicola (2013), Female employment in Dhaka, Bangladesh: Participation, Perceptions and Pressures, Environment and Urbanisation, Vol. 25, No. 1, pp. 95-109.

BBC (2014) - Panasonic to Pay China Workers Pollution Compensation, BBC New, Business, 13 March 2014.

Bloomberg (2013), Singapore Hunts for New Zuckerberg with Stanford-Style Dorm, 25 January 2013.

CER - Center for Economic Research, ESCAP and UNDP (2013), Urbanisation in Central Asia: Challenges, Issues, and Prospects.

Chen, Martha Alter (2007), Rethinking the Informal Economy: Linkages with the Formal Economy and the Formal Regulatory Environment, UNDESA Working Paper No. 46, Department of Economic and Social Affairs, United Nations, New York.

Chen, Martha Alter and G. Raveendran (2011), Urban Employment in India: Recent Trends and Patterns, Working Paper No. 7, Women in Informal Employment Globalising and Organising (WIEGO), Manchester.

Daniels, P. W. (2004), Urban Challenges: The Formal and

Informal Economies in Mega-Cities, Cities, Vol. 21, No. 6, pp. 501-511.

Dobbs, Richard, Sven Smit, Jaana Remes, James Manyika, Charles Roxburgh and Alejandra Restrepo (2011), Urban World: Mapping the Economic Power of Cities, McKinsey Global Institute.

Economist, (2013), The Containers have been more Important for Globalisation than Freer Trade, 18 May 2013.

EIU - Economist Intelligence Unit (2012), Hot Spots: Benchmarking Global City Competitiveness, The Economist, London.

ESCAP, ADB and UNDP - United Nations Economic Commission for Asia and the Pacific, the Asian Development Bank and the United Nations Development Programme (2013), Asia-Pacific Aspirations: Perspectives for a Post-2015 Development Agenda, Asia-Pacific Regional MDGs Report 2012/13, Bangkok.

ESCAP - United Nations Economic and Social Commission for Asia and the Pacific: Statistical Yearbook 2013, Bangkok

Fainstein, Susan S. (2010), The Just City, Cornell University Press, Ithaca and London.

fDi Intelligence (2012), Cities of the Future: Asia-Pacific Cities of the Future 2011/12, December 2011/January 2012, pp. 31-36 (www.fDiIntelligence.com).

Ferré, Céline, Francisco H. G. Ferreira and Peter Lanjouw (2012), Is there a Metropolitan Bias? The Relationship between Poverty and City Size in a Selection of Developing Countries, The World Bank Economic Review, Vol. 26, No. 3, pp. 351-382.

FP - Foreign Policy (2012), The Most Dynamic Cities of 2025, The Cities Issue, September/October 2012.

Gibson, John (2006), Are Pacific Island Economies Growth Failures? Pasifika Interactions Project, Working Paper No 3.

Hedrick-Wong, Yuwa, and Desmond Choog (2013), Global Destination Cities Index, MasterCard.

Hoang, Xuan Thanh, with Truong Tuan Anh and Dinh Thi Thu Phuong (2013), Urban Poverty in Viet Nam - A View from Complementary Assessments, Human Settlements Working Paper Series, Poverty Reduction in Urban Areas, No. 40, International Institute for Environment and Development, London.

Huynh, Phu, and Steven Kapsos (2013), Economic Class and Labour Market Inclusion: Poor and Middle Class Workers in Developing Asia and the Pacific, ILO Asia-Pacific Working Paper Series, Regional Office for Asia and the Pacific, International Labour Organisation, Bangkok.

ILO - International Labour Organisation (2012), Statistical Update on Employment in the Informal Economy June 2012, International Labour Organisation, Geneva.

ILO - International Labour Office (2013), Marking Progress against Child Labour: Global Estimates and Trends 2000-2012, International Labour Organisation, Geneva.

Kabeer, Naila, and Simeen Mahmud (2004), Globalisation, Gender and Poverty: Bangladeshi Women Workers in Export and Local Markets, Journal of International Development, Vol. 16, No. 1, pp. 93-109.

Kapsos, Steven (2013), Global Employment Trends for Youth, Expert Paper No. 2013/1, Population Division, United Nations Department of Economicand Social Affairs, New York.

Kapsos, Steven, and Evangelia Bourmpoula (2013), Employment and Economic Class in the Developing World, ILO Research Paper No. 6, International Labour Office, Geneva.

Lo, Fu-chen, and Peter J. Marcotullio (2000), Globalisation and Urban Transformation in the Asia-Pacific Region: A Review, Urban Studies, Vol. 37, No. 1, pp. 77-111.

Lunt, Neil (2014), Medical Tourism in Asia under the Knife, Asia Sentinel, 14 February 2014.

MasterCard (2008), MasterCard Worldwide Centers of Commerce: Emerging Markets Index, Insights, MasterCard Worldwide.

Melamed, Claire, Renate Hartwig and Ursula Grant (2011), Jobs, Growth and Poverty: What do We Know, What don't We Know, What should We Know, Background Note, Overseas Development Institute, London.

Mongin, Olivier (2012), Mega-Ports: On the New Geography of Containerisation, Eurozine, 27 July 2012.

NYT - The New York Times (2012), When the Lights Go Out, 29 June 2012.

NYT - The New York Times (2013), America the Innovative? 30 March 2013.

PWC -PricewaterhouseCoopers (2012), Cities of Opportunity, Partnership for New York City.

Ravillion, Martin, Shaohua Chen and Prem Sangraula (2007), New Evidence on the Urbanisation of Global Poverty, World Bank Policy Research Working Paper No. 4199, World Bank, Washington DC.

Reuters (2012), One Public Hospital, 36 Casinos: Macau's Skewed Bet on Prosperity, 21 October 2012.

Sass, Stephen L., (2014), Can China Innovate without Dissent, The New York Times, 21 January 2014.

Short, John Rennie (2004), Black Holes and Loose Connections in a Global Urban Network, The Professional Geographer, Vol. 56, No. 2, pp. 295-302.

Tholons (2014), 2014 Tholons Top 100 Outsourcing Destinations: Regional Overview, White Paper, Tholons, New York.

Toh, Mun Heng, and Jiang Bo (2012), Singapore Making Progress as a 'Brain Gain'Nation, SERI Quarterly, July 2012, pp. 42-49.

UN-Habitat (2008), State of the World's Cities 2010/2011: Bridging the Urban Divide, United Nations Human Settlements Programme, Nairobi.

UN-Habitat (2012a), City Visioning Profile: Pekalongan, Central Java, United Nations Human Settlements Programme, Jakarta.

UN-Habitat (2012b), City Visioning Profile: Banjarmasin, Kalimantan, United Nations Human Settlements Programme, Jakarta.

UNESCO (2004), World Heritage Reports: The State of World Heritage in the Asia-Pacific Region - 2003.

Wang, Huiyao, David Zweig and Lin Xiaohua (2011), Returnee Entrepreneurs: Impact on China's Globalisation Process, Journal of Contemporary China, Vol. 20, No. 70, pp. 413-431.

Winter, Tim (2007), Rethinking Tourism in Asia, Annals of Tourism Research, Vol. 34, No. 1, pp. 27-44.

World Bank (2012), Jobs, World Development Report 2013, World Bank, Washington DC.

World Bank (2013b), Global Monitoring Report 2013: Rural-Urban Dynamics and the Millennium Development Goals, World Bank, Washington DC.

World Bank (2013c), State of Logistics Indonesia 2013, World Bank, Jakarta.

Zweig, David (2006), Learning to Compete: China's Efforts to Encourage a "Reverse Brain Drain", in: **Christiane Kuptsch and Pang Eng Fong** (eds.), Competing for Global Talent, International institute for Labour Studies, International Labour Organisation, Geneva.

在尼泊尔首都加德满都，城市居民出行中的40%以上为步行。© Askme9

专题聚焦：实现可持续的机动性

Paul Barter①

为什么政治家不断承诺要缓解拥堵并且使交通速度更快？为什么地方政府承诺要保持驾车的低成本？优先考虑这些事情看似是合理的，但它们并非没有其他的影响。实现这些目标就会创建一个宜居或可持续的城市吗？如果目标选择不佳，其"成功"可能是令人失望的。

消除拥堵和用得起小汽车这两个愿望是可以理解的。它们在政治上富有魅力又迎合了驾驶者的欲望以及汽车产业的利益。但是，这些愿望把太多的城市及其交通系统推到了不公平、高花费和破坏环境的发展路径上。

城市机动性发展路径

亚太地区的各个城市和小城镇是非常多样的，仅每千人的"汽车拥有率"这一个变量，其范围就从少于每千人50辆到大于每千人700辆。那么可以肯定，加德满都面对的交通困境丝毫不像墨尔本吗？东京、胡志明和廷布能够真正吸取相互的经验教训吗？

实际上，存在着与每个城市都相关的共同议题。亚太地区有一组重要的城市——在私家车保有量开始升级时普遍缺乏重要的公共交通——它们的发展轨迹绘制在图1中。该图提

① Paul Barter是独立的交通政策顾问。

供了有用的经验，并提出了一个源自城市环境变迁理论的“棕色”“灰色”及“绿色”城市环境议程的发人深省的类似比喻，在下文中有解释(Marcotullio, P. J. , Lee, Y. S. F. , 2003)。

亚洲新的机动化城市大多也是低机动性的城市(见图1上部)。城市交通面临的主要问题是基本的交通基础设施短缺和多数居民的机动性水平很低。这相当于城市环境政策的棕色(或卫生)议程，它尤其关注缺乏可负担的基本卫生设施和清洁用水等问题。这些都是贫困的问题，其后果往往是地方性的。对于城市交通，其主要后果包括公共汽车、卡车和出租车试图闯过挤满了行人、小贩、人力车和自行车的街道所带来的危险。

一个机动车数量迅速崛起的低机动性城市很快产生了另外一系列问题(见图2-5中部“交通饱和的城市”)。虽然更多的人拥有私人机动车会给人改善机动性的指望，但典型的结果是进一步升级的各种问题：公共交通陷入拥堵；缓慢的货物移动；越来越多的道路伤亡事故；空气污染对健康的影响；凋敝的公共场所；收缩的步行和骑行空间。许多这样的问题，再叠加上对穷人、残疾人以及老年人等边缘化群体的排斥。由于机动性在家庭和市政预算中成为较重的负担，其经济后果也很严重。这是交通运输之于灰色(或污染)城市环境议程的类似内容，该议程关注于伴随工业化以及它对整个大都市地区的影响而出现的空气和水污染问题。

交通饱和城市接下来怎么走？

交通饱和的城市有两种广泛而对比鲜明的选择(见图2-5的下1/3)。

一种选择是，努力地适应增长的汽车数量，并从适应汽车变为“汽车依赖”。下面讨论的实例是珀斯和吉隆坡。解决对小汽车的依赖，是交通维度的城市环境绿色议程。绿色议程是与高消费水平所带来的诸如气候变化等问题作战，这类问题大多能在全球层面被感知到。

在第二个选择下，交通饱和的城市改弦易辙，它们一方面限制私家车的作用，一方面强调公共交通和其他交通方式，成为图2-5中的“新公交城市”。本文的最后部分将为亚太地区寻求相关的经验。

在实践中，很少有城市恰好遵循这两种选择，而是选择了这两个极端之间的某一条路径。

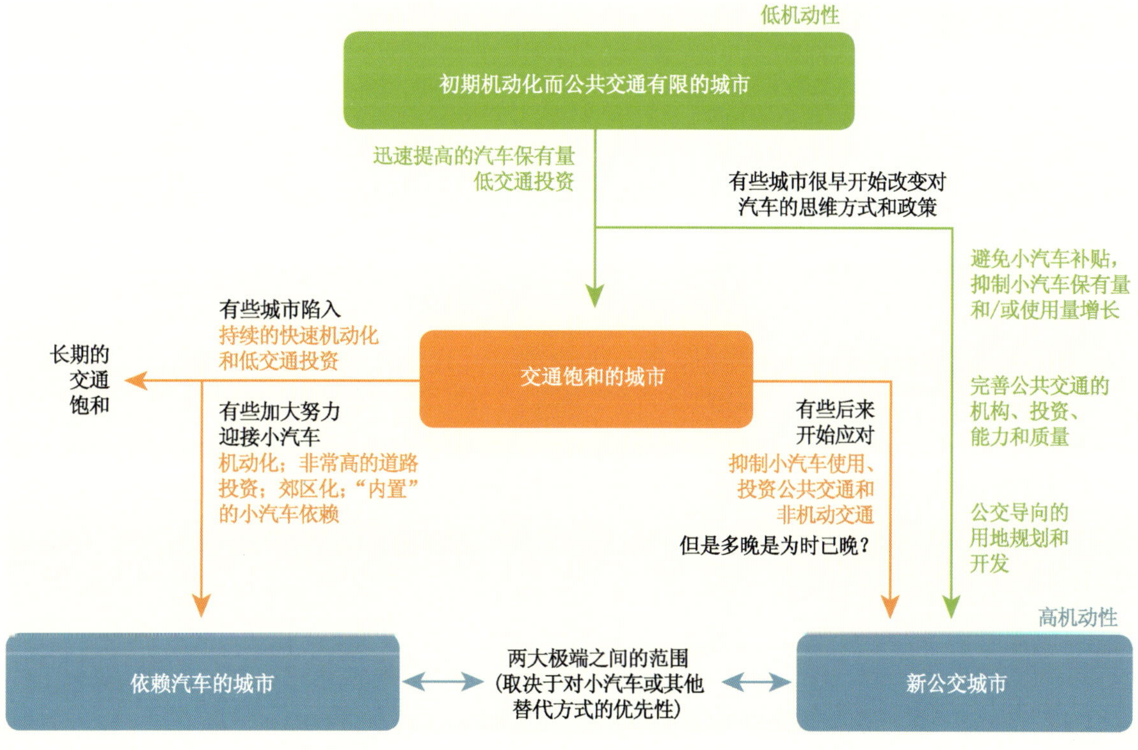

图2-5　进入大众汽车时代而没有大容量公交的城市发展轨迹

量化的城市路径

图 2-6 对上述的城市类型提供了一个更加定量的考察角度。该图反映了所选城市的公共交通和私人机动车辆的作用(按每年人均客公里),数据来源于国际公共交通运输协会(UITP)的千年城市数据库(Millennium Cities Database)。这个数据来源虽然现在有点过时,却是为很多大都市区提供全面、高质量和可比较的交通数据的为数极少的数据集之一,也是近几十年内包含了亚太地区诸多城市的唯一数据集。因此,它提供了一个非常有用和重要的基准线。

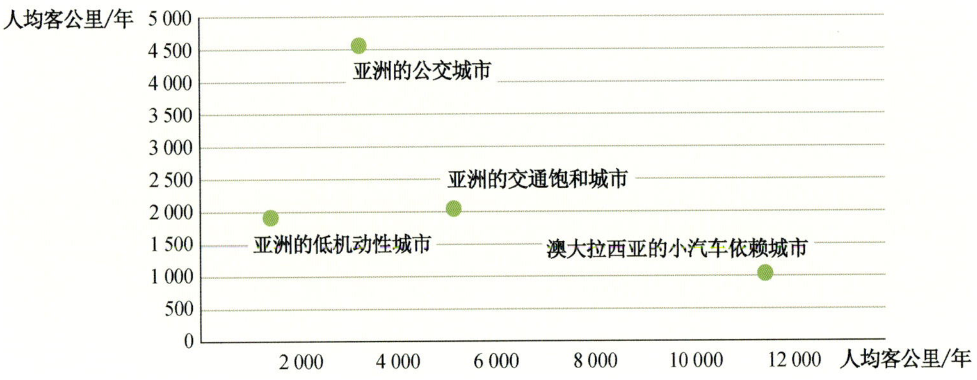

注:根据 UITP 千年城市数据集(1995 年)绘制

个体交通的客公里,包括出租车和共享出租车

图 2-6　部分城市的公共交通(*Y* 轴)和个体交通(*X* 轴)(每年人均客公里)

图 2-6 中的亚洲“低机动性”组包括了 1995 年人均年总出行量低于 5 200 客公里的城市,有北京、晨奈、广州、胡志明市、雅加达、马尼拉、孟买、上海和德黑兰。在该数据集里,与亚洲“交通饱和”特征最为匹配的城市有曼谷、吉隆坡、札幌、首尔和台北。亚洲“公交城市”有香港、大阪、新加坡和东京,它们提供的公交可达性足以媲美或超过个体机动可达性。澳大拉西亚的“小汽车依赖”城市为布里斯班、墨尔本、珀斯、悉尼和惠灵顿,具有高的私家车增长率和低的公交使用量。

但是,以上这些都是 20 年前的旧数据。自从 1995 年以来发生了些什么? 虽然无法得到像图 2 中那种详尽的最新数据,我们可以通过表 2-15 的汽车拥有量和方式划分来认识最新的发展趋势。

表 2-15 显示,在 1995 年处于低机动性组中的一些或是很多城市,现在成为了交通饱和城市。这种例子肯定适用于像北京、雅加达和德黑兰这些城市。孟买可能仍然是一个低机动性城市(虽受到交通饱和的威胁但更有成为公交城市的潜力)。

表 2-15　部分亚太城市的汽车保有量和公共交通出行比例

城市	每千人小汽车保有量		公共交通方式比例(占机动化方式的百分比)	
	1995 年	最新	1995 年	最新
孟买	21	44	81%	67%
上海	15	42	68%	62%
北京	43	142	53%	48%
德黑兰	95	170	28%	28%

（续表）

城市	每千人小汽车保有量		公共交通方式比例（占机动化方式的百分比）	
	1995 年	最新	1995 年	最新
雅加达	91	203	48%	56%
吉隆坡	209	314	32%	19%
香港	46	55	72%	88%
新加坡	116	112	37%	57%
首尔	160	227	42%	71%
台北	175	253	24%	40%
墨尔本	594	649	8%	9%

注：① 摩托车保有量在雅加达、吉隆坡、孟买和台北也非常显著。
② 表中数据来源于多个渠道和年份。
资料来源：根据笔者在 1995—2014 年基于多种渠道所做的分析。

然而，在 1995 年处于低机动性或交通饱和类别的一些城市，似乎正在成为新公交城市。这种例子适用于上海、首尔和台北等城市。同时，新加坡和香港巩固了其新公交城市的地位。吉隆坡虽保持为一个交通饱和城市，但正在走上汽车依赖的路径（下文讨论）。墨尔本则仍是汽车依赖型的城市（与珀斯一样，将在后面看到）。

如表 2-16 所示，相比其他的分组，亚洲公交城市的每公里私人运输成本更高。公交城市也有较高的公共交通速度（平均来说），特别是与私人交通工具相比的时候，而这点在交通饱和城市里却并没有高出太多。我们在后面将会看到，新公交城市已经继承了这一范例。

下文更详细地考察了城市的类型及其发展轨迹。

表 2-16　部分城市的私人交通使用者成本、道路网车速和公共交通车速（1995 年）

城市组别	私人交通使用者每百车公里成本（1995 年）/美元	平均路车速 /（$km \cdot h^{-1}$；24 h · 7 d^{-1}）	公共交通总体平均速度 /（$km \cdot h^{-1}$）
亚洲低机动性城市	15	21	17
亚洲交通饱和城市	34	24	19
亚洲公交城市	71	31	35
澳大利亚小汽车依赖城市	34	44	33

注：来自 UITP1995 年的千年城市数据集。私家车的运营成本包括日常运营成本以及转换为基于车公里的维护和资本费用估算。

低机动性城市

在低机动性城市，许多人“负担得起的机动性”方式是步行。加德满都并非一个极端的例子，该城市有超过 40% 的出行为步行；即使是机动化出行，平均来看也相对慢速和短距离。因此，人口稠密的低机动性城市不能过多地扩展而必须变得非常密集。低机动性组的平均城市密度为 195 人/hm^2，是迄今 4 个城市组别中最高的。

根据定义，低机动性城市具有相对较低水平的机动化客运出行，但他们在公共交通、自行车、摩托车和出租车（两轮、三轮或四轮）等出行方式上的份额仍然有很大的不同。

表 2-17 比较了 1995 年不同城市机动性组别的一些交通运输负面影响。类似的模式特征在今天仍然成立。

在大多数低机动性城市，交通运输总体的负面影响通常不突出。然而，由于保养不善和低质的油品，加上不良的街道设计和街上大量的行人，每辆车的平均影响变得显著。例如，低机动性城市的道路死亡率按每 10 亿车公里数计算时很高，但是按每 10 万人计算时为中等（表2-17）。同样，在低机动性城市，与交通相关的空气污染按每辆车测度时非常高，但按每人计算时仅为轻微。然而，按城市每公顷用地的汽车排放量进行测量时，很高的城市密度导致了局部地方集中的空气污染。这些空间是典型的“棕色议程”问题。

低机动性城市如何缓解它们的这些问题？不难理解，多数城市注重简单地增加基础设施的措施：更多的道路空间、更宽的道路、更多的停车位等。许多城市还尽量保持用车的低费用，因为可负担性对其居民而言是如此明显的一个挑战，因而也是一个政治问题。不幸的是，这些政策更多地有利于特权者，远远超过更加贫困的大多数人。如果同样的这些机动车优先措施继续下去，即使车辆保有量上升了，其长期结果通常也没有什么希望。

交通饱和城市

经历了经济发展的那些低机动性城市最终看到了私人机动车数量的急剧上升。中国、日本、韩国在这一方面有其特殊性，因为国家政策放缓了他们小汽车保有量的急剧增长。尽管如此，他们在汽车保有有量限制放松以后（分别在 20 世纪 90 年代后期、60 年代后期和 80 年代中期），他们也有爆发性上涨的车辆增长率。以北京为例，2003 年的私人客车数量不到 70 万辆，仅仅 7 年之后达到 350 万辆以上，上升了 5 倍。纵使最大力度的道路扩建，道路通行能力也几乎从未跟上过小汽车的发展速度。

这种趋向把原先的低机动性城市转变为交通饱和城市。更多的机动车数量可能会使车主本人的机动性得到改善，但其他所有人的条件却趋于恶化。在不是为大量汽车而建造的城市中，飞涨的私家车使用量带来的严重拥堵已经持续了很长一段时间，并在大范围的区域内扩散。曼谷、北京、雅加达、马尼拉、德黑兰和该地区许多其他城市的居民，对这种现象都知道得再清楚不过了。

其他交通模式也面临着不断恶化的局面。公共汽车堵在路上，自行车骑行变得冒险，步行变得更不安全和更不舒适。驾车者的私人利益与公众利益之间的对比是赤裸裸的。

尽管基础设施和车辆质量的改善能够使每辆车的负面影响可以有所缓解，这种增益经常会被增加的流量所抵消，反而会导致道路事故死亡人数的上升和更高的污染排放（表 2-17）。略低的平均城市密度可能会使车辆污染稀释一些，但交通饱和城市往往也是工业化城市，这反而增加了整体空气质量的灾难。

表 2-17　城市交通部门的道路死亡率和有害污染物排放

城市组别	每 10 亿车公里死亡人数	每 10 万人死亡人数	每车公里污染物/kg	人均污染物/kg	每公顷用地污染物/kg
亚洲低机动性城市	105	10	0.078	86	14 703
亚洲交通饱和城市	46	18	0.025	127	8 289
亚洲公交城市	24	6	0.014	33	4 428
澳大拉西亚小汽车依赖城市	11	9	0.021	145	5 173

来源：来自 UITP 千年城市数据集。

认为交通饱和的城市就是汽车依赖的城市，这可能会是一个错误的想法。交通饱和的城市既没有时间也没有资金来调整和重塑自己以满足汽车的需要。例如，虽然在道路建设、车辆保有量和日益小汽车导向的规划方法推动下，低密度的城市蔓延常常出现在郊区，但它们一般仍然非常密集。亚洲交通饱和城市的平均密度是146人/hm^2，比低机动性的城市更低，却几乎是澳大利亚小汽车依赖城市组别的（15人/hm^2）的10倍。

注重缓解拥堵和保持低成本驾驶的城市

当拥堵恶化时，会有缓解交通瓶颈的一种冲动，这可以让人理解。交通通行能力投资似乎承诺了该问题的解决方案。然而，对于可负担的机动性的简单化看法，鼓励了将汽车相关费用保持低位的各种努力，尽管这主要有利于相对富裕的人。这种简单的议程在政治上有着吸引力，而且经常受到过时的交通工程和交通规划的支持。

如果推行这些议程会发生什么？澳大利亚珀斯和马来西亚吉隆坡的例子，可以帮助说明过度注重缓解拥堵和低成本驾车的长期效应。

珀斯，是一个170万人口的城市，每千人拥有700辆小汽车，它显示出了极端的小汽车依赖。珀斯在20世纪初作为一个小型的过境中转城市而富裕起来，但像大多数的澳大利亚和北美城市，随着它的增长而在后来忽视了公共交通。大手笔的道路投资使其1995年的交通车速平均达到近46 km/h（见表2-16与其他城市类型的比较）。正如所有澳大利亚小汽车依赖的城市，在珀斯驾车很便宜：大部分中央商务区（CBD）以外的停车场是免费的；没有道路通行费；同时，燃料、车辆保有和购置都仅是轻微地征税。

总之，这两个诱人的机动性愿望在珀斯基本上都满足了，结果是什么呢？珀斯具有分散的就业和极低的人口密度。大多数人生活在有相当大花园的独户住宅里。2005年，私家车的人均使用超过了13 500客公里（见图2-16，以正确认识这一数字）。

这样的宽敞空间和易于驾驶也许看起来有吸引力，但是却有很高的隐性成本。尽管驾车的费用低，但是对于有车的低收入家庭来说，出行距离长意味着驾车费用往往是一种负担。由于铁路走廊以外的公共交通服务水平低，没有车的人就成为弱势群体。而对低密度蔓延地区的基础设施服务也是昂贵的。

类似珀斯的城市被深深锁定在一个高能耗、高温室气体排放的交通运输系统里（表2-17）。无论在政治上还是事实上，任何想要减轻珀斯小汽车依赖的设想都会困难重重，因为小汽车的高使用已经嵌入到技术系统、行业和机构、停车空间、生活方式和习惯以及个人投资中。像珀斯这样的汽车依赖度，要求一个富有的社会、巨大的道路投资和应用了几十年的小汽车导向的规划法规。它还需要强大的政治承诺和大规模的公共交通投资，在今后几十年中给人们带来变革。

吉隆坡尚未驯服拥堵，却发现自己进入了一个出行距离更远、交通流量增长、道路容量更大、替代私家车的其他出行方式竞争力下降的恶性循环。

吉隆坡大都市区的情况是一个中等收入、迅速发展的600万人以上的大都市。自20世纪70年代当工业化开始起步时，政府的政策主要集中于适应日益增长的交通需求同时保持低成本的驾驶。

众多的快速路建设形成了稠密的道路网，并有更多的快速路或者在建中或者正在规划。该市适用于新建筑物的最低停车位标准是亚洲最高的。街道设计则更加注重机动车交通，却蚕食了街道传统上的多重作用。

历次规划都试图通过分散交通和限制开发强度以大力缓解城市中心的拥挤。规划标准鼓励低、中密度的城郊开发模式，这不利于高效的公共汽车服务。按照亚洲标准，吉隆坡的城市密度较低，但比小汽车依赖型的城市高4～5倍。

吉隆坡尚未能解决交通拥堵，却发现自己已经陷入一个出行距离更远、交通流量增长、道路容量更大和私家车替代方式竞争力下降的恶性循环。公共汽车深陷车流中，并逐步失去市场份额，而其乘客也越来越被污名化。

有利于政治目的的低费用驾车诉求，加剧了上述这些趋势。交通拥堵费、停车限制等交通管制政策经常被提出，但在反对者列举了大容量公交的各种不足之后这些政策便没有实施。相反，20 世纪 80 年代和 90 年代的产业政策明确鼓励本地生产的廉价汽车。表 2-15 显示了由此导致的高水平汽车保有量。汽油价格管制使汽油一直保持便宜的价格。减少燃料补贴的努力已被证明不受欢迎，因此进展十分缓慢。宽松的停车配建标准导致了廉价停车。不过，旨在收回私营道路建设成本的道路收费，现在成了重要的驾驶成本。对于交通拥堵问题的应对，吉隆坡自 90 年代中期也引导大量投资进入通勤铁路、轻轨、单轨和一条机场快线，并已开始建造地铁系统。轨道系统在其服务的主要交通走廊上很受欢迎，但与薄弱的公共汽车系统仍然整合不足。

数十年以道路为主导的城市发展，创造了分散和相对低密度的建成环境模式，这种模式很难由公共交通和其他基础设施提供服务。因此铁路的投资难以影响公共交通方式分担的份额(表 2-15)。

现在，吉隆坡比亚洲许多的交通饱和城市更加以小汽车为导向，然而它仍远未达到像珀斯那样彻底的小汽车依赖。

可以说，以驾车低成本和不拥堵为目标的做法已产生了令人失望和破坏性的结果。像吉隆坡这样的城市是否还有时间改变发展方向？

吉隆坡已投入巨资建设单轨交通和轻轨交通，以抗击交通拥堵 © Tktktk

不同的新公交城市

公交城市模型是否提供了一个更好的发展途径，以避免或逃离其他交通饱和城市所遇到的恶性循环？

区分旧公交城市和新公交城市很重要。旧公交城市包括东京、伦敦、纽约或巴黎，它们具有在大规模私人机动化时代之前已经被庞大的公交系统所塑造的优势。然而，亚太地区的新机动化城市大多缺乏强大的大容量公交系统。对于这样的城市，"新公交城市"的概念提供了一个更为贴切的模型来考虑。

在亚太地区，新公交城市包括香港、新加坡，逐渐地首尔、上海和台北也加入其中。在世界其他地方对于新公交城市的例子，可以是南美的波哥大、库里提巴以及欧洲的慕尼黑和斯德哥尔摩。

所有每一个新公交城市，实际上在不久前还是交通饱和城市。例如香港和新加坡，在 20 世纪 70 年代初当大规模的私家车开始出现时，公共交通还很缺乏。使新公交城市有别于其他交通饱和城市的是它们在应对涌现出的这些交通挑战时所采取的政策。图 2-15 和表 2-16、表 2-17 的亚洲公交城市类型是新、旧公交城市的结合，但它仍然给出了一个可预期的新公交城市的特征：中、高水平（以及正在提高）的公共交通机动性；中等水平的个体交通机动性；代价高昂的私家车使用；低水平的人均负面交通影响；适中的每公顷用地平均负面交通影响。

香港和新加坡都是在 20 世纪 70 年代开始限制私人小汽车，早于地铁系统建设之前——香港的地铁开通于 1979 年，而新加坡的地铁开通于 1987 年。

由于从交通饱和城市演进而来，现今大多数的新公交城市起初也尝试去适应增长的车辆数。然而，它们迅速改变手法转而开始限制私人机动车的增长。私人汽车在这些城市确实有一定的作用，但在不同程度上，汽车更被视为奢侈品而不是必需品。

在新公交城市，减缓交通增长的政策干预措施是各种各样和多方面的，包括了地方和上级政府的政策：

(1) 居住地停车限制（香港，20 世纪 70 年代）；

(2) CBD 停车供给上限（首尔和斯德哥尔摩）；

(3) 居住小区停车费用分类定价（香港、上海、新加坡和台北）；

(4) 更高的燃油税（香港、韩国和新加坡）；

(5) 地方燃油价格附加费（波哥大和首尔）；

(6) 车辆购置和/或保有的高税收（香港、韩国和新加坡）；

(7) 信贷限制（韩国，直到 1985 年）；

(8) 汽车销售或所有权的配额（上海、新加坡）；

(9) 拥堵收费（首尔两条隧道自 1996 年起，新加坡自 1975 年起）；

(10) 基于牌照的驾驶限制（首尔）；

(11) 工作场所交通需求管理（TDM）（首尔）；

(12) 摩托车停车管理（台北自 20 世纪 90 年代起）。

多数的这些干预措施是对交通问题加剧这一威胁的早期反应。令人惊讶的是，它们没有拖延以等待成熟的公共交通系统。事实上，它们一方面基于高客运需求而扩大公共汽车服务，另一方面减缓了以汽车为中心的城市结构再造，从而为成功的公交投资设定了局面。

例如，无论香港和新加坡，都是在 20 世纪 70 年代初首次开始限制私家车的使用，早于地铁系统的修建有很长时间——香港地铁在 1979 年开通，而新加坡地铁在 1987 年开通。同样在上海，2002 年开始通过牌照配额来限制小汽车拥有量，并显著地减缓了汽车保有量的增长，而当时仅建成了现状 538 km 地铁线路中的 85 km。

首尔的情况则有独特性。在 20 世纪 70 年代中期，首尔中产阶级的收入就达到了通常会导致汽车保有量激增的那种水平。然而，在 1985 年之前，国家政策把汽车作为奢侈品看待，极力压抑小汽车所有权。这使得首尔早期阶段的公交系统建立在汽车保有量非常低的背景之下。20 世纪 70 年代，首尔开始了市郊铁路线的升级，并于 1974 年开通了它的第一条地铁线。

对大容量公交的投资固然重要，但这不是公共交通所做的唯一努力。多数的新公交城市也加强了公共汽车的道路优先权，并改革了运营结构、监管框架和公交行业的重点机构。在20世纪70年代，香港和新加坡采用了指定服务标准的特许经营分区制，大大增强了对公共汽车的调控。首尔在2004年引入了全面的公共汽车改革，并且极大地提升了用于私营公交服务的一个公共规划和采购系统，实现了公交网络结构的改变。在拉美，波哥大和库里蒂巴的快速公交系统(BRT)均强化了对私人运营商的采购和监管。香港和新加坡在20世纪70年代就设置了公交专用道；台北于20世纪90年代中期，建成了大规模的路中式公交专用道；首尔自2000年以来，以路中专用道的形式极大扩展了城市的公交专用道网络。

大多数新公交城市大力实施TOD的城市规划，或者推动以市场主导的TOD开发模式，或者两者兼而有之。香港、首尔和新加坡的战略规划均把人口增长引入到公交为导向的新城镇。这些城市也多在现有城区实施了密集的填充式开发。台北宽松的区划管制加上地形限制，使城市因大量填加而保留了密集和紧凑的状态。过高的下限停车标准是提高城市密度的一个主要障碍。那么，在诸如香港、新加坡、台北等标准较低(或已降低)的城市，其密度可以更容易地维持或增加。

尽管对于小汽车数量庞大的交通饱和城市，高密度是它们的一个祸根，而对于公交城市则不如说是一个资产。这是因为公共交通利用城市高密度而实现的空间高效与私人小汽车内含的极端空间低效形成了鲜明的对比。

对于那些寻求同时要缓解交通拥堵和维持低成本驾驶的政治力量，即使新公交城市也并没有完全免疫。大多数城市还可以在摆脱驾驶汽车的游说以及小汽车导向的规划标准(如街道宽度标准、建筑后退规则和停车要求)和小汽车导向的交通规划工具(如服务水平、在道路项目评价中对“出行时间节省”不加批判的使用)的影响上做得更多。

新公交城市的其他目标

新公交城市提供了追求哪些机动性目标的重要经验，而不是把重点放在使小汽车出行花费低和减少拥挤上。以下目标一直指导着这些城市走向更可持续的机动性路径：

1. 把私人小汽车作为可选物而不是必需品

要抵制小汽车是必需品的想法，而是把它作为一种奢侈品，并采取强有力的措施以提升其他的出行选择。这样，上述交通限制政策的实施在政治上就成为可能，由此可以避免简单地注重缓解交通瓶颈，并抵制使驾车更可负担的诉求。相比在小汽车一度普及后试图从头再来，城市的早期干预行动则更容易一些。小汽车会迅速地重塑生活方式和城市结构，并成为其拥有者所认为的必需品。因此在拥有汽车的家庭仍为少数的地方，新公交城市的优先措施更容易获得公众的支持。

2. 注重空间—高效的机动性

新公交城市已趋于正视甚至接受空间资源的约束，这是它们避免走小汽车为主导、大量消耗空间的发展道路的重要原因。作为岛屿，香港和新加坡有明显的空间限制。香港有水面的障碍，台北有高山环绕；而仅仅作为已然非常庞大和密集的城市，如首尔和上海，要为交通创造出额外的空间也十分困难并且代价很高。因而，它们的另一条发展路径就是空间高效的机动性，以运送人员、货物而不是车辆为重点。

3. 增强便利可达性而不是实现快速移动性

使人们很容易到达各种出行目的地而无需长途跋涉，要求紧凑型的城市发展模式，允许人们在没有私人小汽车时可以轻松到达所有的主要目的地。这意味着要在正确的地方促进高密度开发：整个核心区和大容量公交走廊沿线。

4. 为支持城市宜居性而设计交通

改善城市宜居性也有助于为新公交城市的政策优先建立公众支持，特别是在二者之间有明确联系的时候。创造伟大的城市场所和街道，往往是新公交城市限制交通的一个受欢迎的结果。例子包括波哥大、库里蒂巴、慕尼黑、首尔、上海和斯德哥尔摩的步行区，首尔在清溪川复原工程中拆除了一段公路来创建一个6 km长的公园。

总之,注重缓解交通拥堵和保持驾驶低成本不是可持续城市交通的关键,而是更偏向于交通饱和城市以及最终发展到小汽车依赖城市的配方。随着时间的推移,要扭转这个情况将变得越来越困难和花费高昂。

相反,政策制定者应该集中在下面三个关键目标:创造无需一辆小汽车就很容易到达所有主要目的地的城市;提供一大批丰富的机动性选择,使私人小汽车不再是必需品;建立空间高效的交通运输系统,使得服务于所有人的机动性能够支持当代乃至未来几代人的宜居、包容和低碳的城市发展。

第 3 章

城市社会转型

现状概览和政策要点：

- 城市社会变得更加多样化和复杂化，这为政策制定带来了新的挑战。
- 新兴的中产阶级所占社会份额越来越重，且正在推动消费模式，房屋产权，移动性，服务和城市环境的转变。
- 然而中产阶级的崛起不是一个包容性的进程；城市贫困人口仍然在增长，青年失业率居高不下，以及流动人口往往在享有权力方面属于弱势群体。
- 随着城市生活成本的提高，对穷人而言想要获得合适的居所和配套服务变得越加困难。日益扩大的差距会破坏社会凝聚力和共识，对于亚太地区的许多大城市而言可负担能力正处于危机点的状态。
- 为了使穷人，老年人和残疾人都可以从城市发展中获益，所以需要更多平衡的增长模式。
- 为了达到繁荣和包容性的城市目标，平衡竞争性需求和解决社会差异需要新的城市社会议程以及对社会政策的重大投入。
- 虽然亚太地区的城市大多数地方是安全的，可是与性别有关的暴力仍然是一项严峻的挑战，并阻碍了妇女充分参与城市生活。
- 这些城市最能够利用自身多样性，为公众参与创造更大空间，并在居民生活质量上投资，其旨是为提高城市将来的竞争力和宜居性。

移动电话
信

亚太地区城市面临着严峻的公平性挑战 © Presse750

3.1 人和城市

目前，亚太地区的城市正在经历着深刻的社会变革和转型。近几十年来，许多讨论都集中在富人与绝对贫困人口之间的鸿沟问题上。在摩天大楼、封闭式社区、扩张的购物中心与物理环境明显被剥夺的城市贫民地区的毗邻情况下，城市鸿沟愈发明显。

近几十年来，这种两级分化的现象已变得更加复杂和微妙。现在的亚洲和太平洋地区真正算得上是新兴中产阶级的家园——事实上，亚太地区的中产阶级份额已是世界第一。这个现象正在以积极和消极这两种不同的方式改变着城市。一方面，城市继续为社会和经济提供进步的契机；另一方面，不断变化的消费与生产模式以及对于城市空间，身份及资源的竞争又给物理和自然环境带来了巨大的挑战。亚太地区的城市从来没有经历过类似的多样性和社会变革，也从来没有体验过类似的管理复杂性。

在城市环境中，多样性可以提供机会。其中，多样性和社会差异性已经被利用，并给与让人们表达和代表不同的文化形式和社会关系的机会，从而城市得以兴旺。但是，也并非总是如此，对于亚太地区而言主要的挑战还在后面，不仅在管理不平等和消除贫困上，而且在于如何响应迅速变化的城市社会景观和不断提高的期望上。

迅速发展的中产阶级

经济增长刺激了许多亚太国家机遇的增加与经济的繁荣，中产阶级最近几年迅速崛起，这现已成为亚太地区的一个典型的特点。这些中产阶级包括了 20 亿的主要城市人口，他们在一定经济阶层范围内的——从刚跨越贫困线到财务有保障的阶层(例如从每人每日 2 美元到每人每日 20 美元)。在 2008 年，整个亚太地区的中产阶级的年度收入(或年度支出)是 32 850 亿美元，而在 1990 年时仅 7 210 亿美元(ADB2010：6)(图 3-1)。

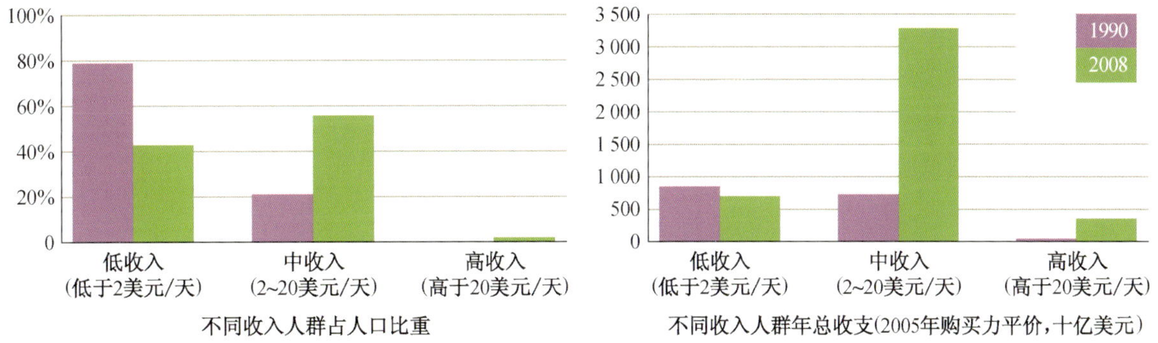

图 3-1　1990—2008 年亚太地区不同收支水平人口分布柱形图

数据来源:ADB,2010:6.

大城市中产阶级的出现具有深厚的文化,经济和政治意义。通过他们对商品和服务的需求,不断变化的交通出行模式,住房类型的选择,以及对较高生活质量和有效治理机构的更高期望,该地区的新兴城市中产阶级将重塑其城市的未来。通过税收这一方式将为政府应对中产阶级的需求而提供更大的财政空间。

据估计,亚太地区的中产阶级到 2030 年将增长到约 3 200 亿人,达到全世界中产阶级人口总数的 2/3。这不仅是一个重要的统计数字(图 3-2),而且在消费方式方面,对更好和更多服务的需求方面,以及变化的生活方式带来的环境影响方面都是显著的。这些都将重塑和重新定义该地区的自然和社会的城市景观。

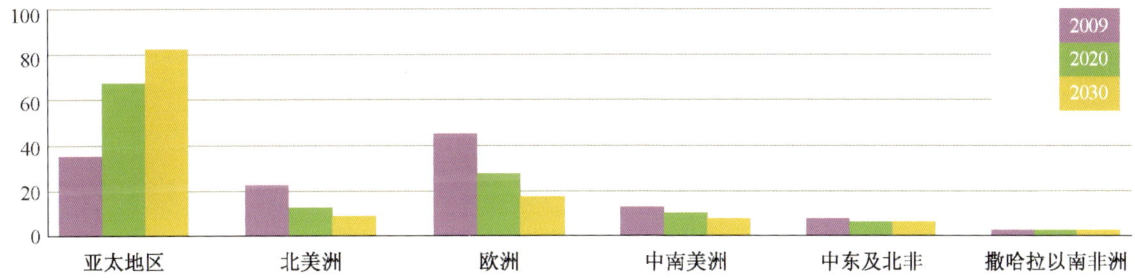

图 3-2　世界中产阶级体量

数据来源:Kharas and Gertz,2010:5.

中产阶级如何重塑城市?

先进的教育,信息的获取,以及对全球趋势的认识使得新兴中产阶级成为一支有影响力的社会和政治力量。作为主要的城市基础,他们的选择和行动将对城市有深远的影响。例如,企业家和投资者已经开始将城市土地战略性地定位为混合功能的地产以满足中产阶级的消费,比如从住房到购物中心,超市,餐馆,电影院和剧院等。

由中产阶级带动的机动性需求也有很大影响。这已经导致了亚洲的私人机动车数量的快速上涨。这个趋势并不奇怪,并且随着中产阶级的继续扩大,机动车数量也将有增无减。例如,在 2010 年和 2030 年之间,中国的小汽车数目预计从 5 800 万辆增长至 4 亿 5 千辆,印度的小汽车数目将从 1 500 万辆增长至 1 亿 3 500 万辆(Dobbs et al, 2011:37)。

越来越多的汽车需要更多的道路和停车位。地方政府通常都非常愿意听从强大的汽车利益游说团的建议,以牺牲人行道和自行车道的空间为代价扩大现有的马路或修建更多道路。但是,越来越多的私家车并不是一个解决方案,目前城市出行选择倾向于私人汽车,这只会让城市更加拥堵,加剧空气的污染影响和温室气体的排放,这一系列的问题在未来还将恶化。

亚太城市不断增长的城市交通需求是该地区各政府面临的最大的基础设施和社会挑战之一,且几乎毫无例外。尽管如此,新兴的中产阶级也是现在和未来的公共交通系统的用户,由于城市通勤者更愿意选择更高质量的公共交通,所以在最近几年,对于地铁和公交系统的投资已变得可能。事实上,对于该地区大多数的大城市而言,如果他们发展城际和城市内部的公共交通系统，从而提高流动性，减少拥堵和降低温室气体排放，这些城市将会变得更好。新德里地铁和曼谷日益扩大的轻轨系统是如何利用中产阶级交通出行需求从而以更可持续方式塑造交通系统的两个例子。

更高的收入也导致了中产阶级在住房方面提出更高的期望。通过颁布住房政策，因而民营开发商受到鼓励，在许多亚太地区城市开发了独栋和连排住房以及越来越多的高级公寓。而中等收入家庭的储蓄和开发商收取价格之间的差距大多被迅速扩大的住房金融业覆盖。因此，亚洲及太平洋城市的大部分城市人口的住房条件在最近几年得到显著改善。然而，封闭式社区的出现使得城市公共空间日益碎片化。

> 尽管最近十几年产生了巨大的财富，亚太地区仍受困于显著且严重的城市贫困问题和城市贫民人口的持续增长。

其中，对于公共基础设施和服务缺乏或者过于昂贵的地区，私营部门起到的作用比房地产商更大。他们的项目不仅仅是提供房产，同时也包括私人经营的收费公路，私人安全服务，和公共购物区。私营部门的扩大导致了服务和空间的私有化，同时削减公共收入来源，当地政府很可能错过高支出公民带来的这部分收入。

尽管最近十几年产生了巨大的财富，亚太地区仍受困于显著且严重的城市贫困和城市贫民人口的持续增长。除非政府对不断扩张的低中产阶级和贫困人口承诺为其长期提供服务并为其调动土地资源，否则亚太地区的城市的分化将持续下去并将越来越难以超越。

专栏 3.1　亚洲中等收入国家

2014 年 7 月 1 日(World Bank，2014)世界银行发布的 2013 人均国民总收入数据显示，突出了中国和印度自 20 世纪 90 年代初以来截然不同的发展路径。中国的人均收入快速增长，在 2013 年达到了 6 560 美元，同比增长近 15%。中国已进入“中上等收入”范畴，且一半将达到“高收入”的门槛(12 745 美元)。相比之下，印度 2013 的平均收入达到 1 570 美元，虽然比上年增涨 1.3%，但相比之下，只有“高收入”门槛的十分之一多一点。

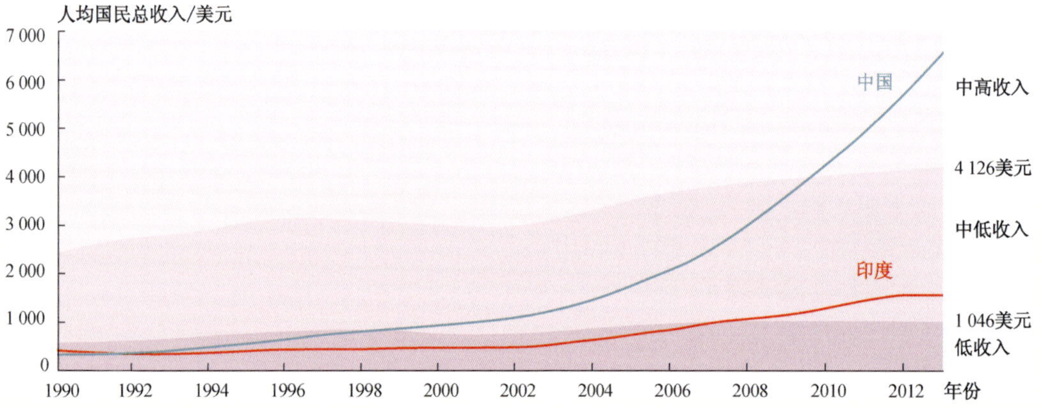

数据来源：Word Bank(2014)

然而，尽管中国处于中上收入水平((World Bank，2014)，仍然受到相当数量的生活贫困甚至极端贫困人口数量的困扰。世界银行的数据进一步显示，吉尔吉斯共和国，2013 年的人均收入为 1 200 美元，尽管其 2011 年有 5%的人口处于极端贫困阶段，但它却跨过门槛成为“中低收入”的国家。孟加拉国，柬埔寨和塔吉克斯坦已接近中等收入水平，但全都受到持续和显著的极端贫困的影响。这表明“中等收入水平”应谨慎观看，这意味着中产阶级不应当被作为制定有关住房政策的决定依据，中产阶级的住房作为全国范围内的标准，在判定 2030 年的目标是否达到也不能使用中产阶级作为指标。

资料来源：http：//devinit.org/#！/post/middle-income-status-too-brand.

3.2　城市贫困：一个永远的优先考虑事项

越来越多的亚太城市开始崇尚追求拥有房屋和汽车，同时更加注重促进（或者通过媒体鼓励）消费。但亚太地区的大多数城市尽管其经济增长较快，但依然没有对穷人的需求做出充分的响应，包括他们的住房需求。就人口数量而言城市贫民是一个重要的社会阶层。矛盾的是，亚太地区新兴全球现代城市面具的背后，城市贫困人口越来越被忽视和边缘化。

专栏 3.2　加剧的贫民窟问题

尽管联合国千年发展目标“目标 7D”——“到 2020 年显著改善至少 1 亿贫民窟的居民生活”——现在已经基本达到，但生活在贫民窟的人数仍在增长（UN Millennium Development Goals Report 2014）。

全球城镇居民中，在贫民窟生活的人数在 1990 年约为 6.5 亿，在 2000 年上升到 7.6 亿，在 2012 年数量为 8.63 亿。生活在城市贫民窟的人口比例在撒哈拉以南非洲地区特别高（62%），其他贫民窟人口比例相对较低的有：南亚（35%），拉丁美洲和加勒比地区（24%），北非（13%）。

据调查，绝大多数生活在南亚和撒哈拉以南非洲地区这两个地区的人每日生活费不到 1.25 美元。在 2010 年，全球有 12 亿极度贫困人口，其中，约 1/3 生活在印度。中国尽管在加大力度减贫，排名仍居世界第二，并且在全球极端贫困人口数量中占据 13% 左右。为了改善发展中国家的城市贫困人口的生活，扭转生活在贫民窟的人口数量增加的趋势需要付出更多的努力（UN MDG Report，2014）。

在过去，政府强调建设公寓楼给低收入的城市家庭，但往往公寓的类型或位置既不满足其需求也不符合其收入。当地政府的预算远远不足以满足低收入者的住房需求，但这仅仅只是问题的一部分。较低的中产阶级家庭也在不断寻求更好的住房，但往往无法负担私营开发的房屋或合适的土地。中低产阶级家庭的信息获取能力通常比贫困家庭更强，他们往往会去争取供给穷人的城市补贴住房。这使得贫困居民只能被迫选择非正规的市场和住区。贫民窟的正规化和升级在一些城市或许有效的，但它们只是自然反应现象，未能增加正规的住宅存量。城市公共住房政策应包括更为系统性的解决方案，全面解决极端贫困人口，穷人和中下阶层的住房需求（接近贫困），而不是仅仅零散解决最贫困人口的住房需求。

专栏 3.3　在印度城市生活的非法移民

印度宪法承认人口自由流动的权利，没有对流动人口进入印度城市进行任何限制。但移民不容易被接受为合法的城市居民。举例来说，获得资助的食物和银行账户汇款对城市移民是至关重要的，而办理这些需要一个本地住址证明，但是因为他们生活在不被认可的贫民窟，所以他们可能没有办法提供住址证明。作为国家和城市政府对穷人和他们的定居点的态度所导致的直接结果是：许多穷人居住在边缘城区低质量的住房，建筑工地，人行道上或在城市的边缘（Agarwal，2011：14）。

定量配给卡有时作为一个非官方的公民证件可以给获得粮食补贴。但是，如果家庭成员没有住在一起，食物就需要在不同的地方分配。因此，城市外来人口往往试图获得第二个配给卡，为此又要重新进行贫困注册登记。

如今，那些没有明确城市地址的贫困人口，包括移民，无家可归者和赤贫妇女开始逐渐获得更多的权利，但障碍依然存在。引入拟议的生物识别数据库可能会使得这一状况有所改进（Bhide，2013：10-11）。

为了解决住房缺口，那些住房需求未得到满足的人常常转向私营部门。但是，许多中低收入者和中等收入家庭最终不得不住在非正规住房，也就是联合国系统定义的所谓的“贫民窟”。联合国针对如改善饮用水和适当的卫生设施，不安全的使用权，非持久且拥挤的住房等基础服务的特点系统的定义了贫民窟。

非正式住区的居民有可能面临公共机构的歧视，包括无法注册公共服务。在一些中亚国家，从农村到城市的移民可能没有资格获得城镇户籍，中国和越南是关于移民如何被排挤在市政服务之外的最好例子。非官方的住宅也往往排除在官方统计的数据之外，而且他们的定居点可能都不会出现在任何城市的地图上(Bartlett et al，2012：2，6)。

专栏 3.4 被忽视的城市贫民窟

在 2013 年，中国香港有 67 000 个群租房(单隔间)单位可容纳 171 300 人，且主要存在于老住宅建筑物中。群租房被定义为：一个单独生活空间被分割成两个或多个出租单位。人均面积 6.3 m²，其中 53.3%是由单人或两人占用。人满为患造成了比较严重的健康问题和火灾隐患。

在孟买，由于高租金成本和房租管制使得业主没有钱进行房屋维护，迫使很多人住进廉价劣质的住房。因此，在孟买，许多不适合人居住的危楼还在不断容纳那些已超过楼房可供给的居住空间能力的额外住客，而这种现象并不奇怪。而且，这些情况仍在不断继续。

在中国，建筑工人常常住在临时预制房屋或帆布帐篷建筑工地，而很多工厂的工人都住在拥挤的没有卫生设施，没有制冷制热设备的宿舍(Li，2008：15；Gransow，2012：7)。

无法识别的住宅也往往被排除在官方统计的数据之外，而且他们的定居点可能都不会出现在任何城市的地图上。

3.3 争夺城市土地

随着亚太地区城市的转型和全球化，这些城市已经成为更加昂贵的居住地。这必然会导致城市资源和空间的竞争更加激烈——对于政策制定者和城市管理者来说，需要有效的缓解该趋势。城市土地经常引发富人和穷人，正式组织和非正式组织的利益冲突。当经济增长缓慢，城市和城郊土地开发压力较低时，公共土地和私人土地拥有者会忽视非法擅自占用土地的行为。然而，近几十年来，城市和城市空间已经随着经济的发展而改变，想要非正式地获取城市土地已变得几乎不可能。

在城市里，空置的土地不复存在，穷人通常不得不租住在高密度、低质量的出租房里。通常这些建筑都是破旧不堪，或者是面临拆迁的危房和非正式建造的多层建筑，例如在中国城市中存在的城中村或是孟买快速建造的建筑物。地方政府可能更喜欢这种类型的住房给城市贫困人口居住，因为这种住房可以容纳非常高度密的人口，因此一些政府并不认为存在住房资源不足的情况。但是这些住房大多是不卫生的且不安全的，并且很少得到维修。

住房部门普遍存在的腐败问题既增加了成本，又导致了低质量的建设。复杂的法规已导致部分城市的建设者与公务员开始官商勾结，从而进一步扩大了住房需求和支付能力之间的鸿沟。许多房地产开发商在建设时开始“抄近路”，不但没有适当的设计，没有建筑许可证和施工监理，同时还偷工减料。因此房屋易老化崩塌的情况在整个亚太地区的居住和工作地都很常见。

随着城市的发展，贫困社区所占据的土地价值上升，城市的开发压力也随之增长。在许多情况下，这个问题导致了强制拆迁。强制拆迁的五大原因有：(1)城市的再开发；(2)基础设施项目；(3)自然灾害；(4)重大事件；(5)经济文化促进房地产开发(即中产阶级化)。但不论强拆的原因是什么，许多群体遭到了不公平的对待，特别是城市贫困人口、少数民族、妇女和土著人(UN-Habitat 2011：viii-ix)。

在中国的建筑工人大多居住在工地的预制板房中

由于可以提升城市地位和认知度，因而举行国际或区域性体育赛事和会议等活动越来越多地受到城市之间的追捧。但是，这些大型活动的举办往往会给低收入家庭带来一系列的损失和拆迁等问题。例如，据估计2008年的北京奥运会，为了提供体育设施、购物中心、住宅楼和办公楼等建筑空间，有近50万人被迫拆迁(UN-Habitat, 2007a)。尽管被拆迁的同时得到了经济补偿和新的住房，但许多人抗议的原因是拆迁后的新家远离工作地点，而且这些补偿是远远不够的。同样，德里2010英联邦运动会也导致大约20万的城市贫民被迫拆迁(Mishra et al, 2011:4)。

房地产开发是导致拆迁的另一个重要原因。在亚太地区，许多富人热衷于在发达国家的城市投资房地产。各国政府也非常欢迎这些投资，因为这会成为他们强大的收益基础的一部分，但这类城市发展或再开发的情况往往会导致该城市的穷人被迫拆迁。即使是善意的、安排周全的拆迁安置，可能也并不见得会使每个拆迁者感到满意。(专栏3.6)。

事实上，在科伦坡、孟买和金边的项目表明，重新安置住房仍是一种非包容性的举措并且可能会进一步使许多家庭陷入贫困。公寓给城市贫民带来了两个最基本难题：这些公寓不能随着时间的推移和不断变化的需求而进行调整，以及这些公寓的位置往往不适合工薪阶层。后者的影响群体主要是妇女，因为她们往往必须在家里工作的同时照顾孩子。高层建筑物通常被认为是满足高城市地价下居住密集性的唯一途径，在卡拉奇的研究表明，灵活的低层住房不仅更适宜穷人群体而且可以达到高层公寓楼一样的密度(Hasan, 2010)。

专栏3.5 案例研究

科伦坡阿夏普拉的移民安置

可持续城镇计划的目的是把城市贫困居民安置于高层建筑里，在提高他们的生活质量的同时腾出更多的土地用于开发。为了给贫困居民提供不同的位置和住房类型的选择，该方案在几个地点同时进行。但核心公共机构不准备提供安置土地，只有一个地块可以开发。项目最终使651户家庭搬迁，161户家庭未搬迁，52户家庭外迁。许多贫困家庭，特别是那些收入较高或有固定工作的人更喜欢这些新住房，但也有许多人不满意。对于一些人来说这些新住房存在许多问题：其设计忽略了他们的文化；以家庭为单位使用该空间存在困难；不可能实现更多的空间扩展；稻壳和木柴在高层住宅不能作为生活燃料；一些穷人无法支付这里高昂的水电费。因为一些家庭拒绝离开旧屋，而有些人又搬回原来的住处，从而导致原计划拆迁的地块不能被重新开发，危及项目融资。至2010年，已经有100～150户家庭出售了其新买的公寓，他们有些搬去郊区，又有些回到他们原来的住处(Wijayasinghe,2010)。

孟买达拉维

达拉维，孟买的一个非正式定居点，有60万～100万人口，经济活动活跃，其中包括回收企业，服装生产、陶器、餐具、肥皂、食品等行业。有一段时间，当局打算在没有政府资金的情况下，利用私营机构开发此地块从而改善该地的居住条件。其中某公司准备了一份针对5.7万人的规划。每栋房屋的业主会免费获得由开发商提供的30 m² 多层公寓的15年的使用权。企业主可以得到25 m² 的自由空间。但在达拉维的租房者不会得到补偿。该公司为有重新安置资格的居民设定了截止日期(第一次是1995年，第二次是2000年)。作为回报，开发商承诺提供300万 m² 的住房，学校，公园和道路，建立4 000万 m² 住房和办公用房用于销售(Patel and Arputham, 2007; Ramanathan, 2007)。

批评人士担心，开发商会减少目前达拉维居民和企业的安置住房的空间和成本，最大限度地提高可销售空间。他们还担心高层住宅的生活会打乱商贩、店主、渔民的生计，因为他们往往需要底层住房用来做生意或存放他们的船只。在达拉维的其他部门一个调查发现：(1)31%的家庭在2000年后搬到达拉维；(2)房屋出售很常见；(3)2000年后，该地大约有1/3的房屋转手。这些发现暗示着许多居民将没有资格再买房(Giridharadas, 2006; Hindustan Times, 22 January 2011)。

如孟买的达拉维，安置非定居点的居民会扰乱那些需要定所来维持生意和停泊渔船的摊贩、店主及渔民的生计© Julian Pound

高层建筑物通常被认为是满足高城市地价下居住密集性的唯一途径，在卡拉奇的研究表明，灵活的低层住房不仅对于穷人群体更适宜而且可以达到高层公寓楼一样的密度。

3.4　城市暴力和安全

虽然亚太地区的城市空间存在许多竞争与不公平，但就整体而言，该地区的城市还是能在各类暴力势力猖獗中保持相对和平。尽管亚太地区的城市出现了许多内在的城市安全和安全风险问题，但数据显示亚太地区的暴力水平低于其他许多地区。这可能是因为在正式和非正式的机构，文化强调和谐以及等级制度，这就使得冲突往往在转化成暴力之前就被化解。暴力盛行可能还不算是亚太地区城市的一个特点，但安全问题，特别是妇女安全没有保障，已被认定为是亚太地区的一大问题。

在一些地方，警察和社区组织合作，以维持法律有效和社会秩序。例如，在孟买非正式住区采用自制系统，选出一名当地警官和十个社区志愿者组成的团体（七女三男）实现社区与警察的合作。这种合作有助于解决在邻里纠纷或房屋边界纠纷导致的内部冲突，从而使得这些冲突在升级成为暴力之前就得到解决。这是一种比普通执法方式更方便且更易接受的机制，它不仅更加灵活而且能让居民在这种机制中自信地表达他们的不满。同样，在巴布亚新几内亚，城市社区法院已经能够有效地调节土地，民族和人际冲突，提供了一种以社区为基础的争端解决机制(UN-Habitat/ESCAP, 2009)。

虽然亚太地区的许多城市的暴力犯罪率一直相对较低，但其他形式的暴力并不罕见。例如，在缺乏有效的劳动机制和雇主谈判工资与工作条件的情况下，工人往往被迫走上街头，表达他们的诉求。同样，由于没有商定程序，双方不能有计划地对安置问题进行谈判，非正式定居群体即将被驱逐出这片他们生活多年的土地，他们走上街头表达他们希望索赔土地的诉求。在一些城市，类似的抗议已导致警察和公司或土地所有者所雇用的帮派之间的暴力冲突。解决这种暴力的唯一且长久方法就是建立法律法规和执行政策，更好地保障那些面临严重不公待遇的人口，让他们获得公平的工作和生活条件。

专栏 3.6 地方举措

通过加强地方宣传和逐渐加强地方组织与城市或与国家网络的关系，被边缘化的人口已经在与当地政府，公共机构以及地主进行谈判的过程中，提高了他们的相对实力。在其他情况下，城市贫民承担了自己的发展。最有名的例子是卡拉奇的奥兰吉开发住宅区试点项目，包括污水管道建设和更换抽水马桶的改造。值得一提的是，后者初步实施后，社区只能发展自己的乡镇区域中的下水道。他们的居住区以外的污水干管和污水处理超出了其能力范围。因此，与有关部门合作对于协调发展的工作依然是有必要的。

在一些城市，政府已与民间社会组织合作，通过升级基础设施来改善非正规住区，并在可能的情况下创造更安全的土地使用权，包括通过与私人土地所有者进行谈判。例如，菲律宾的社区房屋按揭计划；泰国巴安满空的保障住房方案；以及印尼国家社区赋权项目，所有的项目方案和计划的目的都是让穷人获得进行更好的谈判和交易的权力。巴安满空在公共土地交易中非常成功，其成功的部分原因是该方案有组织地将社区纳入城市和全国范围内的宣传网络，以促进知识和经验的分享。同时这些网络给政府带来的压力促进了安置穷人住房的城市计划的发展。

在卡拉奇，只有中、高收入家庭可以负担得起个人私有住房

专栏 3.7　卡拉奇的住房、宗派主义和暴力

在卡拉奇，只有中高收入家庭能买得起私营部门提供的正式住房。因此，对穷人的正式住房往往被中等偏下收入群体占据，而低收入人口已几乎完全依赖于公共土地非正式住区。这些定居点的发展和保护，需要地方的“保护者”和政府官员之间经常进行“交易”，亦或者是地方领导人和政治家之间进行“交易”，前者常为保证选票以换取支持。这赋予了非正式住区在商业和政治上的重要性。卡拉奇非正式聚落组织的发展主要是沿着种族界线，这往往与宗教教派和政治背景相符。由于政治围绕着同一种族和宗教身份，所以非正式的定居点与选举政治往往交织在一起。下一步往往是对入侵防御武装的相互竞争。由于居民寻求隔离保护，每个居委会都各自作为自治区管理着其领域，卡拉奇日益分裂成由武装控制的民族宗教飞地(CSSR, 2005; Gayer, 2007; Bhudani et al, 2010)。

性别暴力和性别安全

在亚太地区，城市性别安全和性别暴力是许多城市面临的一个严重问题(专栏 3.8)。妇女和女童只有在居家、出行、工作都不用担心有性别暴力的情况下才能享受到公平的城市机会，安全的缺乏常常剥夺妇女和女童应有的权利。充分了解、认识和体验性别相关城市空间可以有效地解决城市安全问题，如专栏 3.9 所示。

随着越来越多的女性想要和需要外出工作，故安全运输非常必要。一些城市相继推出女性专用公交车和列车车厢，但在可达性和安全的运输方面仍需改进，包括安全等候区。

落后的基础设施会增加安全风险和暴力产生的机会。街灯往往照亮的是机动车道，而人行道却充满黑暗和危险。行人只能依赖于道路沿线的商店的灯光。小商贩在一定程度上可以提高社会监督和减少犯罪的可能性，但他们经常被警察以妨碍行人为由而遭到驱赶，实际上这使街道变得更不安全。随着越来越多的女性想要和需要外出工作，故安全运输非常必要。一些城市相继推出女性专用公交车和列车车厢，但在可达性和安全性方面仍需改进，包括安全等候区。

专栏 3.8　对妇女和女孩的暴力

近年来，亚太地区的性别暴力被媒体广泛报道，从而全球的关注和呼吁有所增加，各国政府采取更多措施制止针对妇女和女童的暴力行为。性别犯罪需要系统性和果断性的政策关注，因为这些暴力行为除非得到大力的解决，否则它们很可能会持续和升级。

从 2010 年到 2013 年，作为联合国对男子和暴力研究的一部分，对来自亚太区的 6 个国家(孟加拉国、柬埔寨、中国、印度尼西亚、斯里兰卡和巴布亚新几内亚)超过 1 万名男性进行了采访。这项研究并没有探讨对妇女的一切暴力行为，但集中在对亲密伴侣和非伴侣的强奸暴力。分析发现，近一半的受访男性有针对女性伴侣的身体和/或性暴力的行为，而近 1/4 的受访男性强奸过妇女或女孩。

由路透社基金会进行的 2011 年调查公布了 5 个“全球对女性最危险的国家”中有 3 个是亚洲国家。它们是阿富汗、印度和巴基斯坦。据世界银行调查，尽管这种赤裸裸的侵犯妇女权利的行为是普遍存在的，但有近一半的南亚国家和 60% 以上的太平洋国家并没有颁布任何针对家庭暴力相关的法律。即使在家庭暴力法存在的国家，这些法律往往不能有效地实施。在亚太地区 40 亿人口中，有大量的妇女在全球范围内被司法公正排除在外。

来源：Why Do Some Men Use Violence Against Women and How Can We Prevent It? Quantitative Findings from the UN Multi-country Study on Men and Violence in Asia and the Pacific, UNDP, UNFPA, UN Women, World Bank and UNV, Bangkok 2013; Thomson Reuters Foundation Factsheet, 15 June 2011,

www. trust. orgitem/? map = factsheet-the-worlds-moast-dangerous-countries-for-women.

随着越来越多的妇女进入城市劳动力市场，故更加需要对妇女的安全问题进一步关注。例如，在柬埔寨，由于缺乏基础设施和规范的工厂布局，女职工面临着不安全和暴力的威胁。在工厂和家庭的周围以及路上，骚扰和性暴力仍然是主要的问题。尤其是上夜班的妇女特别有风险（ActionAid，2011）。

在巴布亚新几内亚莫尔兹比港，捐助者通过平安城市项目与当地妇女合作，在城市的主要市场领域提供更安全的物理环境，安全的儿童保育设施和家庭暴力和性暴力受害者的求助系统。一个城市中大约80%的市场商贩是女性，且针对女性的暴力行为又非常普遍，而更安全的市场空间为女性提供了积极的，健康的，安全和美好生活的展望，并为整个城市提供了福利（UNWomen，2014年）。

在曼谷的周边地区，由于女工数量较多，且她们对安全的住房需求导致工业区附近建有许多女工专用公寓楼和多层住宅。为了降低成本的同时改善安全问题，客房由4～6名妇女共享，并对大楼进行保安控制。但是，这些措施着重于应对表面症状，而不是其背后的性别犯罪的态度。

在印度，性别暴力已经成为一种严重的国家问题

专栏 3.9　印度的性别安全

2012 年，一名年轻女子在新德里公交上被轮奸，此案被全球报道后，印度政府已针对改善妇女安全问题采取措施，随后对整个地区都加强控制与管理：快速跟踪委员会改革刑法指出现所有的性骚扰都是犯罪行为。在城市层面上，德里政务司司长通过多项措施，创建对妇女和女孩而言更安全的城市。这些措施包括：

- 在低收入社区建立多方利益相关集体“Awaz Uthao”，从而解决妇女在社区一级的安全问题；
- 181 特殊帮助热线直接连接到首席部长办公室，为处于困境的妇女提供支持，另外还包括连接警察的专线和其他配套服务；
- 引入应对基于性别暴力的标准协议；
- 增加警察巡逻和性侵犯“零容忍政策”；
- 妇女安全运输署人员的培训，更多的夜间公交车和女性专用公交车；
- 德里地铁公司提供的女性专用车厢，德里的地铁站的安全审计；
- 为德里的所有的学校、教师和学生开设提高性别意识课程。

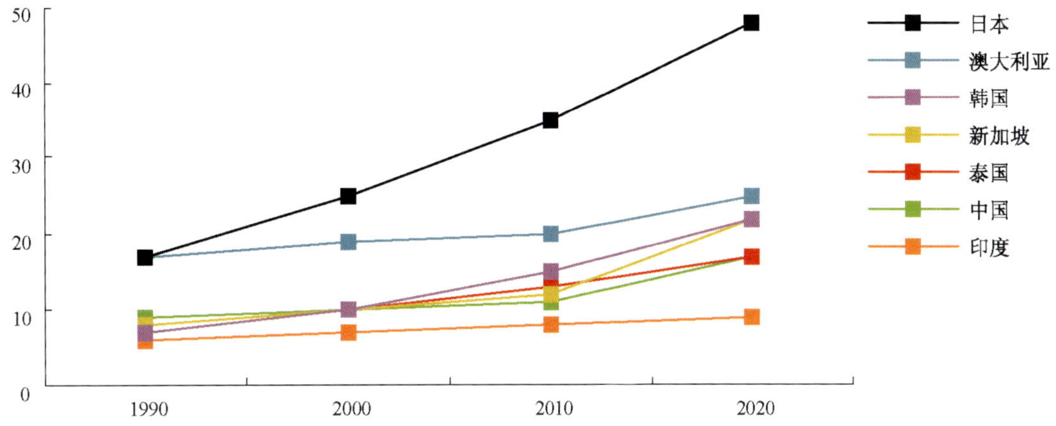

图 3-3　部分国家老龄人口对家庭依赖度

依赖度变化率：家庭中 65 岁以上老龄人口对 20—64 岁人口依赖程度变化率

数据来源：UNDP，2011，Vol. 1：145-479

3.5　老龄化和城市

在大多数亚太地区的社会，相对于国家，家庭和社区被给予了更多的期望来将支持那些有需要的人。随着家庭成员愈加城市化、移动自由化和个人化，家庭成员尽义务的传统正逐渐消失。对于许多双职工夫妻来说，需要工作更长时间以满足日益增长的城市生活。这从而减少了他们与家人一起的时间。夫妻的子女数量减少了，进一步影响家庭内照顾老人的能力。

在这些地区，城市化对传统的生活的安排和家庭结构有着深刻而持久的影响。人们为了预防失业和收入减少开始接受跨地域的工作。通常情况下，一些适龄工作的家庭成员为了寻找增加收入的机会，会为了工作暂时搬到大城市或国外。由于大多数的劳动移民在新的工作地点既没有时间也没有空间照顾他们的孩子或年迈的父母，其家属由于较低的生活成本通常会留守在村庄。例如，在中国，2009 年有 5 800 万留守儿童，其中 80% 是由祖父母照顾，13% 由其他亲属照顾，而其余的 7% 没无人看管（China Daily，30 May 2012）。

在大多数的亚洲和太平洋地区，家庭仍然是社会支持和社会安全网的主要提供者。婚姻的社会期望和代际抚养义务的观念依然很强。而对老人的养老是子女的核心孝道，在不断城市化的社会中这种孝道变得越来越难。老年人将照顾和抚养家庭的幼儿，因为工作年龄的父母由于经济的必要性和个人原因，越来越倾向于自己生活。

外出务工者往往不得已将子女交给亲人照料。2009 年，中国有 5 800 万留守儿童，其中有 80％由他们的（外）祖父母照看

人口转型也导致住房获取方面的变革和创新。在日本，政府机构从老年业主那里租赁房屋在其剩余寿命期间转租给年轻家庭。从而老年家庭搬到小出租单位，同时还能从腾空房屋转租的过程中获得租金收入。反向抵押贷款允许老年人可以借用他们的房子且不需要偿还，直到借款人死亡或房屋出售。独立自足的单元房屋让爷爷奶奶和他们的孩子和孙子住在一栋房子，但这样的选择也只有对富裕的老人才是可行的（Doling and Ronald，2012）。

在许多地方对老年人的照顾正在成为一个日益严重的问题，一些地方的老龄化速度非常显著（图 3-3）。正式的公共卫生保健系统和健康保险方案可以解决一些与人口老龄化有关的问题，但并非所有的亚太国家都有能力能够负担得起这些，因为许多人“在他们变得富有之前就变老了”。在这些国家中，老年人必须依靠来自于家庭，社区和国家的多种来源的复合型支持，且国家的支持部分占的比例将越来越高。

到 2036 年，香港人口的 1/3 将高于 60 岁。而老龄人口的需求并未被列入市场主导的住房计划中

随着人口的老龄化，老年人和残疾人的数量都在增加。所有年龄段的残疾人士在充分参与社会这一过程中充满着障碍且往往被视而不见。这些障碍包括人们心理上对他们的消极成见和歧视，而这些障碍甚至超过了生理上的可达性和流动性对他们造成的挑战。四通八达的交通运输对于老年人和残疾人在城市的活动而言是至关重要。大量的城市"留守"人口，对城市既有社会文化影响，也有经济上的影响。有残疾的妇女，尤其是寡妇，特别容易受到伤害。人们认为，城市的交通不便和不安全性会限制老年人和残疾人外出从事有意义工作(ESCAP,2012)。

社会/包容性和经济/劳动力规模对人口老龄化和城市都很重要。未来的城市必须适应住房和公共建筑，交通运输和室外空间的新兴需求，因为这些影响着流动性，医疗健康，社会参与，犯罪伤害和安全性。为提高流动性和独立性，无障碍和安全的建筑、街道和社区是必不可少的。

3.6 改变中的城市特征

城市化和经济的发展的给人们打开了生活空间使他们的身份可以从家庭和社区中独立出来。城市可以在家庭领域或种族宗教团体外产生创收。城市让人们表达传统的角色与家庭和社区的期望之外的个人选择。这适用于选择追求学业或职业从而晚婚、不结婚或不生孩子的女性。这同样也适用于在城市中寻找个人自由和身份认同的女同性恋者，男同性恋者，双性恋者和变性者。

性别角色的变化

在亚太地区的城市中，城市化的推动虽缓慢但对促进社会和家庭规范却有着显著的变化。许多亚洲城市的平均结婚年龄呈上升趋势。教育起着重要作用，越来越多的妇女选择去学校和大学接受教育从而推迟结婚。一旦她们完成学业，女人想利用她们所受的教育去工作。有时，这与社会和家庭习俗或规范相冲突。例如，在印度尼西亚，社会和家庭的标准认为婚姻是强制性的，未婚的人被认为是"不完整"的。如果一个女人在二三十岁还未婚，家人和亲戚将给她施加压力。但如今情况正在改变。未婚女性人数不断增加，尤其是生活在大城市的女性所占未婚比例越来越高，因为那里对于结婚的社会压力远远低于小城镇和村庄(Situmorang, 2005:3, 15)。

在香港，缅甸和新加坡，有超过 10%的 40 多岁女性一直未婚(Jones, 2010:6)。在印度尼西亚，30～34 岁的未婚女性比例在 2000 年达到 6.9%，是 1971 年 2.2%的三倍多(Situmorang, 2005:3)。许多妇女放弃婚姻是为了免于婚姻生活的多重压力：全职工作，相夫教子，照顾夫妻双方年迈的父母、接手大部分的家务等。此外，在亚太地区的极少数国家中，政府或者其他一些工作愿意招聘全职母亲。相反，歧视仍然是重新步入工作的屏障。因此，越来越多的女性选择不结婚。

未婚女性人数不断增加，这就明显降低了男性结婚的机会。找不到伴侣的东亚男人开始出国寻找新娘，这导致女性移民的迅速增加，因为她们试图通过结婚这一方式实现从贫穷的国家或有移民倾向的国家(越南、菲律宾、中亚)移民到富裕的国家(日本、韩国和新加坡)。2011 年，约 40%的新加坡人与非新加坡人结婚。婚姻移民在农村和城市地区都很常见(Jones, 2012:10)。

由于婴儿和儿童死亡率的降低，以及大城市抚养孩子的成本太高等原因，越来越多的已婚的女性决定计划生育。其结果是，整个亚太地区的城市生育率正在下降，这一趋势现在也蔓延到农村地区。在大城市，总的生育率特别低，甚至低过已经很低的国家生育率(表 3-1)。

表 3-1 国家及大城市出生率比较表
(部分国家和城市)

国家	国家总出生率[a)]	大城市出生率[b)]
中国	1.66	1.00(台北)
日本	1.39	1.09(东京)
韩国	1.29	1.01(首尔)

数据来源：a) WHO, Global Heath Observatory Data repository (http://apps.who.int/gho/data/node.country.country-CHN?lang=en); b) Jones, 2003:19; Jones, 2011:14.

一至两人的家庭数量的增长相应也对住房需求产生影响，这也解释了在靠近城市中心区和集中就业等地的大型复合公寓小户型不断增长　　的需求的原因。

悉尼每年二月的同性恋群体狂欢游行。城市化使得 LGBT(女同性恋者、男同性恋者、双性恋者和变性者)群体的成员发展出有别于传统家庭组成形式的其他选择

3.7 社会包容的多样性治理

联合国和世界银行的预测显示，在未来 40 年，亚太地区的城市居民人数预计将增加一倍。预计在 2018 年亚太地区将达到人口转折点——预计该地区将有超过 50% 的城市人口。到 2050 年，亚太地区预计 66.2% 的人口将居住在城市。

地方政府已经面临着由更多的城市居民，多样性和复杂性所带来的一系列的挑战。未来城市的发展需要对中产阶级的利益和生活方式不断地塑造。管理这种转变需要政府在土地、住房、交通、服务和环境影响方面具有强有力的领导力和行动力。

同时，如果当前的趋势持续下去，随着不平等的不断扩大，贫困将仍然是一个重要的且不断增长的挑战。虽然如今是由新兴中产阶级所主导并在未来会进一步增加，但财富和贫困依然并置。因此，地方当局将面临着解决不断变化的需求和期望以及更多样化的城市人口和改变城市的特征等挑战。利用这种多样性，并为所有人提供机会，将对亚太城市社会创造包容性和凝聚力起到至关重要的作用。

亚太地区的国家和地方政府如何适应这种变化，是该地区的城市转型面临的最大挑战和机遇。

在亚太地区，老年人将照顾和抚养家庭的幼儿，因为工作年龄的父母由于经济的必要性和个人原因，越来越倾向于自己生活。

专栏 3.10 老龄化社会的城市发展

人口老龄化及其与未来城市发展的关系需要被日益重视。更值得关注的是，老年人可能成为亚太地区新的城市贫民。在香港，预计 2036 年有 1/3 的城市人口达到 60 岁以上。二次开发项目经常将低成本和低端的住户结构房型改成价格高的公寓。老年人，特别是贫困老人，这些项目作为他们的需求和资源往往是有限的，而他们的需求很少考虑进市场主导的方案。针对这一趋势，香港房屋协会一直致力于创建特定的年龄友好房屋，以支持“健康老龄化”和“就地养老”，并且投资改造现有基础设施，包括交通运输和服务，以备未来的老龄化。在该地区的大部分地方，需要给未来城市基础设施和规划干预做好准备工作，以应对老龄化社会的需求。

老年人可能成为亚太地区新的城市贫民。

专栏 3.11 寻找“出柜”空间

城市化和经济发展使 LGBT（女同性恋者、男同性恋者、双性恋者成员和异装癖）这一团体打破了与异性之间的关系并替代传统的家庭形式。亚太地区对男人和女人的定义有特殊的和根深蒂固的概念。这与其说是关系到性取向本身，还不如说是对传统角色的假设。男人和女人都被婚姻伴侣，家庭和社区限定了特定的义务，并且被认为成年人一旦结婚就应该有孩子。

为了维持家庭关系和社会和谐、避免对抗和冲突，结局往往是个人身份和社会义务的平衡行为（Ho，2012：15）。因此，如下文身份被塑造为：在公园里面我是一个同性恋，公园之外，我是一个和谐家庭的男人（Khan，2001：102–107）。

大城市是同性恋文化和同性恋社区的首选中心目的地。大型城市往往提供更大的匿名性，因为它们性质已经多样化。曼谷、悉尼和东京被称为是亚太地区的“同性恋者的首都“，尽管社会规范认为同性恋是不道德的或国家法律禁止同性恋，但规模较小的城市如槟城和泗水也有相当大的同性恋社区。（Baba，2001：146–154；Offord and Cantrell，2001：242）。

利用多样性并为所有人提供机会，将对亚太地区创造包容性和有凝聚力城市社会是起到至关作用。

3.8 参考文献

ActionAid (2011), Women and the City: Examining the Gender Impact of Violence and Urbanisation: A Comparative Study of Brazil, Cambodia, Ethiopia, Liberia and Nepal. ActionAid, Johannesburg.

ADB (1998), Handbook on Resettlement: A Guide to Good Practice, Asian Development Bank. Manila.

ADB - (2010), The Rise of Asia's Middle Class, Special Chapter, Part I, Key Indicators for Asia and the Pacific 2010, Asian Development Bank. Manila.

Agarwal, S. (2011), The State of Urban Health in India: Comparing the Poorest Quintile to the Rest of the Urban Population in Selected States and Cities, in Environment and Urbanisation, Vol. 23, No. 1, pp. 13-28.

Agostini, G., Chianese, F., French, W. and Sandhu, A. (2010), Understanding the Processes of Urban Violence: An Analytical Framework, Prepared for CSRC, Development Studies Institute, LSE, London.

Baba, I. (2001), Gay and Lesbian Couples in Malaysia, in Journal of Homosexuality, Vol. 40, No. 3-4, pp. 143-163.

Bartlett, S. Mitlin, D. and Satterthwaite, D. (2012), Urban Inequalities, Addressing Inequalities, The Heart of the Post2015 Development Agenda and the Future We Want for All, Global Thematic Consultation.

Bhan, G. and Swathi S. (2013), (Un)Settling the City: Analysing Displacement in Delhi from 1990 to 2007, in Economic and Political Weekly, Vol. XLVIII, No. 13, 30 March 2013, pp. 54-61.

Bhatla, N., Achyut, P., Ghosh, S. Gautam, A. Verma, R. (2013), Safe Cities Free From Violence Against Women and Girls: Baseline Finding from the "Safe Cities Delhi Programme".

Bhide, A. (2013), The Invisible Migrant, in Infochange Agenda, No. 27, pp. 10-12.

Bloomberg (2013), China's Visit-the-Parents Law also Affects City Buildings, 3 July 2013.

Budhani, A., Haris, G., Sobia, A., Hussain, B. (2010), The Open City: Social Networks and Violence in Karachi, in Cities and Fragile States, Working Paper No. 70, Crisis States Working Papers Series No. 2, Development Studies Institute, London School of Economics.

Caixin (2013), State Council to Encourage Foreign Investment in Elderly Services, 23 August 2013.

China Daily (2012), China Focus: A Wound in Society, Left-Behind Children Struggle with the Law, 30 May 2012.

Chui, E. (2001), Doomed Elderly People in a Booming City: Urban Redevelopment and Housing Problems of Elderly People in Hong Kong, in Theory and Society, Vol. 18, No. 3-4, pp. 158-166.

Collective for Social Science Research (2005), Afghans in Karachi: Migration, Settlement and Social Networks, Case Studies Series, the Afghanistan Research and Evaluation Unit, Kabul.

Dixon, J., Abiud M., Friel, S., Burns, C., Donati, K. and Carlisle, R. (2007), The Health Equity Dimensions of Urban Food Systems, in Journal of Urban Health: Bulletin of the New York Academy of Medicine, Vol. 84, No. 1, pp. 118-129.

Dobbs, R., Oppenheim, J., Thompson, F., Brinkman, M. and Zornes, M. (2011), Resource Revolution: Meeting the World's Energy, Materials, Food and Water Needs, McKinsey Global Institute.

Doling, J., and Ronald, R. (2012), Meeting the Income Needs of Older People in East Asia: Using Housing Equity, Ageing & Society, Vol. 32, No. 3, pp. 471-490.

ESCAP (2012), Disability, Livelihood and Poverty in Asia and the Pacific: An Executive Summary of Research Findings, United Nations Economic Commission for Asia and the Pacific, Bangkok.

Gayer, L. (2007), Guns, Slums and "Yellow Devils": A Genealogy of Urban Conflicts in Karachi, Pakistan, in Modern Asian Studies, Vol. 41, No. 3, pp. 515-544.

Geffen, J., Earle, L. and Buxton, C. (2004), The Development of Civil Society in Central Asia, International NGO Training and Research Center.

Gilbert, A. (2007), The Return of the Slum: Does Language Matter?, in International Journal of Urban and Regional Research, Vol. 31, No. 4, pp. 697-713.

Giridharadas, A. (2006), Not Everyone is Grateful as Investors Build Free Apartments in Mumbai Slums, in The New York Times, 15 December 2006.

Gransow, B. (2012), Internal Migration in China: Opportunity or Trap? In Focus Migration, Policy Brief No. 19, Migration Research and Intercultural Studies, University of Osnabrück, Osnabrück.

Hasan, A. (2010), High-Density Housing that Works for All, in IIED Opinion, IIED, London.

Hindustan Times (2011), More Stumbling Blocks for Dharavi Revamp, 22 January 2011.

Ho, L. (2012), Gay and Lesbian Subculture in Urban China, Routledge, London.

Huynh, P. and Kapsos, S. (2013), Economic Class and Labour Market Inclusion: Poor and Middle Class Workers in Developing Asia and the Pacific, in ILO Asia-Pacific Working Paper Series, Regional Office for Asia and the Pacific, International Labour Organisation, Bangkok.

International Gay and Lesbian Human Rights Commission (2010), Violence on the Basis of Sexual Orientation, Gender Identity and Gender Expression against Non-Heteronormative Women in Asia, Summary Report, International Gay and Lesbian Human Rights Commission, New York.

Jagori (2007), Is this Our City? Mapping Safety for Women in Delhi, Jagori, New Delhi.

Jagori (2010), Understanding Women's Safety: Towards A Gender Inclusive City, Research Finding Delhi, Jagori, New Delhi.

Jones, G. (2003), The "Flight from Marriage" in South-East and East Asia, Research Paper Series No. 11, Asian MetaCentre for Population and Sustainable Development Analysis, Asia Research Institute, National University of Singapore, Singapore.

Jones, G. (2010), Changing Marriage Patterns in Asia, Working Papers Series, No. 131, Asia Research Institute, National University of Singapore, Singapore.

Jones, G. (2011), Recent Fertility Trends, Policy Responses and Fertility Prospects in Low Fertility Countries of East and Southeast Asia, Expert Paper No. 2011/5. Population Division, United Nations, New York.

Jones, G. (2012), International Marriage in Asia: What do We Know and What do We Need to Know?, Working Papers Series, No. 174, Asia Research Institute, National University of Singapore, Singapore.

Kevin (1999), Street Children: A Comparative Perspective, in Child Abuse and Neglect, Vol. 23, No. 8, pp. 759-770.

Khan, S. (2001), Culture, Sexualities and Identities: Men who have Sex with Men in India, in Journal of Homosexuality, Vol. 40, No. 3/4, pp. 99-115.

Kharas, H., and Gertz, G. (2010), The New Global Middle Class: A Cross-Over from West to East, Wolfensohn Center for Development at Brookings.

Knodel, J., and Napaporn C. (2009), Intergenerational Relationships and Family Care and Support for Thai Elderly, Ageing International, Vol. 33, No. 1-4, pp. 15-27.

Li, S. (2008), Rural Migrant Workers in China: Scenario, Challenges and Public Policy, Working Paper No. 89, Policy Integration and Statistics Department, International Labour Office, Geneva.

Manu, J. (2013), City Setting, but Village Mentality, in The New York Times, 2 January 2013.

Mishra, S., Shivani, C. and Miloon, K. (2011), The 2010 Commonwealth Games: Whose Wealth? Whose Commons?, Housing and Land Rights Network, South Asia Regional Programme, Habitat International Coalition, New Delhi.

Muggah, R. (2010), Urban Violence in an Urban Village: A Case Study of Dili, Timor-Leste, Geneva Declaration and the World Bank, Geneva.

Naaz, A. (2012), Rapid Situation Assessment of Gangs in Male, Asia Foundation and the Maldives Institute for Psychological Services, Training and Research, Colombo.

Offord, B, and Cantrell, L. (2001), Homosexual Rights as Human Rights in Indonesia and Australia, in Journal of Homosexuality, Vol. 40, No. 3-4, pp. 233-252.

Oxfam (2014), Working for the Few: Political Capture and Economic Inequality, 178 Oxfam Briefing Paper, 20 January 2014.

Parichiti and Jagori (2012), Women's Safety Audit: A Report on the Safety Audit Conducted in Dhakuria, Bagha Jatin and Ballygunge Stations, Kolkata, July-August 2012, Parichiti and Jagori.

Patel, S., and Jockin A. (2007), An Offer of Partnership or a Promise of Conflict in Dharavi, Mumbai?, in Environment and Urbanisation, Vol. 19, No. 2, pp. 501-508.

Policy 21 (2013), Report on Survey on Subdivided Units in Hong Kong, Policy 21 Limited, Hong Kong.

Pow, C.-P. (2007), Securing the 'Civilised' Enclaves: Gated Communities and the Moral Geographies of Exclusion in (Post-) socialist Shanghai, in Urban Studies, Vol. 44, No. 8, pp. 1539-1558.

Ramanathan, G. (2007), Dharavi Redevelopment Plan is Robbing Us of Space: Residents, www.livemint.com.

Reuters (2008), China Land Seal Rankles Laos Capital.

Roy, A. (2009), Why India cannot Plan its Cities: Informality, Insurgence and the Idiom of Urbanisation, in Planning Theory, Vol. 8, No. 1, pp. 76-87.

Roy, A., Jockin, A. and Ahmad J. (2004), Community Police Stations in Mumbai's Slums, in Environment and Urbanisation, Vol. 16, No. 2, pp. 135-138.

Semba, R., Pee, S. de, Kraemer, K. Kai, S., Thorne-Lyman, A., Moench-Pfanner, R. Mayang, S., Nasima, A. and Bloem, M. (2009), Purchase of Drinking Water is Associated with Increased Child Morbidity and Mortality among Urban Slum-Dwelling Families in Indonesia, in International Journal of Hygiene and Environmental Health, Vol. 212, No. 4, pp. 387-397.

Situmorang, A. (2005), Staying Single in a Married World: The Life of Never Married Women in Yogyakarta and Medan, Working Papers Series, No. 38, Asia Research Institute, National University of Singapore, Singapore.

The New York Times (2012), Single Women Gaining Limited Acceptance in Iran, 12 June 2012.

The New York Times (2013), As Families Change, Korea's Elderly Are Turning to Suicide, 16 February 2013.

The New York Times (2013), Policing Village Moral Codes as Women Stream to India's Cities, 19 October 2013.

UN-Habitat (2007), Enhancing Urban Safety and Security: Global Report on Human Settlements 2007, UN-Habitat, Nairobi.

UN-Habitat (2007a), State of the World's Cities 2006—2007, UN-Habitat, Nairobi.

UN-Habitat/ESCAP (2009) Urban safety and poverty in Asia and the Pacific, UN-Habitat, Nairobi.

UN-Habitat (2011), Forced Evictions: Global Crisis, Global Solutions, UN-Habitat, Nairobi.

UNDESA United Nations Population Division (2011 & 2013), World Population Prospects: The 2010 Revision, Volume 1: Comprehensive Tables, United Nations, New York.

UNDP (2013), Human Development Report 2013: The Rise of the South: Human progress in a Diverse World, New York, 2013.

UNFPA (2012), Sex Imbalances at Birth: Current Trends, Consequences and Policy Implications, Bangkok.

UNWomen (2014) Making markets safe for women vendors in Papua New Guinea.

West, A. (2003), At the Margins: Street Children in Asia and the Pacific, in Poverty and Social Development Papers, No. 8, Asian Development Bank, Manila.

WHO (2007), Global Age-Friendly Cities: A Guide, World Health Organisation, Geneva.

WHO (2012), Children Dying under the Age of 5, Global Health Observatory Data Repository, World Health Organisation, Geneva (on-line).

Wijayasinghe, S. L., Dhammika K. (2010), Factors Contributing to the Failure of Development Induced Resettlement Projects: A Case Study of the "Sahaspura" Slum Relocation Project, Colombo, Sri Lanka, International Institute of Urban Management, Rotterdam. **Wit, J. de, and Berner, E.** (2009), Progressive Patronage? Municipalities, NGOs, CBOs and the Limits of Slum Dwellers' Empowerment, in Development and Change, Vol. 40, No. 5, pp. 927-947.

Xiang, B. (2007), How Far are the Left-Behind Left Behind? A Preliminary Study in Rural China, in Population, Space and Place, Vol. 13, No. 3, pp. 179-191.

菲律宾的马尼拉：圣安德烈斯布克德区和马卡蒂金融区的对比。由于不断上升的房价及就业形势的转变，低收入家庭正逐渐被迫搬出城市

专题聚集：包容性城市的争议性现实

Sheela Patel[①] Diana Mitlin[②]

亚太地区的很多城镇正面临许多挑战。由于经济的发展不断改变城市，大量城市居民在相关购买力以及享受公共商品和服务方面越来越受到限制。城市房价的增高、基础服务的商业化以及变化莫测的贸易和工业带来的城市边缘化，低收入家庭逐渐被挤出城市。经济的发展为社会救助提供了新方式——低收入的企业和工作人员的社会性流动以及在市场上的活跃度不断提高。但是大量问题仍然存在：对于那些落后的方面并没有采取足够的措施，但目前正在做的即使出发点是好的，往往效果很差。

建设一个更加公平和包容的城市是有可能的，所有城市居民的生活质量都能有所提高。但是这需要重新定位城市远量，而非一直期待由政府选择和组织去建设一个包容的城市。通过合作和采用双赢措施重新定义包容城市，为整个城市，包括低收入群体，实现利益的最大化。

一个分化的城市未来？

由于收入和空间的不同，亚太地区的居民生活日益分化。在过去的20年里，亚太地区的次区域发展势头良好，比如城市服务的扩展以及更方

① 保护区域资源中心社团（SPARC）主任。

② 国际环境与发展研究所首席研究员。

便的获得优质水资源。水资源的供给甚至延伸到一些非正规定居区域。尽管取得了一定进展，但是在市政基础设施服务方面公共投资的缺乏仍然是个问题，贫穷的城市居民还在面临很多挑战。

其中一个挑战就是城市服务的私人化。商业以及市场导向的服务是主张为个体住户提供专门服务，毫无疑问，受益的是对于此类服务有支付能力的人。于是导致了城镇居民服务的私人化，因此，通过集体干预的措施去提高公共事务变得日益困难。

另一个挑战是经济的快速增长及相关措施促进土地市场发展，从而提高了城市土地价格并自然而然地削弱了低收入居民的购买力。城市房价不断增高，收入差距的拉大，使得低收入居民不得不把目光锁定在城市边缘一些便宜的居住地。

第三个挑战是城市转型带来的。尽管经济的发展会增加新的住区，但需要时间适应。对于那些非正式职工，尤其是代理商和非正式的交通供应商，也许是因为城市隔离，也许是因为使用公共区域的限制，他们想住进位置好、收入高的中心城市区域变得越来越难。

目前城市发展的形态正在削减集体利益，对整个城市以及所有居民都有较为消极的影响。如果城市生活更多的是关注个人而非集体，那么所有的人都会变穷。只有当居民之间有正常的沟通和交流，大家都能使用公共区域，志愿活动发展迅速，城市的生活才会提高。集体的相互影响使社会紧密联系，这也会带来政治利益。

可是如今，不同的居民群体之间的社会联系不断下降，因此，低收入居民的机会也越来越少。如果当地和国家政府声明当局与低收入群体之间的合作不但会给贫穷的居民带来好处，也会有利于整个城市，那么这个问题就可以得到解决。

如何改变现状？

根据之前的经验，我们列了 3 种可以改变现状的实践措施：

(1) 许多贫困评估并不能反映物质贫乏；

(2) 增加当地政府对城市包容的响应；

(3) 确立居民导向的信息系统。

低收入家庭的收入有可能提高的同时也面临着城市生活的高消费。除了吃住用行上面的花费，留下的钱已经所剩无几了。

1. 城市贫困评估并非评估贫穷

国际和国内的探讨会上都表明亚太地区的城市贫困发生率正在下降。但是贫困群体的真实经历否定了以上说法。低收入家庭的收入有可能提高的同时也面临着城市生活的高消费。除了吃住用行上面的花费，留下的钱已经所剩无几了。建立和测量官方贫困线的时候并没有考虑除了饮食外的花费。

近期的一份报告表明越南评估实践的缺乏(Thanh, Anh et al. 2013)。官方表示，城市贫困发生率(支出或收入)已经下降到整体人口的6%～7%。然而，这些数字并没有多维度地评估贫困，比如没有评估社会安全保障，基础设施(电、水、下水道的连接和废品处理设施)、住房质量和空间、社会设施的使用(学校、社保)、物质安全和社会接纳等。没有充分的贫困评估，城市居民的贫困和不平等现象是没办法得到重视的。

2. 地方政府对城市包容的响应

如果城市没有政策上的响应以及有效的干预，包容性城市就难以实现。国家需要帮助城市政府来提高居民生活质量。

虽然亚太地区以往有国家政府与当地政府合作的经验，但地方政府会有不同的意见和反馈。低收入家庭和弱势群体面临的困难包括以下 3 个事实：

(1) 贫困居民形象差是众所周知的而且当地政府经常会加剧对贫困居民形象的消极认知，如暴力、犯罪和非正常交易。城市生活在全球的普遍形象使得这种消极的认知不断加强。包围在高耸的大楼，错综交叉的高速公路，高科技的工业和环保绿色的空间中，大多数城市居民的活动空间少得可怜，对发展城市需要作出贡献的认知也是少之又少。

(2) 低收入居民很少有机会在城市层面上实现自我管理。除此之外，城市的决策者践行“区分管理”或者政治庇护来加强他们自身的政治地位。没有与城市决策层面的融合，贫困居民很难抵住政治压力和行使自己的权利去获取生活所需及相关利益。

(3) 有关贫困信息不仅严重缺失，连最基本的城市信息也经常遗漏。如果城市管理者不知道他们的居民中有多少人面临着没有失业保险、不能使用基础设施和服务以及身体健康的问题，那这些问题就没有办法解决。

3. 居民导向的信息系统

一些贫困居民群体利用数据和统计建立他们自己的城市贫困的相关“数据改革”。获取这些信息有助于积极确立新的拥护者(如联合国人居署的“我是一名城市改革者”运动)以及发展新合作关系。

建设更加包容性的城市最关键的因素是获取非法居住者和其居住地的大量信息。这些数据信息的建立有两点重要意义:(1)随着居民投入记录自身数据的搜集过程中,加强他们对自己的定位和组织基础的确定;(2)催生了那些愿意解决城市贫困问题的人的政治响应。

贫困城市居民可以通过数据信息获取自身的合法化和权利,数据信息包括在城市居住的时长、通过消费和劳动对城市作出的贡献以及为提高生活条件花费的具体数字。这些关于定居内外的信息以及政治上的集合体巩固了政府对贫困居民的认知,满足居民对政策响应以及政府责任工作的需求。

当地政府和有组织性的社区之间的新合作关系

印度联盟(Indian Alliance)一直是社区导向的数据收集先锋(详情见本章内的“社区枚举法”相关内容)。

还有许多例子是关于亚洲居民组织共同讨论的为社区和决策者提供培训的方法。

越南,荣市:原地升级和住房改善

在最近几十年,在越南的一些城市,由于居住区重新改善,导致一些低收入家庭被迫离开家园。由亚洲联合组织社区行动(ACCA)支持,居住权益亚洲联合组织(ACHR)管理的一个项目,就是在荣市的社区已经形成一个以人为导向的并且没有驱逐居民的重构模式。因此,当地政府已经改变关于重构衰败的城市居住集体住房的政策。之前,房屋重构由承包商完成,新的居住单元建设的标准价格很高,之前居住的居民支付不起该比费用。现在社区可以重建他们自己的房子和设施以及拥有可靠的土地所有权。其花费更低,人们不被驱逐的同时住房单元也升级了。

越南荣市的库纳沃,居住着 140 多户工人家庭。许多低收入家庭居住在 15～23 m^2 的房间里。但由于居住条件的恶化,当地政府在 2007 年将这些房子拆除来建设公益住房,住房面积是之前的两倍。随着原住民和新定居居民的扩大,公益住房建设规划由政府管理组织、开发商建设,社区并未参与。新的住户要购买土地使用权、高水准的设施和新房。

荣市的社区从 2006 年开始节省开支,同时利用 ACCA 资金为小型基础设施贷款提供资金。截止到 2009 年 12 月,社区已经为 110 户人家铺设污水管道,为 40 家用户铺设走道。总花费高达 60 000 美元。其中 9 000 美元由 ACCA 资助,当地政府出资 11 000 美元,剩下的 40 000 美元由社区的成员出资。强大的储蓄网络允许一个社区在被驱逐的威胁下,满足自身需求,开发替代性的住房。

在库纳沃居住的一些家庭决定重新建设他们自己的居住环境,包括扩建街道、建设下水道以及把原来的房子改造为两层小楼,45 m^2 的房间可以提供 47 m^2 的住宿面积。社区认为政府提出最少要 70 m^2 的住房标准是没有必要的。利用重新修改的方案以政府及 ACCA 提供的资金贷款,居民同市政府及省政府协商并在 2010 年 3 月开始实施。

这项工程为越南的城市树立了一个新的榜样。这是群居的贫困居民在市政府和省政府的支持下,首个在原住址重建住房的成功案例。这也是允许群居社区建设低于政府住房标准(难以实现)的第一个案例。这个项目的建设标准如今已经被官方采用并运用到越南其他 140 个集体住宅项目中。城市政府也受到这种项目成本效率的影响。

印度联盟:从数据到对话

印度联盟(贫民窟妇女团结组织(Mahila Milano),全国贫民窟居民联盟(NSDF)、保护区域资源中心社团(SPARC)三者合作组织)建立于 1986 年,主要任务是阻止对流浪者的驱逐、在有驱逐情况的社区建立社区组织以及发展以社区为基础的战略,反对镇压型的反贫困政策。一开始,社区居民认为同毁坏他们房屋的人建立对话关系是不可能的,而城市管理者起初也很难想象会有除了驱逐和拆除以外的解决方案。

在这项活动中，保护区域资源中心社团开始了和贫民窟妇女团结组织的合作。贫民窟妇女团结组织主要是为了保护女性街头流浪者。为了向最终目标迈进，为无家可归的人获取土地建设住房，全国贫民窟居民联盟参与进来，发起全国范围的对话，成为印度联盟的第三个合作伙伴。这种联合为居民摆脱警方的骚扰与驱逐以及饮水问题提供了一个更广泛的资助方案。这个过程引发了合作关系，促进开展了城市贫困居民和当地政府之间的对话。孟买的街头露宿者在保护区域资源中心社团的支持下，进行了一份有关于街头居住环境的调查并做了一份“我们是隐形人”的报告，和政府的对话就此开始。报告中的数据震撼了城市当局，城市居住者的一半来自贫困的地区或村庄(没有任何形式的资产)，他们在马哈拉施特拉居住长达 10～30 年之久。一旦住进城市，他们选择住在离工作单位近的地方，因为他们工资太低，无法支付任何交通费。

对城市和国家政府的要求是：(1)土地在城市中可供拆迁；(2)国民政府支持这一进程；(3)最重要的是，在市政当局和露宿街头者及贫民窟居民之间展开对话，建立发展投资程序，使他们能够获得基本生活设施。

1995 年宣布了为贫民窟居民建造廉租房的市场化补贴政策，从而产生了棚户区重建法案(1997)，许多露宿街头者纳入其范围。在 2000 年，属于贫民窟妇女团结组织的 500 个露宿者率先被进行了分配土地，并在 2005 年搬进新家。超过 15 000 户家庭搬到新居。始于数据库的宣传过程仍然是城市与穷人之间的对话和讨论的基础。

由于社区生成数据而产生政府与社区对话的另一个案例是，印度联盟城市的要求，沿着孟买的铁路轨道上该绘制定居点，是世界银行资助的交通发展规划的一部分。这也归功于参与枚举技术移民发生没有反抗或冲突。从 1998—2005 年之间，在项目启动的过程中，8 000 户居民自愿搬迁，使铁路得到升级和扩展。

印度联盟已经绘制出孟买的铁路轨道沿线居民点的图纸

孟买和普纳：从清洁需求到城市范围内的投资

截止到 1995，贫民窟妇女团结组织(Mahila Milan)一直都在组织露宿街头的妇女，去认识到她们最迫切的需求以及发展策略来确定其所需。改善卫生条件是迫切的需求。大多数妇女都没什么选择。他们能安全上厕所的地方很少。1995 年，一个六口之家上厕所的花费相当于一个蔬菜贩一天的工资。印度联盟利用新的设计方法，在非正式居住地建设 12～15 个厕所，其中包括男厕所、女厕所以及孩子专用厕所，同时在其楼上建立一个中心，这个中心收取一些费用用以厕所的维修。当地居民每月支付一次厕所的维修费用，而一些客人和旅客需要一次性缴纳厕所的费用，这些费用用来维修厕所。大城市有投资厕所的预算，但是每年的这些资金都会被扣留，原因是当局认为这种投资会使更多农村的居民迁移到大城市。当局也考虑缺少设施维护的问题。然而，大规模的改善废品管理的规划受到了印度政府的资助，世界银行也为印度联盟提供相关契机。1996 年，普纳的委员邀请印度联盟实施厕所修建计划，进而一种扩大社区管理厕所的模式发展起来了。

到 2014 年，印度联盟已经在孟买城市区域修建了 900 多个块状区，为 865 000 人提供了服务，在普纳修建了 134 个块状区，为 116 000 人服务(SPARC，2014)。通过和其他机构合作，印度联盟开展了一项全国性质的活动，禁止公共场合随地大小便并希望达到所有城市中心至少实现普遍清洁的目标。

卫生问题迫使当地社区和联盟一起和城市官员合作。随着时间的推移，这些官员开始了解联盟如何工作。在普纳，合作促成了一个创新升级项目，“加瓦哈拉尔·尼赫鲁国家城市复兴任务”的资源用来帮助数以百计的住户改善他们的原住房。大量获取改善住房的案例为建设包容平等的城市模式提供重要的基础。

越来越多的实例表明市政府和国家政府开始理解并认同城市贫困居民改善自身居住条件的事实。大多数关系的建立需要时间，观点的改变以及信任度的建立都不是一天能完成的。但是一些成功的案例提供的方案可以影响整个城市，而不仅仅对“那些富裕的人”。

建设一个包容性的城市是一个巨大的挑战。事实上，在城市的中上等阶层，由于城市空间的隔离化现象严重，对最低收入家庭改善居住条件的支持较少，低收入家庭越来越处于劣势地位。一些实例表明有组织性、聚集性的贫困居住地有机会同地方当局和政府机构合作，共同为 21 世纪的城市建设新的居住环境。

尽管有许多人呼吁建设一个更公平、更包容的发展模式，但必须在有大量方案的前提下，贫困居民才不被边缘化，才会有一个不断进步的城市未来。有公众参与的决策很重要，贫困居民要和政府协商，让政府制定具有长远影响的支持性政策，不然他们会在经济上、空间上以及政策上等多方面受阻。目前最急需的就是把当前的活动扩大到整个城市甚至是更大的范围。由于在数据收集和探索性方法上面的协作，政府和社区的关系不断加强，新的解决方案也会产生。

政府决策者有机会和所有居民一起探索，并且在整个城市范围内和有组织的城市贫困居民合作。与从上至下传达的方案相比，两者之间合作创建的方案被多次证明是成本低、最有效且最包容的解决方案，另一个优点就是被排除或者被边缘化的居民也平等地参与到城市计划和建设过程中。

学习是至关重要的。没有一个解决方案可以立即或自动生效。信誉以及有效合作关系的建立需要时间。如果不从经验中学习总结，就不可能确定合适的政策以及得到系统的回应。尽管上述许多解决方案和策略都是当地的，但从中学习到的知识可以且应该在城市内外得到分享。

时间和时机很重要，作为城市发展的重要伙伴，社区和当地政府都需要不断为城市贫困居民完善长期的方案。

尽管有许多人呼吁建设一个更公平、更包容的发展模式，但必须在有大量方案的前提下，贫困居民才不被边缘化，才会有一个不断进步的城市未来。

城市边缘群体必须被当作平等的城市居民，并纳入城市规划统筹考虑

社区枚举法：通过数据收集发展社区意识

印度联盟继续开拓不同类型的定性和定量的枚举过程，从社区的每户家庭、住宅或个人收集信息，而无需使用抽样或统计技术。通过这些方法，社区已成为他们自己纳入城市生活中的代理人，并能围绕他们的需求倡导和促进城市政策的发展。

列举包括多种方法既能提高大家的认知又能使得居住在贫困社区的人口有更多的公民意识，并强化其与政府的关系。首先，结算参数文件集中解决了社会经济和物理组成部分，如位置，所有权，各类建筑物，接入点等。这可以通过不同的特点映射进一步提高。其次，在贫民窟改造或重新安置的情况下会进行家庭调查，该调查提供了一个家庭的基本情况，并且确保了贫民窟的改进或搬迁过程中的平等性。

最后，由当地社区开展的空置土地调查加强了其社区的空间感知能力，因为这类型的信息通常是被公共机构或私人开发商所垄断。一个关键的挑战是如何在信息时代管埋这些数据：印度联盟已经慢慢能够通过社区懂计算机的青少年成员的参与将数据汇总到数据库，同时还采用了如谷歌地球和基本的 GIS 技术等公共领域地图地理信息系统技术来加强利用他们的数据。

第 4 章

城市环境与气候变化

现状概览和政策要点：

- 亚太地区的城市经济是建立在环境资源开发的模式上发展起来的，这种模式导致众多城市面临着巨大的环境挑战，并且有越来越多的城市遭受着各种各样的宜居性危机。
- 一些环境挑战是新出现的（如气候变化），而一些挑战则是长久以来一直困扰着城市的环境问题（比如空气污染、恶劣的卫生环境等），众多城市正在竭力应对这些现存的环境压力。
- 作为全球温室气体的主要来源地之一，亚太地区的城市需要迫切地寻求低碳型的经济发展模式、基础设施和交通发展方式。
- 新的经济和城市发展模式必须基于对城市生态系统的投资和相关环境服务的全面供给。
- 传统的城市垃圾管理实践方式已经不可持续。通过提倡"3R"，即减量化（Reduce）、再利用（Reuse）、再循环（Recycle）措施，以及"循环经济"的理念，利用"变废物为资源"的各种方法，城市将能够更为高效地进行资源利用和垃圾处理。
- 该地区的城市对于自然灾害的侵袭和气候变化的影响呈现出高脆弱性，其中贫困及弱势群体对于此类影响最为敏感。通过加强和提升城市及其居民面对压力和冲击的自救、适应和重建能力，将有效减弱城市的脆弱性。

TAXI-METER

虽然阿富汗的城市供水状况已经得到提升，但只有 26% 的城市人口能够使用自来水© UN-Habitat

4.1 城市环境挑战

有人认为在经济增长初期环境质量将会下降，但在国家人均收入达到一个较高水平后，环境质量又将反转上升。在城市语境中，各种由贫困带来的环境挑战最终转变为由发展带来的环境挑战的线性转移模型都印证了这个观点。这些模型也常被用作城市环境变迁模型的基础，同时也可用作政策演变的框架（表 4-1）。然而，越来越明显的是，城市同时面临着这些环境挑战。

表 4-1　主要的城市环境挑战

问题	典型表现	成因	影响	空间尺度
贫困	安全水和卫生环境的使用权低，水体的有机污染	城市化迅速，基础实施落后	环境卫生有关的健康问题，例如痢疾和传染病	当地
增长	空气、水、工业废料污染	工业化，废料处理率低	工业灾害，由工业污染引起的疾病	当地及次国家
生活方式	氧化碳排放，氮氧化物浓度，巨大浪费的产生	大量消费的生活方式	气候变化与全球变暖	地区及国家

资料来源：基于 Bai 和 Imura（2000）。

在亚太地区，这些各阶段趋向于相互重叠，而并非是严格区分的阶段，现存的挑战还没有解决，新的问题就开始暴露。因此，很多城市必须对消耗量增加所产生的负面影响作出反应，这些负面影响包括越来越多的机动车使用、大量城市人口所产生的大规模资源足迹，伴随着贫困导致的衰退带来的巨大而本地化的不利影响，其中贫困是由基础设施和服务的短缺而产生。

对于当地政府来说，同时出现的贫困、增长和生活方式的挑战是压倒性的，不论是在影响范围，所需的反馈政策还是能够支持这些的必要资源的复杂性方面。尽管亚太地区的许多城市安全饮用水和基本卫生设施目标已经列入了千年发展规划（专栏 4.1）或已经在达成目标上取得了很大进展，但整个地区的城市地区生活环境质量还是相对较低。此外，许多亚太城市必须应对一些影响它们发展成果的严峻挑战，尤其是它们对于灾难的易损性和气候变化影响的结果。

专栏 4.1　千年发展目标 7C：安全饮用水和基本卫生设施

据报道，亚太地区为达成千年发展目标 7C 已取得了一定的进步——截至 2015 年，未能可持续使用安全饮用水和基础卫生设施的人口比例已经减半。

东亚、南亚和东南亚记录了如今使用改善饮用水源的人口最大的增长，分别增长了 24%、19% 和 18%。但在卫生设施上，2012 年，全球有 10 亿人仍露天排泄；这个行为在南亚、大洋洲及撒哈拉以南非洲最普遍，并对贫困和弱势群体造成风险。

资料来源：联合国千年发展目标报告 2014。

水质与供水的缺口

2011 年，在该地区的一些国家，超过 90% 的城市人口可以使用到改善的饮用水源，不论是内部连接、附近的公用水塔、钻井、受保护的掘井、泉水或者是集雨。即使是该地区最不发达国家，除老挝（17.2%）以外，现今依靠未改善的饮用水源的城市人口占比低于 15%（表 4-2）。然而，近似能使用改善水源和能够使用并消费足量安全水之间仍有很大的区别。在许多城市，全部可用水量对于所有人口来说是足够的，但其分配却造成了质量与数量的不同（见专栏 4.2）。例如贫困城市地区卡拉奇和达卡有公共或私人连接到水供应网的龙头，但这些龙头的水可能只在有限的几个小时内可用，通常是在半夜，而且供应的水也可能会被脏水污染。很明显城市水危机不仅由不公平的分配造成，还因为用水管理不善。事实上，如果他们提高了效率，消除了泄漏、盗窃、贪污等问题，保护水源不受污染，许多城市本可以给所有人口供应足够的水（Biswas 和 Tortajada，2011）。

表 4-2　部分国家的城市供水情况（2011）

国家	城市总人口/万人	已改善的			未经改善的		
		总量	管道输送	其他	总量	管道输送	其他
老挝	215.4	82.8%	58.1%	24.6%	17.2%	16.0%	1.2%
孟加拉共和国	4 269.8	85.3%	31.5%	53.8%	14.7%	14.0%	0.7%
阿富汗	761.3	85.4%	26.5%	58.9%	14.6%	10.9%	3.7%
基里巴斯共和国	4.4	86.8%	65.5%	21.3%	13.2%	13.2%	0.0%
阿塞拜疆共和国	499.0	88.4%	77.6%	10.8%	11.6%	9.5%	2.1%
土库曼斯坦	248.7	89.1%	77.1%	12.0%	10.9%	10.3%	0.6%
巴布亚新几内亚	87.4	89.2%	55.4%	33.7%	10.8%	7.4%	3.5%
柬埔寨	285.7	89.6%	65.0%	24.7%	10.4%	7.5%	2.9%

资料来源：WHO/UNICEF JMP，2011 <www.wssinfo.org/data-estimates/table/>

专栏 4.2　不平等的水资源分配

2008 年，卡拉奇送供水量为每天 25 亿 L，管道系统到达了每家每户。

但有 15%流失于系统的泄漏。私企可以用 9 个合法给水栓填满罐车并在公开市场卖水，但他们还会从其他 160 个非法给水栓弄出 10 亿 L 水并卖给工厂、办公室和家庭。这使得用自来水的穷人们每两到三天才能用上几个小时的水(Rahman，2008)。

在达卡，三分之二的家庭可以使用自来水但它的供应没有规律。水通过管道网运输，其质量因为泄漏、结构缺陷造成的破坏以及缺乏维修而恶化。管道网络与房屋之间非法安装的水泵减少了水压，损害了管道，由此也提高了污染的风险。因为当局不为非正式聚落提供水，他们的需求只有从当地非法抽取总水管的供应商处得到满足(Hossain，2011)。

在市政管网供应的水不够或水被污染的地方，人们被迫寻找其他水源，比如地下水和集雨。但城市地下水通常含盐或被工业污染过所以不适合使用。许多城市地下水位急剧下降是因为房地产商和工厂过度抽水。在印度的一些城市中，通过管道系统的水可能每天只有几个小时可用，私人水供应公司合法或非法地抽取地下水或者他们向农民购水，几乎不在意水的质量或对环境的影响(Times of India，17 May 2012)。

除了谈判使用公共水供应服务，越来越多的非正式聚落的居民因为不能享受公益事业所以寻找可替代服务的选择。最简单但是更贵的选择是从私人非正式部门买水。然而，除了花费的问题，非正式供应商的水与普遍腹泻的发病、婴儿和儿童的死亡有直接关系(Semba et al，2009)。结合基本卫生设施的不足来看，这导致了在城市人口中公共卫生的极其不一致。

积极的一面是，该地区的城市管理者逐渐意识到有效管理并重视水的必要性。他们也在寻找可供选择的水资源，集雨现在变得越来越重要。例如，在印度，泰米尔纳德邦对新建筑采取了一些强制的生态效益方法，来减少其对地下水的消耗。雨水不仅被家庭当做一个可替代的水供应源，而且还被用来补充地下水。在金奈，自从家庭开始使用雨水并减少抽取地下水，地下水位从 3 m 涨到了 6 m。然而，在非正式聚落，土地权利的安全保障的缺乏和房屋私有制，在系统集雨设备的安装中担当着特别的影响角色。(The Hindu，2009；Barenhoff，2011：42-43)

改善中的基础卫生设施

能够使用安全饮用水对于健康生活来说是决定性的，但是它不能从充足的卫生设施使用权中分离出来。高密度地区的卫生条件差在亚太地区大城市的许多地区十分常见。这促使了传染病的传播和水体的污染。

中亚国家在提供良好服务方面有悠久的传统，但大部分公共设施已老旧并且质量不佳。在乌兹别克斯坦，政府启动了国家供水工程并提出 2009 年至 2020 年污水系统开发现代化计划，旨在普及高质量的城市卫生设施服务。其中主要的挑战包括修复年久的公共设施和扩展只为全国 38%的城市人口提供的市政集中卫生设施网络(亚洲发展银行，2014：38-39)。在其他国家，许多城市完全缺乏下水系统，人们都依靠化粪池、坑厕或桶。在其他城市，如表 4-3 所示，许多家庭仍不得不露天排泄。

就如水供应，卫生条件不会给所提供服务的质量一个必然的迹象；即便是充足的设施，没有行为上的改变，比如洗手，也不能提高健康状况。设施的质量取决于其适当的建设、使用、维修和清理，同理适用于地下水网络的质量和系统的整体运作。一个共享的设施可能会被十几户或更多家庭使用。不卫生的或坏了的设施、溢出的化粪池会比任何设施都带来更大的健康风险。

表 4-3　　2012 年部分国家卫生设施使用情况城市人口占比

国家	总人口数量/万人	改善后的	未经改善的			
		总占比	总占比	共享设施	其他*	露天如厕
阿富汗	710.5	46.8%	53.2%	20.9%	32.3%	0.0
尼泊尔	475.6	51.2%	48.8%	37.5%	2.0%	9.3%
基里巴斯	4.4	51.2%	48.8%	10.8%	18.3%	19.7%
孟加拉共和国	4 464.4	55.2%	44.8%	29.8%	14.8%	0.2%
巴布亚新几内亚	89.7	56.4%	43.6%	8.8%	31.1%	3.8%
印度	39 117.6	60.2%	39.8%	19.8%	7.6%	12.3%
美属萨摩亚	6.6	62.5%	37.5%	36.5%	0.3%	0.7%
瓦努阿图	6.2	65.1%	34.9%	33.4%	1.2%	0.3%
蒙古	194.3	65.3%	34.7%	31.7%	1.6%	1.4%

*其他未经改善的卫生设施包括四处倾倒，无板坑式厕所，斗挂厕所或挂厕。
资料来源：WHO/UNICEF JMP, 2012 <www.wssinfo.org/data-estimates/table/>

妇女和女孩在不充足不卫生不安全的卫生设施条件下尤其易受伤害。随地解决大小便，尤其在时间较晚时，还会对自身安全有影响。妇女和女孩可能会发现离开家很难，并且如果是与男人共享公共空间，使用公共厕所被认为是不合适和不安全的。步行前往该类设施的时间加大了性骚扰、暴力和强奸的几率。给女孩们的卫生设施更多地与学校良好表现以及青春期健康联系在一起(WaterAid, 2013: 11)。

亚太地区，在安全水的使用权和卫生设施使用权方面，不同收入阶层之间有很大的不同(亚洲发展银行，2013: 20)。较明显的是，富人总体来说能比穷人更好地得到安全水和卫生设施的供应，但大多数严重的不平等都发生在较小但迅速城市化的城市中。那里的政府通常缺乏管理能力、人力和经济来源，不能满足住房需求，导致了增加的非正式定居点承受着差劲的基础服务。然而，不同的地方在于，这不仅仅是缺乏能力或资源的问题。由于许多当地政府不承认非正式聚落或没有能满足这些非正式聚落需求的资源，他们又如往常一样被排除在公共基础设施计划之外。

当局遗留下的水供应缺陷有时会被社区弥补(见本书第三章内容)。

显而易见的是，富有人群和穷人相比更易获取安全的水资源供应和卫生设施，但是最严重的社会不公往往发生在更小的快速城市化的那些城市中。

在印尼的锦石，当地居民建造了一口深井来向邻里居民供水，而无法享受市政供水的服务(Taylor, 2013a: 10)。社区参与式的服务供给可以减少短期内的脆弱性并满足迫切的需求。然而，这种方式的局限性在于，它无法提供一个结构性的解决方法。许多社区无法管理水资源或开发出一种可持续的服务。但是管理结构也同样受制于能力短缺，应对管理挑战和冲突过于脆弱。在社区、公众和私人领域之间的合作也许会提供一种可持续的机制，在这种情况下管治的盲区会阻止公共服务的供给。

世界洗手日上的印度尼西亚儿童，如果不改变行为习惯，比如勤洗手，即使提供充足的卫生设施也没有办法提升健康状况© Agoes Rudianto

专栏 4.3　水源供应：金边的良好实践

1993 年，由于 27 000 个连接管中被检查过的仅有 3 400 个，减少管网损漏水量成为金边供水部门的头等大事。为了挽回损失，当局需要提高税率。为此，该局首先通过修复管网和安装新的水管来使用户确信其服务的可靠性。从 1993—2008 年，当地供水部门的年供水量增加了 437%，管网密度增加了 557%，水压增加了 1 260%，用户群增加了 662%。管网损漏水量占比从 72% 下降到 6%。

为了惠及贫困人群，当局试图把水出售给社区领导并以实惠的价格转售给大众，然而许多却以 10 至 20 倍的买入价格卖出。如今，当局根据消费者的支付能力相应的补贴管道安装费。消费者的支付能力在当地社区的帮助下由政府的一个委员会评估。每月最多消费 7 m^3 用水的家庭只需支付实际供水价格的 60%。

由于重视人力资源，政府部门改变了工作文化，用公正和透明的方式实行管理，并且建立了一个有活力、有竞争力的团队。同时，他们建立了一个计算机的消费者数据库来处理财务，通过这个数据库能够直接查询目前和过去的财务数据和税务征收状况(Biswas and Tortajada, 2010; Tep, 2010)。

从 1993 年至 2008 年，金边地区的管网损漏水量从 72% 下降到 6% ©. Tatiana Morozova

这种合作是社区建设合同的核心，它从斯里兰卡兴起，现在被运用到跨区域地区来提供一种基于社区的解决方案。在这种模式下，一个政府机构或一个非政府组织以合同方式激励社区来进行体力劳动，这种体力劳动被视为社区行动规划中的一种本地需求。合同通常会包含劳动密集型的工作，这种工作不需要专业技能，同时相对容易管理。这会对当地带来环境的改善，无论是住房，道路，人行道，排水系统，涵洞，桥梁，水井，水塔，公共厕所，污水系统，社区中心，学校或是小型诊所。

4.2　环境污染与生态恶化

确保基本的供水和卫生设施仅仅是实现更为清洁、健康的城市环境的第一步。鉴于人口和经济活动的高度集聚，城市需要环境基础设施（例如排水管、污水管），城市服务（例如固体和液体废弃物管理）以及环境管理（来降低污染）来维持安全和可持续的环境。但是，随着人口和经济总量的不断增长以及建成区的扩张，许多地方政府既没有人力和财政资本来扩建环境基础设施和服务，也无法实施管理。在基础设施扩建地区，由于财政和税收的缺口导致的维护问题也会相应出现。

污染的水体

根据目前对千年发展目标的阐释，一个人只要能将污水从住房中排出，就相当于获得了足够的卫生设施。根据这种说法，大部分新德里的居民都拥有了足够的卫生设施，然而这座城市将大部分未经处理的污水排入了亚穆纳河。由于排水管老旧、破损、严重淤塞且缺乏维护，污水处理能力无法被充分利用。

专栏 4.4 为新基础设施提供资金

为了应对该地区内新基础设施所需要的巨大投入需求，一个新的开发银行正式启动。中国已经提议建立一个贷款机构作为世界银行和亚洲开发银行的补充。它也被称之为"亚洲基础设施投资银行"(亚投行)。

在 2014 年 10 月，包括印度在内的 20 个国家在北京签署协议，成为亚投行的成员国共同支持亚洲地区的基础设施发展。2015 年 6 月 29 日，50 多个意向成员国签署了协议条款并开始实施，亚投行可能会成为亚太地区城市基础设施建设的主要投资来源并提供大量资金。

表 4-4　污水处理水平最低的国家

国家	污水处理比例	国家	污水处理比例	国家	污水处理比例	国家	污水处理比例
越南	19%	瓦努阿图	0	缅甸	10% *	马绍尔群岛	0
孟加拉国	17%	图瓦卢	0	不丹	10% *	马尔代夫	0
巴布亚新几内亚	15% *	东帝汶	0	柬埔寨	9%	基里巴斯	0
塔吉克斯坦	12%	纽埃	0	老挝	6%	库克群岛	0
尼泊尔	12%	瑙鲁	0	萨摩亚群岛	5% *	阿富汗	0

* 为估算数据
另：污水处理率主要反映了国家大城市的情况，并不代表小型集镇的情况。
资料来源：ADB，2013：44，100

专栏 4.5 沿河小城镇和村庄的污染

2013 年，中国政府承认了 459 个"癌症村"的存在，它们绝大多数分布在小城镇的边缘，沿着主要河道或其分支。工业污染是造成这种情况的主要诱因。在黄河、长江下游和珠江三角洲，这种村落呈现出大量的聚集。

企业会在一些小的城镇或村庄建立有污染的工厂，因为这里的居民并不会像大城市居民那样举报这些污染企业。新的工厂都拥有污染控制设备，但由于环境法并无要求，这些设备极少投入使用。然而即使在法律有相关要求的地区，工厂宁可支付罚款也不愿意花钱来进行污染控制，因为罚款数额仅仅是后者的很小一部分(Lee, 2010)。

正如表 4-4 中所见，在欠发达国家的某些地区，污水处理环节极其低效。在中国，情况也仅是略有好转，平均 38% 的市政污水会得到处理，但是通常也没有达到可接受的标准。随着城市地区人口激增，尽管有污水处理设备扩展计划(WRG，2009：59)，这一缺口仍会不断增大。中国国土资源部监测了 203 个城市中的 4 778 个点，其中地下水质量为"较差"的占 43.9%，"很差"的占 15.7%。水质较差的水只有在经过处理后才能够使用，而水质极差的水已经完全无法使用(新华网，2014.4.22)。污水处理问题已经成为投资的首要选择。污水管道系统建造不仅十分昂贵无法产生税收，而且并不会马上受到显著的成效。但无论何时何地，在城市发展过程中它都是必不可少的。

在印度，未经处理的废水增加的表层水体污染高达安全等级的 20 倍© Samrat35

相比而言，新加坡对污水有其独到的见解，他们将污水视为在自然资源短缺和环境问题背景下的一种十分重要的资源。新加坡正致力于水的自给自足，其创造性的战略在于通过污水净化产生所谓的“新水”。尽管这种新水主要不是国内使用，当然一小部分也可以被间接地使用(EIU, 2011：29-30)。

很长一段时间内，许多城市都依赖江河湖泊来进行污水的自净。如今，湿地逐渐被认为是水生病菌的发源地，最好被用来进行建筑和道路建设。

很长一段时间内，许多城市都依赖江河湖泊来进行污水的自净。如今，湿地逐渐被认为是水生病菌的发源地，最好被用来进行建筑和道路建设。结果，许多城市填平了湿地，尽管它们对人类幸福作出了贡献。湿地的用处已经超出了污水处理，也包含了食物和水供给，固碳，休闲娱乐，泄洪，地表水循环和维持生物多样性。

例如，在加尔各答，当地的湿地已经进行了多年污水处理的工作，而现在正逐渐被填平用以城市建设。相似的是，金边的卡卡湖在近年来也被填平了 90%。2011 年曼谷的洪水已经成为破坏自然排水系统所带来的可能的极端后果案例之一。洪水的形成有部分原因就在于为道路、住房、机场提供所需土地而导致的湿地的消失和自然排水系统的破坏(Roachanakanan, 2012)。

在许多城市，雨水管渠应该在处理后排放污水和液体废弃物。尽管化水池或其他类型的水处理通常需要一些特定构筑物，许多结构都缺少相应的设备或者水池过小、没有被正确建设、处理过于低效等。因此，未经处理的废水通过排水系统进入了水体。居民也常常将固体废弃物排入排水系统，它们和雨水、污水一起排入河流。更常见的是，固体废弃物阻塞了水流并导致厕所或排水管的溢流，进一步导致了地表、地下水和土壤的污染。

工业部门通常是主要的污染源，无论是将未经处理的有毒废弃物排放至水体还是环境灾害。在 2005 年，一家石油公司向松花江排放了有毒的苯。松花江是拥有 400 万人口的哈尔滨市的主要水源。中国的第三大水体太湖也被农业和工业污染破坏过，而工业污染来自 2 800 家坐落在太湖周边的化工工厂。在印度，未经处理的污水在 22 个主要污染区域内导致地表水污染等级上升 20 倍，工厂已经污染了印度的绝大部分河流。一些大型工厂有处理设备，而绝大多数小型企业没有能力支付这笔投资（Lee-Duffy and Emmons，2012：33；Lokhande et al，2011：13-14）。

表 4-5　部分国家污染种类占比

国家	污染种类占比						
	食品	纸张	塑料	金属	玻璃	其他	总计
缅甸	73.3%	2.2%	17.7%	0.2%	0.5%	6.1%	100.0%
印度尼西亚	63.0%	11.0%	10.0%	1.0%	1.5%	13.5%	100.0%
中国	49.0%	16.0%	16.0%	2.0%	1.0%	16.0%	100.0%
马来西亚	47.0%	15.0%	14.0%	4.0%	3.0%	17.0%	100.0%
新加坡	19.8%	22.6%	22.9%	3.4%	2.3%	29.0%	100.0%

资料来源：RRC-AP．2010：9．

增长的固体废弃物总量

亚太区域中的城市也在不断地产生更多的固体废弃物。尽管其中的绝大部分由有机物组成，随时间推移废弃物也变得更加复杂、无法降解并可能携带毒性更强的元素（包括电子废弃物）。人均固体废弃物量随收入提升而增长，但是即使是贫困城市的人与富有城市中的贫困阶层和以前相比也产生出更多的人均固体废弃物（表 4-6）。

表 4-6　固体垃圾管理与经济发展

项目	经济发展水平		
	欠发达城市	快速发展中城市	发达城市
固体垃圾产生量	0.3～0.7 kg/每人每天	0.5～1.5 kg/每人每天	＞1.0 kg/每人每天
平均有机含量	64%	54%～59%	28%
固体垃圾回收率	＜70%	80%～95%	95%～100%
再利用	非正式	正式和非正式	正式
市政预算支出	15%～40%	5%～25%	1%～5%

资料来源：Imura et al，2005：364． ＊世界银行（2012）：19

根据世界银行的统计，亚太的城市地区每天产生约 700 000 t 的固体废弃物，约 270 万 m^3。到 2025 年，这个数字会增长到每天 180 万 t，或 520 万 m^3。（世界银行，1999）

亚太地区的城市正面临多重压力，包括改革固体废弃物管理体制，控制废物流，以及将“收集—排放”的处理方式转变为“废物—资源”（包括废物-能源）的方式。新加坡和韩国已经回应了这一挑战，他们尝试了政府和私人合作建设“废转能”工厂。马来西亚、菲律宾、泰国和斯里兰卡正寻求开发一种管理框架来将综合可持续的废物利用制度化。

专栏 4.6　分散化固体废弃物处理

ESCAP 正和 Waste Concern 一道致力于帮助该地区的中小城市，通过分散的综合资源恢复中心以扶贫、环境可持续和经济可行的方式来管理废弃物。这些中心使用一些简易的科学手段，通过将有机材料转化为肥料、规定可循环废物的价格、向城市贫民提供生计等方式，以极低的代价来重获废弃物的价值。这些中心可以循环利用近 90%的废弃物，进而减少填埋量并削减相应开支。

在马塔莱和斯里兰卡兴建了 3 座有机废物处理量 9 t/d、循环材料处理量 4 t/d 的工厂。这些工厂处理城市产生的所有有机废物并为城市贫民创造了 20 个就业岗位。该中心让社区参与共同治理，鼓励业主、摊主、餐饮店等减少废物产生量并按有机无机将废物分类，以此致力于改变人们对此的态度。

资料来源：www. waste2resource. org

但是现实是，绝大多数亚太城市在经济、环保地管理固体废弃物的策略上遇到了较大困难。这是由于处理固体废弃物和实施排放管理所需的治理能力不够，加之经济、人力资本缺乏。固体废弃物管理将消耗很大部分的管理预算，私有化是一种更好的选择。然而私有的废弃物管理只适用于部分城市，城市居民愿意支付这一服务。其他的城市仍然无法覆盖这一服务，除非当地政府在规定中强制实施。

不单单是当地政府，废弃物正被广泛认识到是一种潜在的环境和健康灾害。露天倾倒仍然是最终废物处理的常见手段，这可能会导致水体和土壤污染以及相关的严重的健康问题。露天倾倒也会导致一种温室气体——甲烷的排放。甲烷本应该作为一种资源来获取和利用。露天倾倒绝不是一个长期的选择，填埋也逐渐接近其最大承载力，由于土地的缺乏和当地社区的反对，开发新的垃圾填埋区域已经变得越发困难。然而，在发展中国家的城市中，只有 5%～20%的废弃物需要填埋，剩下的可以被回收并循环利用。

亚太地区面临的一个挑战是，贫民窟居民似乎不会参与到公众或私人的废弃物回收服务中，因而他们别无选择只能焚烧、填埋或露天倾倒。绝大多数垃圾被丢在街道或者空地上。一些基于社区的非政府组织则组织当地废物回收者来收集、分类、循环或处理固体废弃物。因此，在许多亚太地区的城市，非正规的废物回收者提供了很重要的废物回收循环服务。

露天倾倒仍然是最终废物处理的常见手段，这可能会导致水体和土壤污染以及相关的严重的健康问题。

亚太地区正极力推动垃圾分类来实施废物回收。然而，许多回收物仍然止于填埋或倾倒。这些地区周边通常是垃圾回收者的住所，他们通过回收废品营生。一些想要减少垃圾填埋场的想法或者是将垃圾废弃物用于焚烧产热产电的举措常常陷入一个两难的境地，因为这些措施有可能减少那些处于社会最底层的拾荒者的收入。因此，任何垃圾废弃物的管理措施都应该考虑到是否能为拾荒者提供新的收入来源。

现如今，固态废弃物不仅越来越多，同时毒性也在增强。例如医疗废物，在很多国家就成了令人头疼的健康隐患。尽管每个收入阶层的医疗相关废物的数量不尽相同(表 4-7)，但根据世界卫生组织估计，几乎对于所有国家而言，仅有 7%的医疗废物具有传染性。但由于许多医院没有专业的医疗废弃物处理设备，这使得具有传染性的废弃物与非传染性废弃物常常混杂于一起，致使所有垃圾的危险性提高。同时，将混合的医疗废弃物随意放置于垃圾填埋场或是临近郊区将有可能造成拾荒者被锐利的医疗废弃物扎伤甚至受到传染。电子垃圾同样正在成为废弃物管理的一大负担，因此越来越需要公众提高对这方面废弃物关注的同时急需更有效合理的调整方案来应对由此产生的安全问题。

菲律宾碧瑶市，男孩正在收集纸箱。非正式的拾荒者对很多亚太地区城市的废弃物回收利用起到重要的作用。© Sjors 737

表 4-7　按收入水平划分医疗垃圾产生量

国家收入水平	垃圾类型	每年的垃圾产生量/(kg·人$^{-1}$)
高收入国家	全部医疗垃圾 危险医疗垃圾	1.1～12.0 0.4～5.5
中等收入国家	全部医疗垃圾 危险医疗垃圾	0.8～6.0 0.3～0.4
低收入国家	全部医疗垃圾	0.5～3.0

资料来源：联合国人居署 2010：8。

长期空气污染

空气污染已然是许多亚太地区国家的严重环境问题，并成为疾病和过早死亡的一大原因。在某些地区和城市，尤其是北京、德里、达卡、加德满都和乌兰巴托，一年中空气质量可能有几次会达到危险水平。在过去的十年中，北京市肺癌的发生率提高了 60%，且这一增长并不伴随吸烟率的增高。污染物可能来自各个方面，例如建筑工地、各种交通工具、发电厂、工厂、住宅区和垃圾焚烧场等。快速增长的经济使得各个城市的建筑施工工地遍地可见。在北京，超过 5 000 个建筑施工工地释放了约 40% 空气污染颗粒。同时，在很多城市也缺乏相应的强有力的监管措施（中国日报，2011a，中国日报，2011b；NYT，2013a）。严重的污染不仅危害人们的健康同时影响了某些地区和城市的全球化进程。由于专业人才的流动日益加大，严重的空气污染有可能导致国内尖端人才的流失并阻碍国外人才的引进。与此同时，由于日益增长的关于空气污染对儿童不利影响的报道，一些公司需要为离国服务的工作人员提供空气污染损害的相关补偿。(BBC，13 March 2014)。

过去的 10 年，在吸烟率没有上升的情况下，北京的肺癌患病率上升了 60% © Dk88888

新交通工具的数量快速增长，而某些保养不佳的老化交通工具或质量不佳的燃油以及交通管制的匮乏都导致了空气质量的恶化。据统计，北京市在 2008 年已有 325 万私家车且这一数字预计将以每年 15% 的速度增长。在 2000—2005 年这几年间，私家车的数量以每年 6.6% 的速度增长且公共交通工具以每年 3.3% 的比例增长，然而自行车的数量以每年 3.3% 的速度减少（Zhao，2011：509-510）。更加清洁的燃料类似天然气（烷气）正在逐步取代那些重污染的气体且轻轨运输也在一些城市得到发展，这也将有利于减缓私家车的增长速率。北京、广州、上海和天津也开始限制新车的登记数量。

当然，交通和工业并不是空气污染的唯一来源，来自戈壁沙漠的黄沙同样将一些工业污染颗粒（PM_{10} 和 $PM_{2.5}$）带到城区，并加重了亚洲东海岸城市的空气污染。许多被农业用地围绕的亚太地区的城市，它们的空气污染也来自于一些农业废弃物的焚烧。印度尼西亚国内的滥砍滥伐以及火灾造成了马来西亚，新加坡等一些国家的雾霾加重，这不仅降低了能见度，使交通中断还造成了一些呼吸系统疾病的增加（Haq and Schwela，2008：4，12-15）。

室外的空气污染威胁着人们的健康并且它可能是 520 000 例过早死亡案例的原因之一，在一些亚洲发展中国家内造成了每年超过 400 万寿命年的损失（Haq and Schwela，2008：15）。然而，城市的室内空气污染同样是一大问题，尤其是对低收入者而言，因为他们使用生物燃料烹饪且通风不良（表 4-8）。这一现象将会对女人和小孩这类在室内活动时间更长的人群造成更严重的影响（Kinney O'Neill，2005：139，144）。

除了面对着环境卫生、污染和浪费的问题，亚太地区还是受自然灾害影响最严重的地区。尽管这些城市所面对的灾害和其自身抗灾能力各有不同，但火山爆发、地震、洪水和海啸等已知灾害始终是必须面对的威胁。

表 4-8　部分国家城市家庭烹饪固体燃料使用率

国家	年份	烹饪固体燃料使用率
老挝	2006	91%
柬埔寨	2005	69%
孟加拉国	2006	62%
蒙古国	2005	61%
尼泊尔	2006	39%
印度	2005/6	31%
越南	2006	26%
巴基斯坦	2006/7	22%
印度尼西亚	2007	22%
格鲁吉亚	2005	18%

资料来源：UNDESA，2010：235.

迈向一体化的解决方案

亚太地区开展的快速城市化，面临着各种供给缺口变大的风险，特别是水，能源，卫生，土地和食物等资源。在亚太地区大多数市政管理部门和公共事业部门，通过城市边界而且仅仅通过行政边界来进行规划管理的方式使得管理稀缺资源依然问题重重。协调和综合规划是很少见的，因此，充分利用水，能源和粮食安全之间的协同作用的潜力在下降。此外，缺乏能影响到整个城市区域的潜在收益和综合资源管理及规划的协同效应的跨行政边界的合作和规划。

由于城市生态系统的资源占用超越城市行政边界，协调决策者，机构和地区是必不可少的。真正的综合规划越来越需要多学科，多层次的方法，以便能够更有效和动态管理。水，能源和粮食安全是紧密相连的，并提供城市内部和跨城市边界整合城市规划和资源管理的一个“资源关系”的机会。综合规划以及能源，水和粮食安全等关键部门的管理可以大大有助于迅速增长的城市和地区的长期可持续发展（专栏 4.7）。

专栏 4.7　城市连结：那加市的综合资源管理

在亚洲城市项目综合资源管理的背景之下：亚太经社会和德国国际合作机构（GIZ）把帮助发展城市间切实可行的连结主动性和相互关联的主流方法纳入了政策和治理安排。

自然资源，能源，水和食物对于城市的可持续发展来说必不可少，但它们在面对需求激增的未来时也最为脆弱。越来越多的城市处于不可持续的、低效率的资源利用模式的中心，这也因此成为城市环境的压力，机会以及变革的依靠所在。

政府的政策缺乏一致性，管理薄弱，能力不足，资金有限等，都会成为更为综合的管理资源的阻碍。为了应对这些挑战，增强国家和地方政府之间的合作已经被视为关键步骤。

无论是在国家或地方政府的层面，城市连结的方法都可以且应该被嵌入到规划框架，使之更为规范。城市连结方法蓬勃发展的有利环境包括授权给地方政府；改善国家，次国家和地方各级之间的治理结构；获得授权立法和体制框架的支持。

例如菲律宾的那加，正采取综合性的观点来提供服务和管理环境。市政府正在为罗萨里奥的马兰（最小地方政府单位）的新住房项目设计一个去中心化的废物能源转化系统。该系统不仅能处理废液，还能生成可供家庭烹饪使用的沼气，以及在城市农业中使用的有机肥料。该项目也为未来的住房项目和现已综合的连结方法的城市在土地综合使用新计划中的规划提供了一个蓝图。

4.3　城市风险

除了环境卫生，污染和浪费问题，亚太地区是受自然灾害影响最大的区域。区域之间面对灾害的脆弱性差别很大，但火山爆发，地震，水灾和海啸被称为定期威胁。一些主要城市都位于地震断层线附近，因此，地震已经给这些城市带来了许多伤亡。亚太地区的几个城市，包括一些最大的城市，因为它们位于大江大河的洪水平原，洪涝灾害是一个季节性的复发性事件。许多沿海城市都受制于季节性的飓风和台风。如表 4-9 所示，许多城市，包括超大城市，都会受到上述几种自然灾害的影响。

亚太地区是受自然灾害影响最严重的地区，新西兰的基督城和(上图)尼泊尔的首都加德满都(下图)分别在 2011 年及 2015 年遭到破坏性的地震打击 ©基督城委员会

加德满都 2015 地震 @联合国人居署 尼泊尔

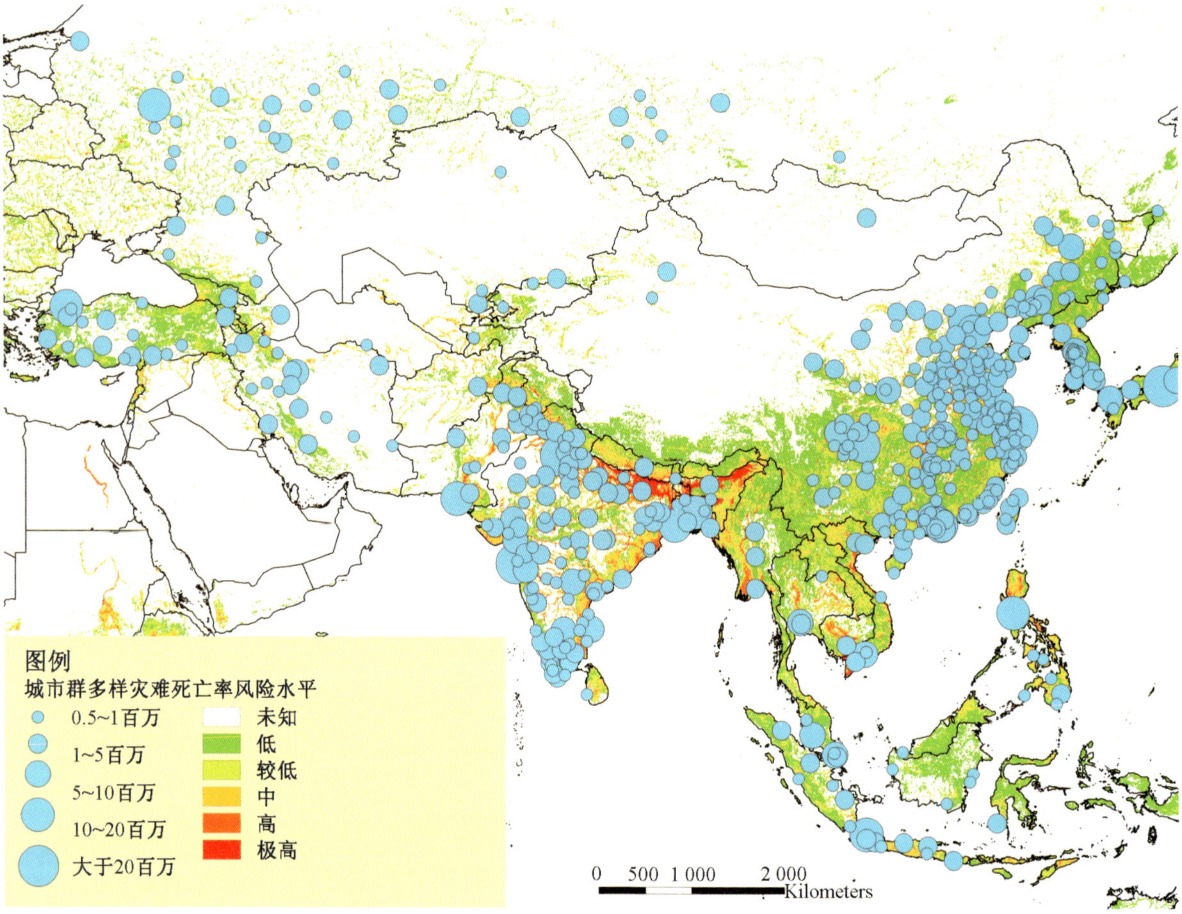

数据来源：UNEP/GRID(2014) Global Risk Data Platform and World Urbanisation Prospects：The 2014 revision，file 22.

表 4-9　特大城市与自然灾害

排名	城市	人口/百万人	危险等级			
			龙卷风	干旱	地震	洪水
1	东京	37.2	A	·	B	A
2	德里	22.7	·	B	·	A
3	上海	20.2	A	·	·	A
4	达卡	15.4	C	C	·	A
5	加尔各答	14.4	B	A	·	A
6	卡拉奇	13.9	C	A	·	C
7	马尼拉	11.9	A	C	A	A
8	大阪-神户	11.5	A	·	B	B
9	伊斯坦布尔	11.3	·	C	A	C
10	广州	10.8	A	·	·	A

A:高风险(8～10 级);B:中风险(5～7 级);C:低风险(1～4 级);·表示没有风险
资料来源：UNPD，2012：27.

不断增长的脆弱性和风险

2011 年，亚太地区的各种自然灾害的受害者达 2.12 亿，占全世界的 86.4% 左右。该地区也遭遇了最严重的财产损失：2 966 亿美元，占全球财产损失的 80.7%(表 4-10)。在 2011 年 3 月,由于地震和海啸袭击日本,亚太地区在 2011 年所遭受的破坏比在 2001—2010 年期间高得多(Guha-Sapir et al, 2012: 29-30)。

表 4-10　亚太地区不同地区自然灾害造成的经济损失统计(2000—2009, 2010, 2011)

次区域	2000—2009 年经济损失/(亿美元)	2010 年经济损失/(亿美元)	2011 年经济损失/(亿美元)
亚洲东部及东北部	2 801	237.5	2 270
亚洲东南部	283	15.8	413
亚洲南部及西南部	449	118.5	69
亚洲中部及北部	21	39.1	1
太平洋区域	116	166.8	196
亚太地区	3 669	580.0	2 948
全球	8 962	1 322.0	3 661

资料来源: UNISDR analysis based on data from the Centre for Research on the Epidemiology of Disasters, EM-DAT, the international disaster database, version: v12.07. Brussels: Universit | Catholique de Louvain. www.emdat.be(accessed 28 August 2012).

灾害对于亚太区域的城市地区的影响可以说既具毁灭性,又具长远性。高的城镇化水平和城市中存在的贫困在亚太地区的发展中国家中不断展现出脆弱的一面。人口密度较高的城市群目前正面临严重的高死亡率。而在亚太区域所有 305 个城市群体中,119 个城市位于有洪水危害的海岸地区,容易受到海平面上升的影响。

专栏 4.8　小岛屿上的发展中国家和上升的海平面

在某些小岛屿上的发展中国家,50%以上的人口居住在距海岸线 1.5 km,难以超过 1 m 或 2 m 海拔的环礁环境内。由于对土地,能源,水和食品的需求不断增长,城市发展已经给当地环境带来了严重的压力。渐渐地,居住人口也会感受到海平面上升所带来的影响,以及更加频繁和强烈的风暴、洪水和干旱。其结果是,环礁和其他低洼地区当海水冲蚀地面或穿透地面以下的含水层时,很可能经历淡水污染(Connell, 2013: 212)。海平面上升可能会加速海岸侵蚀和珊瑚礁退化,进一步威胁已经很脆弱的人类聚居点和支持着人口生计的基础设施及公共设施。

例如基里巴斯的大部分土地,都是海拔不超多 2 m 的,同时周边的一些环礁已经在消失。政府正在研究解决方案以应对海平面上升带来的影响,包括将人口搬迁到其他地区。然而,基里巴斯人口稠密地区越来越暴露于灾难的打击之下也是由于自然资源的退化和沿海生态系统遭到破坏。在许多方面,内部和外部威胁的结合,尤其是加上海平面上升的预期影响,才创造了基里巴斯和其他一些城镇化岛屿具有产生风暴的条件近乎"完美"的环境(Storey andHunter, 2010)。

马尔代夫陆地面积的 80%以上是不到 1 m 的海平面,而最高点海拔不过是 2.3 m。首都马累是全国 35%人口的所在地,是由海水防御设施和系统包围起来的。由于海平面上升,低洼地区将被淹没,而且海水可能会进入该岛城市淡水水源保护地区。政府设想,能够将人口重新安置在从较小的环礁环境到较大的环礁,同时沿海防护和自然防护条件更好的地方(Warneret al,2009: 19; RoM, 2007: 14-16, 20)。

在斐济,风暴和高海浪常常淹没沿海村庄,对沿海城镇及其人口带来显著的威胁。而通常情况下他们很少选择搬迁。由于对土地强烈的依恋和对自己村落以外的地方缺乏安全感,国内发生大规模的移民基本是不可能的(亚洲发展银行, 2012: 56-58)。

马尔代夫海平面上升正加速马尔代夫的海滩侵蚀，政府正在利用机器更换沙土以抬高土地高度 © Martin Valigursky

一个城市灾害所产生的影响可能远远超出对其地区的直接影响，并破坏其他城市和次区域的经济。2011 年的泰国洪水扰乱了重要的全球供应链，还促使了全球范围内一定通胀。2011 年发生在日本福岛的地震及海啸不仅减少了日本其他地区的电源供应，也由于零件短缺的问题，扰乱了地区制造商的运作。

当灾害打击一个区域的城市时，社会条件和空间格局将决定哪一类人群会受到最大的影响。总的来说富裕国家的城市人口相对而言不那么脆弱。儿童，老年人和残疾人是最脆弱的，但性别也是一个因素。在 2014 年海啸袭击的亚齐，女性占死亡或失踪人口的 2/3。许多女性是由于留下来寻找她们的孩子和其他亲属而遇难，或是因为她们不会游泳或爬树而遇难（Oxfam (2005：2；Doocy et al，2007；276）。而在 2007 年缅甸风灾中，死亡和失踪的女性人数远远超出男性。

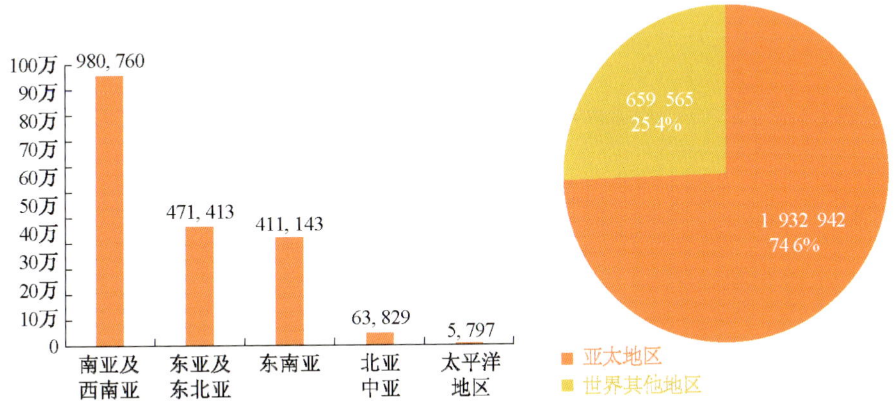

图 4-1　全球及亚太地区灾难死亡人数，1970—2011 年间在亚太地区死亡人数，根据分区

资料来源：UNISDR analysis based on data from the Centre for Research on the Epidemiology of Disasters，EM-DAT，the international disaster database，version：v12.07. Brussels：Université Catholique deLouvain. www.emdat.be(accessed 28 August 2012)

注：在本分析中，危害指的是地震、海啸（地壳运动），极端温度，洪水，干旱洪水大规模变换，风暴，火山爆发和森林大火。

上升的海平面和城市洪水

亚太地区预计将面临一系列诸如气候变暖、季风活动增加、降雨量变化和更频繁更强烈的气旋和干旱等与气候变化有关的冲击。最深远的影响很可能是与水有关，亦即洪水和海平面上升。在太平洋地区，海平面上升威胁到的不只是城市，而是整个国家。在亚洲，仅曼谷、达卡、胡志明市、雅加达和加尔各答等几个例子就已经显示出，处于低于平均海拔的沿海地区（低海拔沿海地区）即将受海平面上升的影响（表 4-11）。由于其快速和大规模的沿海地区城市化进程，中国在低海拔沿海地区拥有最多的人口。如果海平面上升 1 m，孟加拉国可能失去其 17.5% 的城市地区（McGranahan et al，2007：32-33）。

表 4-11　　根据区域划分的浅海岸地区人口

区域	浅海岸地区人口		浅海岸地区面积		浅海岸地区人口百分比		浅海岸地区面积百分比	
	总量/百万	城市人口/百万	总量（1 000 km^2）	城市中（1 000 km^2）	总人口	城市人口	总量	城市中
亚洲	466	238	881	113	13%	18%	3%	12%
澳大利亚及新西兰	3	3	131	6	13%	13%	2%	13%
小岛屿国家	6	4	58	5	13%	13%	16%	13%
全世界	634	360	2 700	279	10%	13%	2%	8%

浅海岸地区（LECZ）的定义：沿海岸线分布同时海拔高度低于 10 m 的连续区域。
数据来源：McGranahan 等，2007：17，24.

在一些沿海城市，由于抽取地下水引起的地面沉降加剧了海平面上升造成的影响。例如雅加达沿海部分的沉降速度为每年 9.5～21.5 cm。如果这些地区在平均 2 m 海拔以上并以每年 10 cm 的速度沉降，假定零海平面上升，它们的海拔会在 21 年内降低至海平面以下(Chaussardet al，2013：153，158)。因为河水流量大和台风影响，上海一直是洪水易发地区，在 21 世纪时期由于不受管制的地下水抽取更加重了此类影响并造成了几乎 3 m 深的地表沉降从而显著增加了洪水暴发频率并且提升了洪水暴发的深度和受影响区域的范围(Nicholls，2006：82，105)。

由于全世界 38%的最大的港口城市位于此区域，因此海平面上升可能对全球经济和国际贸易产生重大影响(Nicholls et al，2008：17，29-31)。2005 年期间，10 个大的亚太港口城市因为洪水的泛滥，共计有 1.7 亿人和总值 7 290 亿美元的资产受到威胁。在海平面上升、风暴增强、地面沉降和持续的人口及经济增长的形势下，在 2070 年之前，7.5 亿人口和 140 亿美元的资产将会在这些城市中遭受危害(表 4-12)。

表 4-12　　自然灾害与气候变化，太平洋岛屿发展中国家

国家	地形与资源条件	影响	主要城市发展特征
巴布亚新几内亚，瓦努阿图，所罗门群岛，斐济	山区，肥沃的土壤，丰富的森林和矿物质，良好的集水	增加了高强度的降雨，洪涝灾害；海平面上升和海岸洪水，高海潮；极端天气包括飓风，自然灾害包括海啸频率的增强	占全国城市的比例较低；最高的总体城镇人口数受到影响
萨摩亚，汤加，图瓦卢，库克群岛	低平山区，肥沃的土壤，良好的集水	飓风增加；海平面上升；沿海洪水；愈发严重的水资源短缺；自然灾害包括海啸	占全国城市的比例值居中；城市总数最低；城市沿海地区开发较多；移民机会
基里巴斯，马绍尔群岛，密克罗尼西亚联邦，密克罗尼西亚，瑙鲁，帕劳	环礁，地势低洼，土壤贫瘠，无矿物质，有限的农业潜力，有限的水资源，丰富的海洋渔业资源	海平面上升；沿海洪水；干旱；土壤盐碱化；高温侵袭	占全国城市的比例最高；城市总数最低；低洼的城市中心

资料来源：ADB，2012：57.

尽管灾害的发生概率较高，沿海城市仍将继续获得快速的人口和经济增长。这并非出于信息缺失，随机决策或道德危机，而是在可能发生的灾害损失和生产力之间做出的权衡(Hallegatte，2011：3)。由于航线的开放吸引了投资，沿海城市往往更具生产力。所以，它们的区位就是它们最大的资产，但也是它们脆弱性的最终来源。

由于航线的开放吸引投资，沿海城市往往更具生产力。所以，它们的区位就是它们最大的资产，但也是它们脆弱性的最终来源。

类似的是，如果贫民的居住地是在例如洪水泛滥区和山体滑坡区等城市中易遭灾害的区域中，并且这些区域同时是城市的就业中心的话，居住问题也应被纳入到区域决策中去。例如，在达卡、卡拉奇和仰光，人们只能眼睁睁地在每个雨季看着他们在原本干涸的河床上修建的房屋被冲走。令人相当痛心的是看到贫困家庭在即使知道洪水会重返的情况下，仍然选择回到同一地点重建家园。但是远离危险区的地方，却根本就不在考虑范围内，因为如果要安置到安全一点的地点的话，他们虽然不再轻易遭受自然灾害影响，但却要承受收入降低、就业机会减少或在日常的通勤成本上涨所带来的损失。

表 4-13　　大型港口城市的人口与资产公布(2005 年及 2070 年)

	2005 年		2070 年*	
	公布的人口/万人	公布的资产/亿美元	公布的人口/万人	公布的资产/亿美元
加尔各答	192.9	320	1 401.4	19 610
孟买	278.7	462	1 141.8	15 980
达卡	84.4	84	1 113.5	5 440
广州	271.8	842	1 033.3	33 580
达卡	84.4	84	1 113.5	5 440
胡志明市	193.1	269	921.6	6 530
上海	235.3	729	545.1	17 710
曼谷	90.7	387	513.8	11 180
天津	95.6	296	379.0	12 320
东京	111.0	1 743	252.1	12 070
阪神	137.3	2 156	202.3	9 690
Total	1 690.8	7 290	7 503.9	144 100

上述资产是指以建筑、交通运输和市政公用设施及其他寿命较长资产的形式体现的投入。货币单位是用 2011 年的美元购买力平价(PPP)确定。

*预测值

资料来源：Nicholls et al，2008：11，29-31.

高温及干旱

即使没有受到显著的温室效应影响，由于各个城市大面积地使用不渗透面层这种更容易吸收来自日间的阳光热量而夜间却更降温很少的材质取代植被，这些城市仍然改变了当地的气候环境。这就是广为人知的“城市热岛效应”——一种渐渐被认为是潜在的，将严重影响人类健康和生活质量的现象。由于空调使用量的逐渐增多而造成的城市用电量大幅增加也是造成这种现象的因素之一。城市常常低估了绿地在提供绿荫、降温以及对雨水拦截、收集及其过滤中所扮演的重要角色。然而，为了腾出空地来修建公路和建筑，大量树木被砍伐；拥有生物多样性的荒废地被用来建设发展；公园被铺成了停车场。“城市热效应”(表 4-14)促进了升温，但这是由空调的使用、交通、采暖、烹饪和工业过程复合而成的(Gill et al，2007：116；Kovats and Akhtar，2008：116，165)。

表 4-14　　部分城市的热岛效应强度

城市	平均农村地区温度/℃		热岛效应强度/℃	
	白天	夜间	白天	夜间
东京	28.5	19.0	12.0	7.5
北京	27.5	19.0	10.0	5.5
上海	30.0	17.0	7.0	3.5
首尔	27.5	19.5	8.0	4.5
平壤	27.8	16.0	4.0	3.0
曼谷	29.5	21.5	8.0	3.0
马尼拉	26.5	21.5	8.0	3.0
胡志明市	30.0	22.0	5.0	2.0

UHI(热岛效应强度)：记录的城市最热温度与农村地区平均温度之间的差异

资料来源：Tran et al，2006：41.

随着能源需求，空气质量，发病率和死亡率的影响，气候变化将加剧城市热岛效应。尽管气候变化的诸多长期影响仍然是未知之数，但是预计在整个 21 世纪，平均最低气温和平均最高气温将会提升 2 ℃～4 ℃，并且表面温度将会在世纪末提升 3.5 ℃～5 ℃。更炎热的气温将会导致热带病症的影响范围的扩大，其中包括扩大了那些可以容留蚊虫生存和繁殖以传播疟疾、登革热和丝虫病的地区的范围(Huq et al, 2011：5)。

增加的热量以及干旱也会为中亚城镇带来极大的冲击，造成水资源缺乏并影响水源输出。形成中亚主要河流径流水的冰川，对阿姆河流域至关重要，它们是土库曼斯坦的主要水源(Cenacchi and Fay, 2010：72-73)。

4.4 重塑城市以应对气候变化

人均二氧化碳排放量，城市垃圾，能源需求等影响环境的消费指标在亚太地区均展现出激增趋势。能源排放预计在 2007—2030 年间增长一倍。这意味着此地区对全球能源相关排放的贡献值将从 2007 年的 31% 增长到 45%。在过去的 30 年间，该地区贡献了占全球 17% 的与交通相关的温室气体排放量，然而这一数据预计会在 2030 年前翻一番(ADB, 2011：27)。因而处于亚太地区的城市必须在未来的减排和回收转化利用中扮演重要角色。由于现今投入的力度严重不足，如果城市仍想既能适应到预期的气候变化冲击，又能减少它们对基本成因的推波助澜，它们将来定然需要开始重新考量城市的发展和规划范式。

脆弱的城市，脆弱的人类

城市化和气候变化的影响正在以危险的方式融合。城市是气候变化的始作俑者：虽然它们覆盖了不到两成的地球表面，却消耗了世界 78% 的能源以及产生了超过 60% 的二氧化碳和大量的其他温室气体。根据联合国人居署的研究，这些能源的消耗和气体排放主要是通过能源发电、汽车的使用、工业和生物质能利用所产生的(联合国人居署，2014)。

同时，城镇在气候变化面前显得非常羸弱。数以亿计的在该区域城市中生活的人民将受到海平面上升，降水量的增加或减少，内陆洪水，更频繁和更强的气旋与风暴以及极端气温的影响。事实上，诸多拥有千万以上人口的沿海城市现正面临着此等威胁。气候变化还可能对基础设施产生负面影响并危及到获得基本城市服务和享受城市生活质量的途径。

另外，最重要的经济和社会基础设施、政府设施及资产都设立在城市之中。受影响最大的群体是城市贫民——例如贫民窟里的居民。他们往往居住在沿河岸地带，或在山坡和易发生山体滑坡的坡地，又或在污染地、沙化土地上，再或在结构不稳定的容易受到地震危害的地方和沿海岸的滨水区。

尽管存在这些风险，很多城市仍没有解决气候变化问题。原因包括缺乏相关的城市政策和行动方案、过时而未作调整以应对气候变化的城市规划和环境法规、由于缺乏能力和资源导致的应对气候灾害速度缓慢、缺乏对气候变异和气候变化引发的灾害缓解公众意识。然而，如果能够通过适当的行政结构实现得当的规划、能力评估和管理，城市可以成为具有创造力和效率的地方。通过与当地各管理部门的合作，它们将会有能力减少对气候变化的促成作用(缓解)，并有效地保护自己免受其影响(适应)。

至于责任的归属问题，如果我们将城市作为一个整体来考虑的话，可能会有失偏颇，因为排放水平跟收入水平息息相关。在印度，总体人均二氧化碳排放量低于 2t/年，但这个平均数字掩盖了一个事实——占比相对较小的富裕阶层(占总人口的 1%)有显著的碳排放量，但总量达 8.23亿的穷人们却只有一个非常小的碳排放量(Ananthapadmanabhan et al, 2007：2)。社会不平衡使这一问题看起来更复杂。虽然在孟买达拉维的许多居民不仅穷困而且消费水平低下，但达拉维却也是垃圾回收、循环和再利用的主要中心。因为生产废弃物的再利用减少了温室气体排放，他们对温室气体排放的贡献量甚至可被视为负值。

孟买达拉维拉一非正式居民点的废弃物回收——图为一名男子在粉碎塑料——意味着从这些居民点产生的温室气体排放量甚至可以计作是净负值 © Subhrajyoti Parida

全世界城市地区中，数以亿计的人口将要遭受海平面上升，增加或减少的降水，内陆洪水，更频繁、更强烈的飓风和风暴，极端温度这些灾害的影响。

在城市层面减缓气候变化

联合国人居署的研究显示，全球超过一半的温室气体排放来自于城市地区。世界各地许多的城市都在制定目标和实施计划，从而在减少温室气体排放的举措中展示卓有远见的领导力。城市可以在减少温室气体排放的同时解决其他紧迫的地方环境问题，如空气污染、废弃物、交通运输和当地经济发展遇到的挑战。

表 4-15　　部分首都城市年最低 PM_{10} 及 $PM_{2.5}$ 水平

可吸入颗粒物类型		PM_{10}		$PM_{2.5}$	
城市	所属国家	年均量/(μg·m⁻³)	年份	年均量/(μg·m⁻³)	年份
德里	印度	286	2010	153	2013
喀布尔	阿富汗	260	2009	86	2009
达卡	孟加拉国	180	2013	86	2013
乌兰巴托	蒙古	148	2010	68	2013
北京	中国	121	2010	56	2013
加德满都	尼泊尔	114	2008	50	2013
德黑兰	伊朗	91	2010	30	2013
河内	越南	86	2009	39	2013
科伦坡	斯里兰卡	64	2010	28	2013
首尔	韩国	49	2010	22	2013
马尼拉城区	菲律宾	49	2010	22	2013
雅加达	印度尼西亚	48	2010	21	2013
曼谷	泰国	38	2012	20	2013
新加坡	新加坡	27	2011	17	2011
惠灵顿	新西兰	13	2012	6	2011
堪培拉	澳大利亚	12	2012	7	2012

注：世界卫生组织推荐的可吸入颗粒物评价标准为 PM_{10}：50 μg/m³；$PM_{2.5}$：25 μg/m³

资料来源：WHO, Ambient air pollution in cities database 2014, www.who.int/phe/health_topics/outdoorair/databases/cities/en/

城市可以在减少温室气体排放的同时解决其他紧迫的当地环境问题，如空气污染、废弃物、交通运输，更不要说比如地方经济发展这样的挑战。

因此，关键是将气候变化与当地环境和其他发展优先事项相结合。在供应方面，能源相关战略使得对于用户来说，替代能源比矿物燃料更具吸引力。在需求方面，一个规划较好的城市伴随着城市扩张的减少，更环保的建筑以及良好的公共交通可以从而减少这个城市的碳排放量，同时也为居民提供高质量的生活，为商业提供更具吸引力的环境（UN-Habitat 2014）。

温室气体排放的责任难以归咎，然而，这不能成为推迟出台缓解措施的理由。许多责任和义务是可以明确的，而且，很多措施不仅可以减缓气候变化，还可以节约成本或改善当地的环境条件。然而，许多政府对当地环境发展的控制有限，环境发展是正式或非正式地由在当地、国家或者全球等众多层面，来自各公共、私营部门及民间组织的决策者推动的。此外，地方政府几乎没有行动资金及权利来使生产方式强行转变。不过，地方政府可以寻求当地控制范围内气候变化的减缓，正如下文所阐述：

建筑是温室气体排放的主要来源，无论是在建设时还是在使用时。包括为生产建筑材料、运输它们到施工现场、施工和最终拆除过程中产生的矿物燃料能源的消耗。然而，最多的能源消耗还是在使用过程中产生的，高达 80% 的温室气体排放是由于空间加热及制冷、通风、照明等需求产生的。因此，公共建筑的地方政府改造可以作为私有建筑学习的风向标。

改造可使建筑形成中性气候及积极的能源模式（UNEP, 2009：9-10）。老挝人民民主共和国，蒙古，菲律宾，泰国和越南，都在亚洲开发银行的支持下基于能效对公共建筑进行了改造（2011：18-19）。但这仍不能说服私人建筑的业主。由于他们无法从中断一个建筑的使用并改造它这件事中获益；同时，能源成本只构成运作成本的一小部分；另外，投资有很长的回收期，他们往往不愿意投资建设这些节能措施。投资者也未能合理与节能减排带来的能源效益和受益者匹配，业主没有或几乎没有投资于能源效益的动机，因为这一举动只会减少房客的能源账单（World Bank, 2013:23）。

改造节能技术的路灯是本地政府可以采取的另一项措施，它不仅降低排放量和电力成本，同时可以作为民营企业和家庭的例子。在奎松城，有 45 000 个街灯在夜间也是持续照明的，这产生了极高的电费。若使用节能技术，每年有可能节约高达 20 000 MW·h 的电量（WBI, 2011）。

在城市发展过程中整合自然资源（绿色城市主义）正在区域内获得认可和支持。就城市林地及其他绿化空间固碳效益来说，城市应当制定人均绿地 60 m^2 的目标以促进公众健康，提高城市生物多样性（Aldous, 2010）。然而，由于城市往往通过商业开发来最大限度地提高土地价值，许多绿化空间受到了威胁。胡志明市是一个例外，由于其政府在 24 个区中各有一块面积为 600 hm^2 的土地、每块土地上种植了 100 万棵树。为了防止侵蚀并利用剩余空置土地来种植 250 hm^2 的公园，政府将进一步在河流和运河沿岸种植 25 万多棵树木。这些绿地将有可能作为本地鸟类物种的栖息地，从而有助于维持生物多样性（Viet Nam News,2013），并减缓城市的热岛效应。

专栏 4.10　减少德里与交通有关的污染排放

德里的温室气体排放及空气污染水平都很高。尽管其地铁系统已经减排，而且为大部分地区提供了可支付的交通，它仍然是需要一个供能系统的，另外，许多街道对于公交车和小汽车来说过于狭窄。太阳能人力车 2008 年在新德里的一个区域中被引进，以应对狭窄的街道运输需求。人力车是电池供电、踏板辅助的三轮车。踏板的供能不是必须的，但如果蹬踏，车辆能产生更多的动力。这一设计减少了人力车司机的工作强度，他们曾经由于踏蹬带来的体能消耗而遭受疲惫和残疾的折磨。当电池耗尽后，司机丢弃耗尽的单元并使用从太阳能充电站得来的、具有充足电力的电池代替。充电成本不到 1 美元、低利率贷款和小额信贷是推广这类交通工具使用的合理方式（印度能源和资源学会，2011：14-15）。

使用电池或太阳能作为能源的人力车在印度被利用，用以减少城市污染及排放量 © Rezwan

泰国清莱 2011 年由联合国人居署授予生物多样性保护荣誉 © Xin Hua

为了使基础设施服务的提供更为有效，许多市政当局寻求着增加城市密度但减少城市扩张。公共交通导向开发（TOD）模式是指创造一个居住及商业临近于公共交通的用地模式，以减少私人交通的使用。但是这个模式的实现需要不同政府部门之间的密切配合与协调，而这种配合正是目前所缺少的（新加坡是一个例外）。这在很大程度上取决于私人机构的利益，特别是地产开发商和客户需求之间的权衡。为了保持城市的竞争力，许多地方政府都不愿意负责私营部门的法律化和规范化。

专栏 4.11 在亚太城市地区的碳（排放权）交易

在 2010 年，东京率先启动了世界上第一个城市级“排污交易”项目。此计划涉及了 1 340 栋房屋（包括工厂、公共及教育机构、商业建筑）而且旨在到 2020 年将排放量减少到 2000 年的 25%。这个计划得益于合作环境、高水平的技术和财务管理能力，不管是公共还是私人部门。它的成功因素有以下几点：

（1）排放源的强制性报告；（2）基于动机的自愿计划；（3）在东京政府领导下的具有法律约束力的减排；（4）与所有利益相关者的频繁互动；（5）计划的每步实施都有适当的时机；（6）一个简单的报表系统；（7）一个合适的且可响应的方案设计；（8）第三方审核（World Bank 2010）。

中国意图通过碳（排放权）交易，以最低的成本减少排放量。在 2013 年，城市级的碳（排放权）交易市场先后在北京、广东、上海和深圳建立，其他城市也紧随其后。该市场允许排污者其排放量低于一定限度出售不同于其他污染者。后者必须决定是否有更低成本以减少污染排放，其超额部分需要购买有市场所定价格的津贴。广东碳（排放权）交易有望成为全球继欧盟之后第二大市场。但是，对利润凌驾于法律之上的担忧仍然存在，因为腐败会使系统崩塌。

尽管整个亚太地区私家车使用量急剧增加，今天，很多亚太地区的大城市都有在运地铁、轻轨或有轨电车系统；同时，一些其他的城市正处于建设、完善和推广的进程中。新德里地铁是第一条赚取碳信用额的铁路网，它每年帮助削减温室气体排放63 万t。并且它以 7 年的贷款获得了每年 950 万美元的收益（BBC，2011）。无论是高架或地下，快速交通系统的建设在现有的城市中都是十分昂贵的。此外，为了使公交系统更有效，城市可能需要限制私家车对道路的使用；这种干预通常会产生从私营车主中而来的政治反对派。

尽管整个地区私家车使用量急剧增加，今天，很多亚太地区的大城市都有在运地铁、轻轨或有轨电车系统；同时，一些其他的城市正处于建设、完善和推广的进程中。

对于城市贫困人口，流动性的要求需要权衡居住区位、路程距离和交通方式之间的关系模式（Mahadevia and Joshi，2009：5）。在许多城市，穷人依靠公共交通以及人力交通，但是越来越多的边缘人群支持私家车的使用并需要相应基础设施的支持。这种向快速公共交通系统的转变只会对穷人产生影响，如果它的费用足够低廉到穷人负担得起。但是这会带来成本回收问题，特别是如果基础设施已经通过公私合作伙伴关系来保障。在众多交通方式中，提高步行的可达性是最公平的办法，但是这要求城市贫民找到靠近他们工作场所的居住空间。为了居住处能靠近工作场所，他们经常在环境退化和沙漠化的地带，而这些地区往往与公共交通设施相隔离。

由于城市是减轻气候变化责任的承担者，分享经验和良好的实践有助于发展和传播有效和创新的方法。2005 年，伦敦市长召开特大城市市长会议，以追求温室气体减排的合作。该会议成果是 C40 计划，世界特大城市系统致力于减少排放的合作，并在这方面持续努力。今天，世界各地超过 75 个城市，包括来自亚太地区的 22 个城市加入了 C40 计划。

使城市适应气候变化

对于发达国家的大多数城市而言，为了适应环境所带来的压力不断增大。根据联合国人居署的说法，帮助城市适应气候变化的措施因政治，文化，历史和气候条件等条件而大相径庭。这样的措施从“顺应自然”（比如，十分强调海岸资源管理或者保护红树林及天然橡胶生态系统），到致力于基础设施的“气候防护”，包括风暴排水系统，供水及水治理工厂，同时也包括能源的保护与重置或者固体废弃物管理设施。有些海岸城市需要为海岸线的增长而计划投资。然而，一些更容易干旱的区域则需要一些改善节水和水资源的管理措施。

同样地，如果不加强物理或者设施层面的适应，那么就不会有针对环境变化的广泛而多样的措施，它们或降低脆弱性或者增强社区的恢复力。这些措施包括：当地经济发展战略；社区早期的预警系统；更好的居住选择和共享式平民区的原地升级改造；当改造不合适时，重置城市人口至更合适的或者改善的地方；改善针对公共健康的介入；城市化和半城市化地区应考虑环境变化因素（UN-Habitat，2014）。

当地政府需要适应这些不确定性，并在遥远的将来，从由环境变化影响带来的代价和在解决世界问题的方法之间找到平衡（Fuchs et al，2011：19-20）。而其中最困难的是选出最合适的适应方法和最适合的措施实施人，这也许还会受到诸如经济因素和政治因素的影响。政客们倾向于采取“硬性”工程措施（堤坝和海墙），而非“软性”措施（规划和规范），尽管硬性介入也许不是最好的选择，甚至只是为其保护者提供一种虚构的安全感。那些善于展现出有目共睹的干预措施的政府更容易获得选民的青睐。硬性的措施对于私营企业而言也许也是一种重要的收入渠道。政客们用基础设施的选址满足选民，给重要的支持者授予合同，政客们也许还能从中自我获益（Fuchs，et al，2011：22；Keefer，2009：10）。

专栏 4.12　孟加锡（印度尼西亚）对于气候变化的适应

孟加锡，印度尼西亚苏拉威西岛上一个有 135 万人口的城市，由于在过去 10 年城市迅速扩张，拥有大量非正规聚居地。风暴潮，大风，潮汐洪水和干旱在该地区非常平常，但气候变化将增加这些事件的风险。这些非正式聚居地的居民已经采取个人或集体措施来减少气候事件对其的影响。居民使用钢缆和绳索来加固房屋用以应对大风，并内置小型混凝土墙、或架空房屋的方式来避免由于风暴潮及涨潮带来的破坏。渔民使用短信与岸上沟通，作为天气条件的早期预警系统。部分城市已经面临水资源短缺和气候变化——这将导致更高的温度、海水更多蒸发和沿海含水层海水入侵。所以许多家庭已开始从屋顶收集雨水（Taylor，2013b）。

同时，克服环境变化并不是总需要采取技术手段——尤其是对于资金紧张的小城市而言。清莱是一个泰国北方的小城市，已经开始了引进低碳方案的重要举措，比如城市生态系统，这个系统包括混合型非落叶型森林，有机农业，地衣种植和湿地发展。清莱获得联合国人居署授予的“联合国人居奖城市”的称号。

“软性公共建设”的措施也许会带来更为广泛的利益，但是并不总是有成效。显而易见的是，规范土地的使用，明确未来城市发展，使之更为强大，在安全区域设置新的基础设施十分必要，但是对于城市发展而言，以及相对于健全的计划，制度和标准而言，更为强劲的驱动力是富人对于土地的占有权和穷人追逐收入的机会。很多区域，市场，政治力量和贪腐对于城市发展而言是真正的决定因素。另外，城市里的贫困人口不堪于计划，规章和制度，只能力所能及地针对自己的所处位置和所拥条件来建造。

专栏 4.13　城市和应对气候变化项目

联合国人居署的城市和气候变化计划试图加强发展中国家和欠发达国家及地区的减灾活动，未雨绸缪。它强调当地的政府，社区和居民需要良好的管制，责任感，领导力和切实的计划。

基于联合国人居署在可持续的城市发展中的相关经验，城市和气候变化计划帮助类似的城市为保护贫困人口而开发和落实创新的政策和战略。城市和气候计划也开发了一套工具来支持城市领导者们和实践者应对气候变化所带的影响，同时也助之以减少温室气体的排放。

最后，联合国人居署与多元化的合作伙伴正在密切合作，包括援助方、不同级别的政府和其他的联合国机构、非政府机构和基于社区的机构、研究及高等教育机构、技能培训机构、房地产机构、私企等。

资料来源：UN-Habitat，2014 年

另外一个挑战则是需要根据城市的具体情况调整其适应的策略。每个城市的不同地方，经济主体和人口群体的脆弱性，灾害风险系数和暴露程度皆不相同。因此，它们都需要根据自身的情况来制定适应的策略。但是，如果每一个利益相关者都不加以协调，只实施自己的措施，那么问题就会接踵而至。例如，自从 2011 年曼谷洪灾之后，有一些工业房地产决定制造一个防洪石堤以防止洪水，但是这也增加了周边居住区域的洪灾风险。个人的适应措施也很有可能会加重已划分的城市团体的不公平性，正如一些拥有知识和资源的人会采取最为有效的战略以来保护自我利益一样（Adger et al，2006：12）。由此导致的可能结果是，没有协调的干预会带来零碎而没有效率的策略。

基于有限的预算和气候变化的潜在的广泛影响，城市必须把气候适应放在首位。沿海城市在经济资产上的损失会致使其地区的发展落后很多年。但是城市的贫困人口最容易受到气候变化的影响。如果不承认非正式的定居点，对于自然灾害的防护很可能会忽略城市贫民。一种适当的回应即将贫困人口转移到相对安全的地方，但是大多数政府视土地为珍宝，以至于不会用之安置平困人口，把他们转移到一个更安全的地方就更为不可能，尤其是在海平面升高，抗灾型的土地价值飞涨的情况下。

4.5　走向弹性和包容性城市

当然，气候适应也有其局限性。作为一种观念和规划工具，适应性首先是被动的，它没有说明导致脆弱性的潜在因素。近几年，恢复力开始作为一种更为全面的措施来解决潜在的脆弱性的问题，同时也用来处理一系列不确定的问题。恢复力不仅是一个处理风险和脆弱性的过程，也是一个发展目标，那就是让城市和人口在变化和不确定因素面前能够寻求安全和合适的出处。

城市的弹性也可以定义为城市面对压力和冲击的生存，适应，繁荣发展和转型的能力（个人，社区，机构，商业和系统），尤其是环境需要如此的时候。城市的弹性形成于行为和多重因素的性能，包括当地政府，商业，文明社会和社区等。一个有弹性的城市拥有包容的管制，也能处理好影响所有人口的脆弱性和风险——而不仅是部分影响（ESCAP，UN-Habitat，Rockefeller Foundation，2014）。

专栏 4.14 红树林恢复的重要性

基于自然界中发现的生态系统的适应性功能来帮助城市适应气候变化。比如，于 2013 年袭击菲律宾的海燕台风是有史以来登陆的最强大的台风之一。塔克洛班市，因靠近开放海岸因而受到严重袭击。然而，塔利洛班市北部的红树林的再生有助于减少灾难对于其他城镇的破坏，因为树木减少了风暴海浪所带来的冲击。在 2004 年的海啸之后，发现每 100 m^2 的 30 棵海岸树能减少 90% 的海啸的浪流。红树林也通过增加的沉淀物帮助了低洼的海岸地区适应不断升高的海平面，这是由于红树林在地面以上的根发挥了碳汇的作用。不幸的是，菲律宾的红树林以每年 1% 的速度消失。从 2004 年海啸汲取的经验使得 Yagasu(一个发起于棉兰的保护小组)已经成功地恢复了苏门答腊岛北部海岸 5 000 hm^2 的红树林，以保护社区免受海啸的袭击(Bloomberg, 2013b)。

随着城市不断采取多样化的措施来适应气候变化一样，恢复红树林的方法也在不断发展。联合国人居署的城市和气候变化计划利用该组织和联合国开发计划署的专家来协助拉米(法国、西班牙、意大利、葡萄牙、塞内、利比和阿拉伯)和斐济的城镇领导人们制定城镇脆弱性评估，以决定减少风险的不同方法，使之更容易抵制气候变化和自然灾害的威胁。基于场景的练习使得所有的参与者理解了生态适应的益处，就像红树林和珊瑚礁，不仅限于保护的层面，还发展到红树林再植和扩张的层面(UN-Habitat, 2012)。

专栏 4.15 弹性城市保护贫困人口

出于一些混合的因素，城市的贫困人口不同程度地受到气候变化的影响，比如脆弱的物理区位，低质量的房屋等，而且他们往往受到自身能力限制，不能很好地预防，处理和恢复由极端气候事件或者缓发型气候变化所带来的影响。实际上，气候的多变性和变化会干扰甚至推翻好不容易取得的扶贫和发展成果。考虑到气候变化和城市贫困人口的显著重叠，贫困社区在加强弹性的工作中应该获得积极的支持。城市的贫困社区可以做很多事情来减少其脆弱性，尤其当本地政府和其他重要的城市行为者理解他们的需求并且支持他们的时候。至少他们的需求应该在任何与气候变化有关的干预行为中加以考虑，这也是为了不加重其脆弱性。主要的目标应该是积极地把扶贫工作和与气候相关的干预行动整合起来。这不是一种权衡。在适应城市气候变化时，保护贫困人口的具有全局性，灵活的和鼓励参与的措施也是一种谋求城市包容和持续发展的有效方法。

4.6 参考文献

ADB—Asian Development Bank (2011), *Climate Change Programs: Facilitating Integrated Solutions in Asia and the Pacific*, Asian Development Bank, Manila.

ADB—Asian Development Bank (2012), *The State of Pacific Towns and Cities: Urbanisation in ADB's Pacific Developing Member Countries*, *Pacific Studies Series*, Asian Development Bank, Manila.

ADB—Asian Development Bank (2013), *Asian Water Development Outlook 2013: Measuring Water Security in Asia and the Pacific*, *Asian Development Bank*, Manila.

ADB—Asian Development Bank (2014), *Uzbekistan Country Gender Assessment* 2014, Asian Development Bank, Manila.

Adger, W. Neil, Jouni Paavola and Saleemul Huq (2006), *Toward Justice in Adaptation to Climate Change, in: W. Neil Adger, Jouni Paavola, Saleemul Huq and M. J. Mace (eds.), Fairness in Adaptation to Climate Change*, The MIT Press, Cambridge, pp. 1-19.

Aldous, D. E. (2010), *Greening South East Asian Capital Cities, Paper presented at 22nd IFRPA World Congress*, 15-18 November, 2010 City Hall, Hong Kong.

Ananthapadmanabhan, G., K. Srinivas and Stefan Flothmann (2007), *Hiding behind the Poor: A Report by Greenpeace on Climate Change*, Greenpeace India,

Bangalore.

Bae, Yooli(2013), *Decentralised Urban Governance and Environmental Collaboration in South Korea: the Case of Hyundai City*, Public Affair, Vol. 86, No. 4, December 2013, pp. 782.

Bai, Xuemei, and Hidefumi Imura(2000), *A Comparative Study of Urban Environment in East Asia: Stage Model of Urban Environmental Evolution*, International Review for Environmental Strategies, Vol. 1, No. 1, pp. 135-158.

Barenhoff, Lutz(2011), *Urban Rainwater Harvesting in Hyderabad: An Option to Overcome the Water Crisis of a Megacity of Tomorrow?* Master thesis, University of Applied Sciences Eberswalde.

BBC(2011), *Delhi Metro First Railway to Earn UN Carbon Credits*. 26 September 2011.

BBC(2013), *Panasonic to Pay China Workers Pollution Compensation*, 13 March 2014.

Biswas, Asit K., and Cecilia Tortajada(2010), *Water Supply of Phnom Penh: An Example of Good Governance*, International Journal of Water Resources Development, Vol. 26, No. 2, pp. 157-172.

Biswas, Asit, and Cecilia Tortajada(2011), *Managing Water Quality is more Complex than Quantity*, Asian Water, 18 May 2011.

Bloomberg(2013a), *China Emission Trading Experiment Unlikely to Ease Cities' Smog*, 17 June 2013.

Bloomberg(2013b), *Tsunami-Blocking Mangroves Lure Carbon Investors: Southeast Asia*, 20 November 2013.

Browne, Christopher, and Aiko Mineshima(2005), *Remittances in the Pacific Region*, IMF—International Monetary Fund Working Paper.

Castán-Broto, Vanesa, and Harriet Bulkeley(2013), *A Survey of Urban Climate Change Experiments in 100 Cities*, *Global Environmental Change*, Vol. 23, No. 1, pp. 92-102.

Cenacchi, Nicola, and Marianne Fay(2010), *Climate Change will Make Water and Land Management More Complex*, *in: Marianne Fay, Rachel I. Block and Jane Ebinger(eds.)*, *Adapting to Climate Change in Eastern Europe and Central Asia*, World Bank, Washington DC, pp. 69-89.

Chaussard, Estelle, Falk Amelung, Hasanudin Abidin and Sang-Hoon Hong(2013), *Sinking Cities in Indonesia: ALOS PALSAR Detects rapid Subsidence due to Ground Water and Gas Extraction*, *Remote Sensing of Environment*, Vol. 128, pp. 150-161.

China Daily(2011a), *Lack of Fnforcement Lets Dust Fly at Beijing*, 22 November 2011.

China Daily(2011b), *Exposure to Smog is Severe Hazard*, 6 December 2011.

Christainsen, Gregory B.(2006), *Road Pricing in Singapore after 30 Years*, Cato Journal, Vol. 26, No. 1, pp. 71-88.

Connell, John(2013), *Islands at Risk? Environments, Economies, and Contemporary Change*, Edward Elgar, Cheltenham.

UNDESA—Department of Economic and Social Affairs(2010), *The World's Women 2010: Trends and Statistics*, United Nations, New York.

Doocy, Shannon, Abdur Rofi, Claire Moodie, Eric Spring, Scott Bradley, Gilbert Burnham and Courtland Robinson(2007), *Tsunami Mortality in Aceh Province, Indonesia*, *Bulletin of the World Health Organisation*, Vol. 85, No. 2, pp.273-278.

EIU-Economist Intelligence Unit(2011), Asian Green City Index: *Assessing the Environmental Performance of Asia's Major Cities*, Siemens, Munich.

ESCAP, UN-Habitat, Rockefeller Foundation(2014), *Pro-Poor Urban Climate Resilience in Asia and the Pacific: A Quick Guide for Policy Makers*. Bangkok.

Fuchs, Roland, Mary Conran and Elizabeth Louis(2011), *Climate Change and Asia's Coastal Urban Cities: Can They Meet the Challenge?*, Environment and Urbanisation Asia, Vol. 2, No. 1, pp. 13-28.

Gill S. E., J. F. Handley, A. R. Ennos and S. Pauleit(2007), *Adapting Cities for Climate Change: The Role of the Green Infrastructure*, Built Environment, Vol. 33, No. 1, pp. 115-133.

Greenstone, Michael, and Rema Hanna(2013), *Environmental Re*gulations, Air and Water Pollution, and Infant Mortality in India, Working Paper 11-11, Department of Economics, Massachusetts Institute of Technology, Cambridge.

Guha-Sapir, Debby, Femke Vos, Regina Below with Sylvain Ponserre(2012), *Annual Disaster Statistical Review* 2011: *The Numbers and Trends*, *Centre for Research on the Epidemiology of Disasters*, Institute of Health and

Society, Catholic University of Louvain. Louvain.

Hallegatte, Stéphane(2011), *How Economic Growth and Rational Decisions can make Disaster Losses Grow Faster than Wealth*, *Policy*, Research Working Paper 5617, World Bank, Washington DC.

Haq, Gary, and Dieter Schwela(2008), *Urban Air Pollution in Asia*, Stockholm Environment Institute, Stockholm.

Horwitz, Pierre, C. Max Finlayson and Philip Weinstein(2012), *Healthy Wetlands, Healthy People: A Review of Wetlands and Human Health Interactions*, *Ramsar Technical Report No. 6*, Ramsar Convention Secretariat and World Health Organisation, Gland and Geneva.

Hossain, Shahadat(2011), *Informal Dynamics of a Public Utility: Rationality of the Scene behind the Screen*, Habitat International, Vol. 35, No. 2, pp. 275-285.

Huq, Saleemul, Sari Kovats, Hannah Reid and David Satterthwaite(2011), *Editorial: Reducing Risks to Cities from Disasters and Climate Change*, Environment and Urbanisation, Vol. 19, No. 1, pp. 3-15.

IFRC—International Federation of Red Cross and Red Crescent Societies(2010), World Disasters Report 2010: *Focus on Urban Risk*, International Federation of Red Cross and Red Crescent Societies, Geneva.

Imura, Hidefumi, Sudhakar Yedla, Hiroaki Shirakawa and Mushtaq A. Memon(2005), *Urban Environmental Issues and Trends in Asia*—An Overview, International Review for Environmental Strategies, Vol. 5, N

Jones, Paul, and Hartmut Holzknecht(2007), *Review of Social Change that Impact on Land in the Pacific*, Land Management and Conflict Minimisation Project, Sub Project 2.2, Pacific Islands Forum Secretariat, Suva.o. 2, pp. 357-382.

Keefer, Philip(2009), *Disastrous Consequences: The Political Economy of Disaster Risk Reduction*, Joint World Bank-UN Project on the Economics of Disaster Risk Reduction, World Bank, Washington DC.

Kelkar, Ulka, and Suruchi Bhadwal(2007), *South Asian Regional Study on Climate Change Impacts and Adaptation: Implications for Human Development*, Occasional Paper, Human Development Report 2007/2008, United Nations Development Programme.

Kennedy, Christopher A., Anu Ramaswami, Sebastian Carney and Shobhakar Dhakal(2011), *Greenhouse Gas Emission Baselines for Global Cities and Metropolitan Areas*, *In: Daniel Hoornweg*, Mila Freire, Marcus J. Lee, Perinaz Bhada-Tata and Belinda Yuen(eds.), Cities and Climate Change: Responding to an Urgent Agenda, World Bank, Washington DC, pp. 15-54.

Kinney, Patrick L. and Marie S. O'Neill(2005), *Environmental Equity*, *in: World Health Organisation*, *Air Quality Guidelines: Global Update* 2005, World Health Organisation, Regional Office for Europe, Copenhagen, pp. 135-152.

Kovats, Sari, and Rais Akhtar(2008), *Climate*, *Climate Change and Human Health in Asian Cities*, *Environment and Urbanisation*, Vol. 20, No. 1, pp. 165-175.

Lall, Somik V., and Uwe Deichmann(2009), *Density and Disasters: Economics of Urban Hazard Risk*, Policy Research Working Paper 5161, World Bank, Washington DC.

Lee, Liu(2010), *Cancer Villages—Made in China*, Environment Magazine, Vol. 52, No. 2, pp. 8-21.

Lee-Duffy, Jade, and Karen Emmons(2012), Murky Waters: *Water Pollution Threatens Millions in Asia but Innovative Solutions are being Found*, Development Asia, Vol. 5, No. 12, pp. 32-35.

Lin, Jintai, Da Pan, Steven J. Davis, Qiang Zhang, Kebin He, Can Wang, David G. Streets, Donald J. Wuebbles and Dabo Guan(2014), *China's International Trade and Air Pollution in the United States*, Proceedings of the National Academy of Sciences. Lokhande, Ram S., Pravin U. Singare and Deepali S. Pimple(2011), Resources and Environment, Vol. 1, No. 1, pp. 13-19.

Mahadevia, Darshini, and Rutul Joshi(2009), *Subversive Urban Development in India: Implications on Planning Education*, Working Paper 1, Centre for Urban Equity, CEPT University, Ahmedabad.

Marcotullio, Peter J. and Yok-Shiu Lee(2003), *Urban Environmental Transitions and Urban Transportation Systems: A Comparison of the North American and Asian Experiences*, International Development Planning Review, Vol. 25, No. 4, pp. 325-354.

McGranahan, Gordon(2007), *Urban Transitions and the Spatial Displacement of Environmental Burdens*, in: Peter J. Marcotullio and Gordon McGranahan(eds.), Scaling Urban Environmental Challenges: From Local to Global and Back, Earthscan, London, pp. 18-44.

McGranahan, Deborah Balk and Bridget Anderson

(2007), *The Rising Tide: Assessing the Risks of Climate Change and Human Settlements in Low Elevation Coastal Zones*, Environment and Urbanisation, Vol. 19, No. 1, pp. 17-37.

Moon, Chung-In, and Lim Sung-Hack (2003), *Weaving through Paradoxes: Democratisation, Globalisation and Environment Politics in South Korea*, East Asian Review, Vol. 15, No. 2, pp. 43-70.

Nicholls, Robert J. (2006), *Storm Surges in Coastal Areas*, *in*: Margaret Arnold, Robert S. Chen, we Deichmann, Maxx Dilley, Arthur L. Lerner-Lam, Randolph E. Pullen and Zoe Trohanis. Natural Disaster Hotspots: Case Studies, Disaster Risk Management Series, No. 6, World Bank, Washington DC, pp. 79-108.

Nicholls, R. J., S. Hanson, C. Herweijer, N. Patmore, S. Hallegatte, J. Corfee-Morlot, Jean Château and R. Muir-Wood (2008), *Ranking Port Cities with High Exposure and Vulnerability to Climate Extremes*: Exposure Estimates, OECD Environment Working Papers, No. 1, Organisation for Economic Cooperation and Development, Paris.

NYT—The New York Times (2013a), *On Scale of 0 to 500, Beijing's Air Quality Tops 'Crazy Bad' at 755*, 12 January 2013. NYT—The New York Times (2013b), Pollution Economics, 9 August 2013.

NYT—The New York Times (2014), *Report Finds Widespread Water Pollution in China*, 24 April 2014.

Oxfam (2005), *The Tsunami's Impact on Women*, Oxfam Briefing Note, Oxfam International.

Paavola, Jouni, W. Neil Adger and Saleemul Huq (2006), *Multifaceted Justice in Adaptation to Climate Change*, *in*: *W. Neil Adger, Jouni Paavola, Saleemul Huq and M. J. Mace (eds.)*, *Fairness in Adaptation to Climate Change*, The MIT Press, Cambridge, pp. 263-277.

Rahman, Perween (2008), *Water Supply in Karachi: Situation, Issues, Priority Issues and Solutions*, Orangi Pilot Project—Research and Training Institute, Karachi.

Reuters (2013), *China's Guangdong Carbon Market Debut Matches Expectations*, 18 December 2013.

Revi, Aromar (2008), *Climate Change Risk: An Adaptation and Mitigation Agenda for Indian Cities*, Environment and Urbanisation, Vol. 20, No. 1, pp. 207-299.

Roachanakanan, Thongchai (2012), *Floodways and Flood Prevention in Thailand: Reflections of the Great Flood in* 2011, Paper prepared for the "World Flood Protection, Response, Recovery and Drawing Up of Flood Risk Management Conference, 12-13 September 2012, Bangkok.

Roca, Jordi (2003), *Do Individual Preferences Explain the Environmental Kuznets Curve?* Ecological Economics, Vol. 45, No. 1, pp. 3-10.

RoM—Republic of Maldives (2007), *National Adaptation Program of Action*, Maldives.

RRC-AP—AIT/UNEP Regional Resource Center for Asia and the Pacific (2010), *Municipal Waste Management Report: Status-Quo and Issues in Southeast and East Asian Countries*, AIT/UNEP RCC-AP, Bangkok.

Satterthwaite, David (2008), *Cities' Contribution to Global Warming: Notes on the Allocation of Greenhouse Gas Emissions*, Vol. 20, No. 2, pp. 539-549.

SCMP—South China Morning Post (2013), *Investment in Environmental Projects Lowers Mayor's Career Prospects*, Study Finds, 17 June 2013.

Singh, Reena (2008), *Wastewater Related Risks and Social Vulnerability: A Case Study of Delhi*, *in*: *Hans-Georg Bohle and Koko Warner (eds.)*, *Megacities: Resilience and Social Vulnerability*, Institute for Environment and Human Security, United Nations University, Bonn, pp. 121-131.

Storey, Donovan and Shawn Hunter (2010) 'Kiribati: *An environmental 'perfect storm''*, Australian Geographer, Vol. 41, No. 2, pp. 167-181.

Tang, Hao (2013), *China's 'NIMBY' Protests Sign of Unequal Society*, China Dialogue, 29 May 2013.

Taylor, John (2013a), *When Non-Climate Urban Policies Contribute to Building Urban Resilience to Climate Change: Lessons Learned from Indonesian Cities*, Working Paper Series 1: 2013, Asian Cities Climate Resilience, International Institute for Environment and Development, London.

Taylor, John (2013b), Makassar, Indonesia: *Climate Change Vulnerability Assessment*, United Nations Human Settlements Programme, Fukuoka.

TCG—Tripartite Core Group (2008), *Post-Nargis Joint Assessment*, *the Government of the Union of Myanmar*, the Association of Southeast Asian Nations and the United Nations.

Tep, Makathy (2010), *Urban Water Supply Management*:

From a Ruined State to a Champion—A Case of Cambodia's Phnom Penh Municipal Water Supply, Paper presented at the Gwangju Institute of Science and Technology and Asia Pacific Network for Global Change Research Joint Meeting Program on Sustainable Urban Water Quality Management in South East Asian Countries, Quezon City, 15-16 November 2010.

Terazano, Atsushi, Yuichi Moriguchi, Yuko Sato Yamamoto, Shin-ichi Sakai, Bulent Inane, Jianxin Yang, Stephen Siu, Ashok V. Shekdar, Dong-Hoon

Lee, Azni B. Idris, Albert A. Magalang, Genandrialine L. Peralta, Chun-Chao Lin, Pireeyutma Vanapruk, and Thumrongrut Mungcharoen(2005), *Waste Management and Recycling in Asia*, International Review for Environmental Strategies, Vol. 5, No. 2, pp. 477-498.

TERI—The Energy and Resources Institute (nd), Improving Informal Transport: *Case Studies from Asia, Africa and Latin America*, The Energy and Resources Institute, New Delhi.

The Hindu(2009), *Rain Water Harvesting Yields Rich Dividends*, 31 January 2009. *The Telegraph*(2012), *Entire Nation of Kiribati to be Relocated over Rising Sea Level Threat*, 7 March 2012.

Times of India, The(2012), *The Great Water Robbery*, 17 May 2012.

Tran, Hung, Daisuke Uchihama, Shiro Ochi and Yoshifumi Yasuoka(2006), *Assessment with Satellite Data of the Urban Heat Island Effects in Asian Mega Cities*, *International Journal of Applied Earth Observation and Geoinformation*, Vol. 8, No. 1, pp. 34-48.

UNEP—United Nations Environment Programme(2009), *Buildings and Climate Change—Summary for Decision-Makers*, United Nations Environment Programme, Nairobi.

UN-Habitat(2003), *Water and Sanitation in the World's Cities: Local Action for Global Goals*, Earthscan, London.

UN-Habitat(2012), *Assessing Ecosystem Based Adaptation Strategies in Lami Town, Fiji*, UN-Habitat Cities and Climate Change Initiative Newsletter, December 2012.

UNPD—United Nations Population Division(2012), *World Urbanisation Prospects: The 2011 Revision*, Department of Economic and Social Affairs, United Nations, New York.

Viet Nam News(2013), *City Branches out with Green Space Scheme*, 10 September 2013.

Warner, K., C. Erhart, A. de Sherbinin, S. B. Adamo, T. C. Chai-Onn(2009), In search of Shelter: *Mapping the Effects of Climate Change on Human Migration and Displacement*. A Policy Paper Prepared for the 2009 Climate Negotiations. Bonn, Germany, United Nations University, CARE and CIESIN Columbia University.

WaterAid(2013), We Can't Wait: *A Report on Sanitation and Hygiene for Women and Girls*, WaterAid, Water Supply & Sanitation Collaborative Council and Unilever.

WBI—World Bank Institute(2011), *Low Carbon Development: 4 Cities, 4 Challenges, 4 Solutions*, World Bank, Washington DC.

WHO/UNICEF JMP—*Joint Monitoring Programme for Water Supply and Sanitation* (2000), *Global Water Supply and Sanitation Assessment 2000 Report, World Health Organisation, Geneva*.

WHO/UNICEF JMP—Joint Monitoring Programme for Water Supply and Sanitation(2011), *Data and Estimates*, On-line: www.wssinfo.org/dataestimates/table/.

World Bank(1999), www.worldbank.org/urban/solid_wm/erm/CWG%20folder/uwpl.pdf.)

World Bank(2010), *Cities and Climate Change Mitigation: Case Study on Tokyo's Emissions Trading System*, PADECO, Washington DC.

World Bank(2012), What a Waste: *A Global Review of Solid Waste Management*, Urban Development and Local Government Unit, The World Bank, Washington D. C.

World Bank (2013), *Proceedings of the International Workshop on Best Practice of Climate Change Action Plan of C40 Cities in East Asia*, 10-12 April, 2013, Singapore.

WRG—2030 Water Resources Group(2009), *Charting Our Water Future: Economic Frameworks to Inform Decision-Making*.

Zhao, Pengjun(2011), *Car Use, Commuting and Urban Form in a Rapidly Growing City*: Evidence from Beijing, Transportation Planning and Technology, Vol. 34, No. 6, pp. 509-527.

正在建设中的中国天津生态城 © Yang Aijun/世界银行

专题聚焦：亚太地区绿色城市发展提案

Steffen Lehmann① and Hongxing Xie②

资源有效利用和温室气体(GHG)的排放对城市提出了根本性的挑战。基于功能和土地利用模式的传统城市规划方法被证明无法充分应对来自迅速变化的经济及城镇化的需求。为了资源优化利用、更新规划手段，有必要更好地理解并整合水，废弃物，食品，能源和运输之间的关系。

虽然想要停止快速城镇化是全无可能的，但我们必须且能够减轻其负面影响。亚太地区的政府部门为了引导未来的城市发展，需要确定新方法和新的发展模式。他们为了发展应该审视“一成不变的城市”具有的风险，以及认识到实现低碳城市这一范例式的转变的复杂性。这些城市急需一个新的城市发展提案，它将可以贯彻绿色城市原则、改革未来城市发展，并将可持续发展和实现生态城市作为城市发展的支撑。

一些中小城市将更有机会实现未来的可持续发展。这是由于尽管它们发展迅速，但其发展模式仍然可以被影响。我们认为，绿色城市的整体概念提供了系统性的解决方案，以解决城市发展的复杂性。它可以被应用于将这些城市转变为资源利用最大化，污染和浪费最小化的可持续城市聚居地。

亚太地区强度最高的城镇化进程发生在中国。中国的城镇化水平预计将从2014年的54%到2030年的69%。目前，每年约有2 100万人正向城市迁徙。也正是如此，至2030年，中国城市将额外增加2.4亿居民(WUP,2014)。在城郊地区的人口增长率是最高的，导致农业生产用地和生物多样性的丧失。

---

① 西澳大利亚，珀斯，科廷大学，建筑环境学院院长。
② 中国北京清洁空气创新中心主任。

中国城市发展与更新的巨大规模和速度已经成为21世纪早期的明确特征。对于全球范围内的人有深厚的影响。这也让中国成为城市政策对生态城市起作用的一个有趣案例，所以，中国将是本文关注的重点。

亚太地区的城镇化

对于亚太地区城镇在未来20年的发展的预期结果意味着，有必要实施城市规划手段，用以促进社会公正、环境可持续和经济繁荣城市(ESCAP，Lehmann and Thornton，2014)。如果我们为了避免已经被研究人员预测到的由于我们对于经济增长的过度迷恋和对有限资源的过度使用，而导致的当代城市运行系统的崩溃，那么必要的城市规划手段就显得特别重要(Ahmed，2014；Beddington，2009)。实现这一目标需要我们改变城市发展模式，从而走上更具可持续性的道路。

但是，这对决策者和城市的利益相关者又意味着什么呢？其中一个问题是，现在对于"可持续城市"或"生态城市"的概念有很多不同的看法，这就使得分析和比较现有概念、模型和提议(图4-2)都有一定困难。在这次讨论中，术语"生态城市"和"可持续城市"可以互换使用。我们需要的是将可以整合新想法的概念整体融入到实现新政策的机遇中去。本文倡导"绿色城市主义"作为一个理念，以促进我们更加接近这一目标。

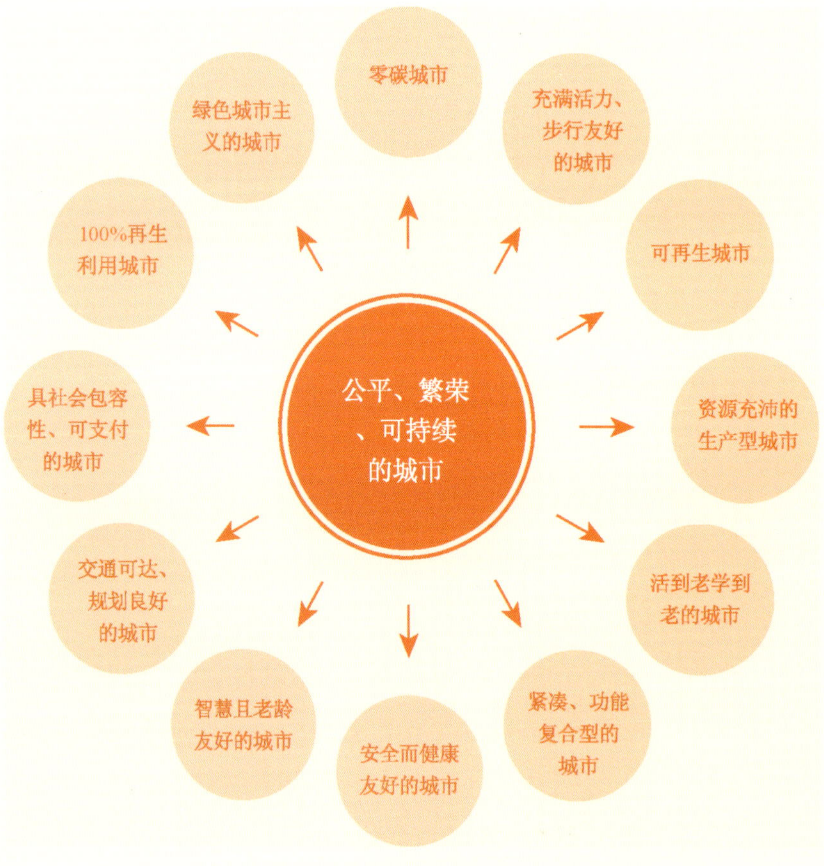

图4-2 探索明日的可持续城市的理想模式有诸多可能的名字。
注：本图以一种更为整合的城镇化路径，说明了"可持续发展的城市"的诸多方面。

绿色城市主义的原则

现在有大量的科学证据表明，全球变暖会破坏食物和水的供应并导致生态系统产生不可逆的损害(IPCC，2014)。因此，我们只能预见更热的城市，更严酷的高温，升高的海平面，短缺的食物和水，以及生物多样性的丧失。这将导致自然系统的急剧变化和城市越来越高的脆弱性。

城镇在未来20年预期增长的情况意味着有必要在亚太地区的城市进行城市规划，创建具有社会公平、环境可持续发展和经济繁荣的城市。我们的经济和社会必须从高消耗，矿物燃料的依赖及浪费这种习以为常的城镇化模式中走出来，才能实现上述目标。我们必须研究能够创造出财富和就业机会的新概念；在发展的同时不破坏环境和生态系统的新方法。

绿色城市主义的理念表明这是可能的。

绿色城市主义提供了一种与环境和谐发展的繁荣可持续生态城市规划模型，包含了总共15条原则(图4-3)。同时介绍了一个实用的后矿物燃料时期城市提议，提出将城市规划范式转变为绿色城市主义是紧急、必要而且可能的，这在下文中会具体阐述。

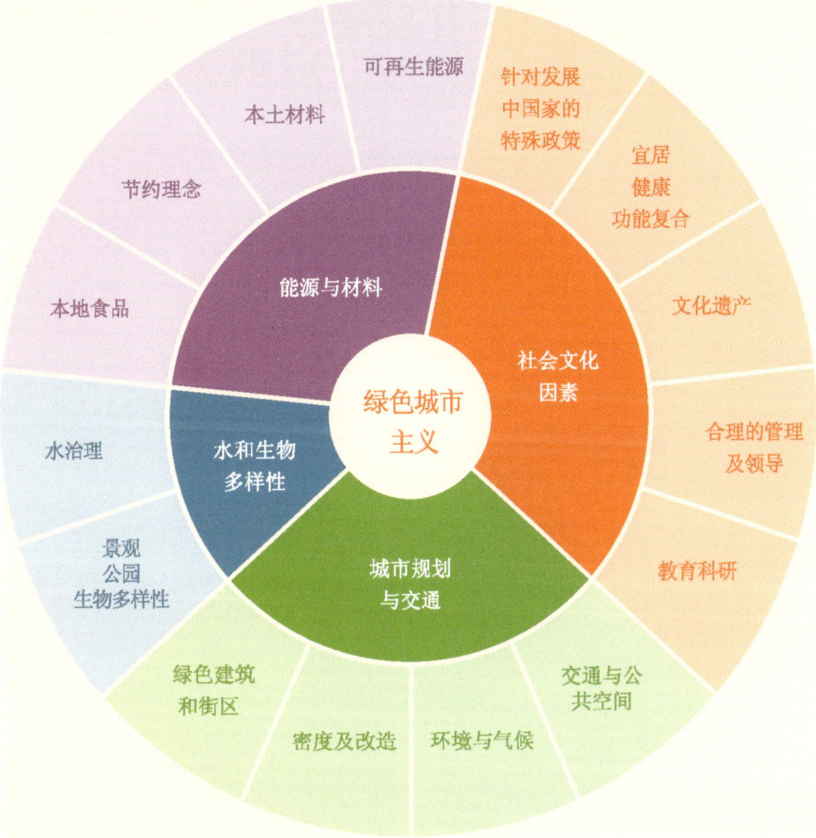

图4-3 绿色城市轮的模型分为四个部分，15项原则

注：这些原则是相互关联并形成整体的——它们需要同时而非单独被运用，同时需要适应不断变化的环境。

走向资源高效型城市

创建一个城市发展的新模式对于亚太地区是十分关键的。该模式鼓励密度开发及连接性，增强服务、基础设施及就业，同时能中止不断增加的城市扩张。目前，城市的扩张使得城市更加依赖小型汽车、低效且缺乏弹性，因此城市竞争力下降。

紧凑型和功能复合型城市发展模式是更为合理的，由于它形成了综合、高效和低碳的公共交通(如轻轨或地铁)；它也使低碳甚至零碳的公共交通，比如自行车、步行成为可能；同时还促进了汽车共享或拼车，所有这些都可以大大减少城市温室气体排放量(John, Lehmann and Sivam, 2013)。

通过城市填充实现的致密化可以带来更少的环境足迹以及形成服务良好、适宜步行的宜居区域的更大潜力，同时还避免了城市扩张产生的成本。现在有大量的证据表明，低密度郊区比起紧凑开发的城市地区，户均温室气体排放量所占比值更大，由于在城市地区，居民大多生活在更小的家庭中、使用更多公共交通并产生更小的碳排放。

在城市消费量和生产模式迅速增长的背景下，为了避免低效，对城市规划和管理的反思是十分关键的。影响消费的所有最重要因素——收入、机动车保有量和家庭规模——都倾向于在郊区更大。交通运输，通常占到工业化城市家庭总碳排放量的30%～40%，也是导致郊区和中心城市碳排放差异的最重要因素。郊区的交通方式中，汽车的碳排放量可以高达城市的2.5倍。

城市决策者还必须更加注重规模。即使在地区最大的城市，当地环境也是未来城市发展的重要组成部分。可持续的城市发展其重点是需由单体建筑及单个项目转换为更大的邻里及社区规模，这是十分重要的，并将促进新一代基础设施和去中心化技术的整合。亚太地区城市高密度的共性使得实施去中心化，城市系统和基础设施更高效（例如热电联产、废物与可再生能源基础设施、雨水的储存和再利用），并使得实现紧凑的、步行友好的、能影响任何社区的资源消耗模式的城市形态成为可能。

21世纪基础设施的可持续发展必须全面且寻求服务、基础设施及就业在当地层面上的资源整合：包括智能电网、联网的太阳能屋顶、慢行系统、轻轨、废水回用、本地资源回收站和社区公园——它们可以作为在社区或邻里层面的城市去中心化操作系统。

中国案例借鉴

2010年，中国有85个城市拥有超过100万的人口。据预测，到2030年，近10亿中国人将是城镇人口，同时可能有148个中国城市有超过100万居民（WUP, 2014）。到2050年，在中国计划完成城市现代化进程中，特大城市区域及城市群的发展将起到关键的作用。据预测，新增的城市人口将聚集在8～10个沿海多核心特大城市区域，每个区域人口均超过4 000万，同时居住密度高达8 000人/km²（McKinsey & Company, 2009）。

中国城市发展的巨大规模和速度具有深远的全球影响。新兴的中国中产阶级将有消费诉求，其影响已在世界各地初现端倪。例如，由于中国的需求，已出现了水泥和钢铁在世界范围内价格上涨。因此，如果我们能明确对于中国可持续城镇化发展的可操作性解决方案，甚至当它可以复制时，将为全世界作出贡献。

中国城市的转型需要战略性干预、创新型政策以及在地方层面上实施行动，因为城市是实现可持续发展的关键一员。中国需针对城市发展政策对于空气和水质量的影响展开评估，这是十分重要的，因为它们已经成为发展的关键问题。举例来说，现今严重的空气污染已经推动了中国一些相关的环保工作，包括可持续城市规划、能源效率、可再生能源和低碳发展。

中国的可持续发展道路

一些中国城市中，记录的空气污染值已经达到世界卫生组织规定上限的30倍。在2013年1月，中国有143万km²的区域遭受了严重的污染水平；而且在74个试验城市中有71个达到了危险水平，对健康和生产力有很大的负面影响。

城市化一直是中国近期经济显著增长的主要推动者之一。其中一个关键驱动是高耗能产业的快速扩张（Urry, 2013; Li, 2014）。结果是30年间，中国的能源消耗量增长了6倍，而煤炭的消耗占中国总能源结构的70%左右。所以，以下事实就显得不再奇怪：中国现在的温室气体排放量占全球的1/4（EPA, 2014），并有重大的空气污染问题。在2010年，有超过120万人由于户外颗粒物而提早死亡（HEI, 2013）。在一些中国城市中，记录的空气污染值已经达到世界卫生组织规定上限的30倍。在2013年1月，中国有143万km²的区域遭受了严重的污染；而且在74个试验城市中有71个达到了危险水平，对健康和生产力有很大的负面影响。

尽管中国“十二五”规划(2011—2015)提出了重要的节能减排目标,但是严重的空气污染、迅速上升的消费水平和不断增长的排放量仍然是严峻的挑战。空气污染目前是中国的高度能源消耗的城镇化的最大阻力,它让煤炭的消耗量已经不能再继续增长。虽然中国已经增加了对于天然气的使用,但其天然气的资源是相当有限的而且分布不均衡。在中国城市未来 25 年将井喷般增长 350 万～400 万的城市人口的预期下,为了重新对空间规划方式进行思考,后矿物燃料时期的城镇化议程是至关重要的(中国国家统计局,2012)。

中国对于城市转型的战略已在 2013 年左右进入一个新的时期,它试图放弃从前单一专注于经济发展、快速扩张和消耗量增加的目标。中国政府已经意识到由于“无序和低效的城镇发展,城乡发展、区域发展不平衡和社会发展不和谐”导致的环境和社会问题(Wei, 2013)。

创建可持续发展的宜居城市是中国现代化目标的重要组成部分。但是,快速城镇化可以轻易压制不仅仅是环境方面,还有市政、景观和社区。在这飞速发展变化的时代,社会挑战也十分巨大,包括住房的可支付性、老龄化友好邻里的供给。现今,人们不断意识到政治经济的不平等,以及将经济建立在知识与创新,而非简单地过度开发低成本劳动力及环境的基础之上的需要。目前,对于农田保护的需要已被公认为与未来城市同等重要,城镇化模型也已开始从基于郊区化的西方模式转变,而向着更具可持续性的新模型发展。

但不论中国为了应对快速城镇化的挑战其创新程度是否足够,空气污染和可再生能源仍旧是一个重大的问题。为了支持变革,中国的政府和城市还需要发展一个更强大的能融入社区参与的机制。此外,必须协同推进激励机制的实施,鼓励人们转而使用公共交通,并为生态管理及更新提供一个社区要素。

绿色城市主义的 15 项原则

绿色城市主义的 15 项原则	样本建议和对策
原则一:气候与环境 所有的城市建设都需与当地特征相协调	制定可作用于城市气候和区域生物环境的计划。通过保持通风走廊畅通和适度调节体量控制风速,提升城市宜居度和步行空间的空气交换率
原则二:实现零二氧化碳排放的可再生能源:城市应该是一个自给自足的能源生产地,采用分散分区的能源系统	能源处理的“非碳化”。到 2020 年,将太阳能在总能源的占比提升至 10%。建立智能电网并强制太阳能热水系统的使用。利用区域范围的可再生资源实现超过 50% 的能源在本地生产
原则三:“零排放”城市:零排放的城市是一个闭合的可循环的生态系统,有效控制了垃圾填埋和焚烧的总量	实现“零排放”的理念和计划。提升资源的再用率至 100%,并不再进行垃圾填埋
原则四:用水安全:确保用手安全和城市敏感地区的供水管理	使用太阳能淡化海水及再利用废水。旨在保持每人每天的净水消耗量不大于 125 L
原则五:景观、花园、绿色屋顶及生物多样性:通过针对高效公共空间制定的景观策略,最大化城市生物多样性	继续拓展植树项目。构建湿地净化系统,循环利用灰水,可以提升环境和生物多样性水平
原则六:交通与公共空间:对公共空间的未来使用进行预估,使其不止停留在简单的运输用途	将国内生产总值的 6% 用来投资公共交通,拓展电车线路并引进自由混合动力公交车。通过行人和骑行者优先的方式提升街道
原则七:本土材料:在建设中使用区域材料并运用预制模块系统	使用工程化木结构建设系统,并强制使用再利用和再生建材
原则八:密度和改造:改造街区,鼓励城市空间填充	持续更新和引进自行车道。通过自然元素的设计提升公共空间的使用率和活跃度

（续表）

绿色城市主义的 15 项原则	样本建议和对策
原则九：绿色建筑和街区：对采用被动设计原则的新建筑深化实施绿色建筑设计策略	再次引进被动式设计原则并要求更高的水平，提升节能建筑设计和整体建筑保温，提供更好的住房选择和城市多样性
原则十：宜居，健康社区及混合性使用：重点发展包括针对儿童和老人的城市设计在内的经济适用房、混合性使用及健康社区项目	每个开发项目中需提供至少 25% 的经济适用房并运用预制模块系统。降低中心城区的税率，增加改造和适应性再利用
原则十一：本地食品：建立食品安全性高，城市农业和本地食品供应链	在至少 20% 的城市公园中引进城市农场，保持食品生产的城市腹地
原则十二：文化遗产：公正、安全、健康的城市	向公众咨询，并使其参与进来，保证项目的质量
原则十三：合理的管理与领导：城市治理和可持续发展采取最佳实践方法	建立公私合作关系，以促进变革，并使社会团体和非政府组织参与其中
原则十四：教育，研究和知识分享：提供与可持续城市建设相关的教育和培训	将国内生产总值的至少 3% 用于投资研究和创新。培养可持续发展的行为意识，提供通过积极地影响价值观从而影响长期行为、减少能源消耗的激励机制
原则十五：针对发展中国家的特殊策略：协调快速城市化和全球化带来的影响	城市需要与时俱进的策略来应对发展中的世界，例如繁多的住房类型等

注：所有的建议特征都是由最新及最成功实践得出的标准。

中国向绿色城市主义及生态城市转型

通过采用新的城市化路径，中国可以确保更均衡的投资、处理债务的主要来源并整顿全国的环境。在今天，“总体规划”由于应对迅速的变化过于不灵活，越来越被认为不合适。相反，适宜变革的、更为灵活且适应性强的框架则可以适应转型的需要（Roseland，1997；Satterthwaite，1999）。

中国有两类生态城实施方案：（1）新建的生态城——例如中新天津生态城和青岛生态公园；（2）现有的城市重新实施生态模型或改造——例如万庄和淮南。但是，由于任务的规模化，生态城市的努力也有可能在中国迫近而隐约可见的环境危机中沦为沧海一粟，所以比起屈指可数的项目来，还有更多需要完成的事情。

尽管中国正在努力创造可持续的未来和提升城市居民的幸福度，实际执行的各种生态城项目及克服重重困难的过程常常被证明十分困难。例如正在建设中的天津中新生态城，曾经被认为是中国最先进的生态城市，现在被广泛视为规划的能源供应的方式过于传统，以及缺乏真正的生态志向，并未实现其早期的期望（Girardet，2010；ICLEI，2012）。

当面临到投资决策和政策缺乏连续性的残酷现实时，中国的其他远景生态城项目都只收到了微乎其微的进展效果。例如上海临近的东滩，较早开展了绿色城市项目，由于政治领导层的变化而在 2008 年搁浅。其他项目则在实践过程中，变质为普通的房地产及绿地开发或高收入家庭的封闭式住宅区而与真正的生态城市原则相悖。

但也有好的迹象：宁波市正在镇海区的工业园区规划一个生态公园，公园将拥有一个可以净化污水、减少径流流失量的大型人工湿地。污水处理设施处理后的水排放进入湿地，这里的植物，微生物和土壤会吸收径流中的有机废物及重金属。工厂将回收使用公园处理过的净水。镇海区已经投入巨额资金用以建设 5 个宽200 m，面积为 10 km^2 同时总量为 150 万棵树的林带，以分割工业区与居住区。

达成生态城市的政策手段

城市必须向群众展现什么是可能的，什么是不可能的。不仅在减排，也在创造低碳繁荣上，城市都起着重要作用。制定战略性城市政策的能力、城市独立的决策能力和在社区层面上的可操作规模都确保着城市已为可持续的发展，作出全盘考虑的、明智的决定做好了充分准备。然而，尽管城市是可持续发展中的关键角色，他们也需要合作伙伴及充足的资金的支持，以满足对于能够实现绿色城市主义原则的后矿物燃料时期城市提议的更高期望。

亚太地区的城市若需成为动态创新的生态活力源，绿色城市的典范，亟需转换新视野。这样做的目的是为了更好地了解亚太地区转型的动力和障碍（以及后果）。越来越多的人同意城市化的进程必须向一个更加可持续的路径转移，以应对污染和气候变化的挑战。而绿色城市主义的原则正为此提供了概念模型和技术路径。

可以理解的是，为支持绿色城市，资源全面转换的复杂性是十分巨大的，这对于与不可持续的发展道路决裂，是一个巨大挑战。中国的经验则表明在实际操作的过程中是承诺与挑战并存的。

为了将可持续发展的效益带给亚太地区的所有城市，集体和个人展开实际行动是当务之急。在向低碳城市转变，采取新的低碳技术和城市规划方法的进程中，行为的转变是关键因素；将这一观念融入新城市政策的框架将是极为重要的。环境优先的行为需要价值观念和思维方式的改变，以及所有城市利益相关者的参与。

城市化这种力量，必须依据我们对空间的使用、生活方式、社会与经济关系，以及我们的消费方式改变我们的思维和行动方式。如果我们要避免我们目前城市经济发展体系的崩溃，必须修改和反省我们的城市及其未来遵循绿色城市主义原则的方式。新的城市提议可以鼓励创新，利用城市转型的权利并实现可持续发展。

在向低碳城市转变，采取新的低碳技术和城市规划方法的进程中，行为的转变是关键因素；将这一观念融入新城市政策的框架将是极为重要的。

显然，为实现更好的城市化模式，创新是关键：对城市数据及新技术的利用。然而，技术解决方案和应用之外，经济，政治和社会创新是必不可少的，因为这使人们能够参与创建既满足当代人发展的需求，又满足下一代人需要的健康可持续的未来。参与式规划的综合模型是一条有希望的前进之路。我们知道，资源更集约化、生产过程中较低的碳密集化，同时分配更加公平的发展道路，是对于我们市民、我们的城市和星球的唯一可行的道路。

现在的问题只是：我们是否有意愿采取行动呢？

第 5 章

城市管理

现状概览和政策要点

亚太城市仍在竭力解决诸多问题：如何让城市的快速发展与经济转型的管理相适应、如何应对日趋复杂的社会及其分化问题、以及如何面对日益严重的环境影响问题。

在管理城市转变过程中，各级政府对于夺回各方管制权势在必得。但考虑到城市及其区域的复杂性和发展情况，政府不应该在各个方面尽其所能，而是应与其他关键利益相关方合作来发挥战略作用。

许多地区的大中城市以城市蔓延和分化为特点。城市发展正日益超越并模糊着公共和私人、正式和非正式、国家和公民社会等领域间的界限。为满足城市的发展需要，在国家城市发展政策的支持下开拓政府合作的新形式则显得至关重要。

不管是集权模式还是完全的分权模式都不是有效管理城市的灵丹妙药。应该更加关注制度安排的发展，在特定国家和地区的大背景下它们十分奏效。

另一个重大目标则是在公共决策方面，实现更高的透明度并建立问责制度，这对于建立高效的合作关系和鼓励城市居民的积极支持和参与，创立灵活高效的地方机构是必不可少的。

为成功应对挑战，国家和地方政府在推进和主导相应的变革方面至关重要，其前提是遵守一脉相承的国家引导和政策。但许多亚太城市仍局限于过时的法律框架或者制度安排。

地方和中央政府之间权力分配的差距、地方政府预算和投资融资的缺口、地方政府在推进战略和规划未来城市方面的能力鸿沟都亟待解决。

东京都市区政府大楼 c kojinak

在国家事务方面，亚太城市往往是公众集会和抗议的中心 © 1 000 words

5.1 缩小差距

亚太城市管理者面临着艰巨的城市化平衡发展的两方面任务，两者之间既相关又矛盾。一方面，城市为国家和人民的繁荣做出了贡献；另一方面，城市也使得贫困不断聚集、不平等现象不断扩大、社会排斥和不公正的服务条款不断增多。同时，城市也成为集中环境污染和显著气候变化的区域。因此，创造条件吸引经济活动、保持现有竞争力、确保所有城市居民有公平的机会来获得更好的生活，与此同时减少在应对挑战过程中给环境带来的负面影响——这些都是在城市管理过程中需要面对的重要挑战。当讨论亚太城市的未来前景时，可持续发展的三个方面经常被提及，其实管治是至关重要的第四个方面。

近几十年来，亚太城市经历了社会、经济和政治方面的巨大改变，而在城市管理和财务能力上却几乎是原地踏步。随着经济管制的放宽和国有资产的私有化，国家在民主化国家演化的过程中所扮演的角色由“供给者”变为“引导者和监管者”。公共管治的政治和政策环境也都发生了重大变化。当前的情况已与过去大相径庭，而在此之前，大多数国家依据法律、法规、程序和制度等来管理城市（也就是执政方式）。换句话说，许多亚太城市的管理机制、法律、监管框架和制度已不适应当前的情况，更无法应对未来的挑战。

专栏 5.1　什么是管治?

管治包括国家正在运行的权利机构和传统，包括：a)政府被选择、监控和取代的过程；b)政府有效地制定和实施良好政策的能力；c)对于在经济和社会层面引导市民与国家间互动的企业，市民和国家应予以尊重。

资料来源：World Wide Governance Indicators，http：//info.worldbank.org/governance/wgi/index.aspx#home

当许多亚太城市无法应对那些层出不穷的新旧挑战时，城市的管理者已倾向自由放任的方式。

在那些公共权威性和资源不足的地方，不管是正式还是非正式的市场，都已经被默许去填补管治的漏洞。虽然这会带来短期的优势和收益，但在很大程度上忽略了城市长期战略规划、财政可行性、可持续性和社会公平性。

亚太地区的私营部门正日益被允许，在某些情况下甚至被鼓励去担当一些公共管治工作的角色，这往往被视为政府职能。在大规模土地开发和基础设施建设方面，为其提供所需资源和投资的私营部门已经成为一股强大的力量。虽然这对于许多资金短缺的城市而言是福音，但是私有化通常会导致公共监管的削弱，也会导致城市分化和越来越多的不平等现象——尤其是在城市土地和基础服务方面。

因此，公共部门迫在眉睫的任务是恢复其有效的影响力，通过直接干预和调控、重新调整战略合作关系让私营部门和民间团体各司其职。现在亟需的是新的以及更新后的公共部门治理实践，由此来重新确定城市政策，使城市空间更加均衡，同时使城市发展更具有包容性。

城市管理者需要更加积极地回应社区和民间社会团体的意见，因为他们需要加入到参与度越来越高的城市管治实践中，尤其是那些可能影响政策变化或城市规划的实践。近年来，一些亚太城市已经爆发了公共抗议，有些地方还在继续，甚至其中有些抗议远超预期。爆发这些抗议活动的原因各有不同，但都代表性地揭示了社会分歧，随着经济增长和城市化发展，人们拒绝“一切照常”的想法，而是寻求创新来解决日益严峻的社会分裂问题，以及那些被排除在政治、经济和社会效益之外的问题。

城市本质上是政治创新、变革和社会变动的大本营，但地区近年的状况也表明，城市也可以孵化出大规模的抗议和社会动荡。城市管理者或中央政府都无法正确地解释为什么适应社会变革的呼声，给予更大的发展空间，社会的不满和潜在的不和谐反而会进一步加剧。

改变的机会在于进一步促进城市的繁荣，进一步分权给那些正式和非正式的部门。新的改革治理框架的关键过程应该由可持续发展的长期愿景来驱动，用来指导多个利益者的中短期发展，而这一切都建立在协调、合作和谈判的基础上。

改革势在必行，因为最近亚太城市作为“全球化和经济增长的引擎”受到关注，但是讨论已经远离了城市多样性和城市社区诸多尚未满足需求的议题。人们对促进经济增长方面的关注远远超过对公平性和可持续性方面，对欠发达城市的困境、及对小城镇和在城市中的经济弱势社区等问题的关注。再次，城市管治的方法需要考虑城市多样性，渗透到广大群众钟爱的方方面面，为他们提供更好的生活条件和经济机会——而不仅仅是经济增长（ADB, 2013）。

城市管理者需要更加积极地响应社区和民间社会团体的意见，他们需更多地参与到涉及那些可能影响政策或规划改变的城市管治实践中。

5.2　转移权力

多年来，亚太地区的国家、省和地方各级政府出现过各种管理城市的方法，这些方法在主流政治意识形态和管理体制的逻辑方面发挥着独特作用。例如，在二十世纪九十年代，担当国家发展动力作用的城市越来越受到重视。人们的目光也由此转移到如何更好地管理城市，实现城市发展和繁荣的承诺上来。在分权的趋势下，地方政府被委以城市管理的重任。但由于在一定程度上存在着管治责任、权利和资源的多层次划分，分权也成为关乎政治和经济机会的因素，正如其所示，分权在不断寻求更好地管理城市发展的策略。

亚太的地方分权已与市场化系统变革及自由民主密切联系。这两方面不一定是彼此排斥，而是保持着挑战和机遇在管治中的正确平衡。如今当务之急是评估权力转移的有效性及重新权衡兴起的管治和责任。并不是所有的改变被证明是有效的，所以人们更需要关注哪些管治制度最适合本地，又有哪些能成功地激发当前和未来的城市活力。没有单一的模式可以遵循，甚至于最有效的制度安排都会随时间的推移而改变。

更多或更少的地方分权？

在过去 20 年中，亚太大部分地区的地方分权带来的结果好坏参半，部分原因是利益竞争的冲突和互不相同的意见，这涉及不堪重负的国家政府、被分权的地方政府和边缘化的社会群体。然而，无论是一个多党民主、社会主义还是军事政权的国家，在国家宪法、国家和州法律、议会立法层面实现分权的框架时，几乎都取得了重大的进展（Nickson et al，2008）。

在印度尼西亚，广泛的地方分权始于 1999 年，地方政府受益于大部分权力和资源向省级以下政府直接下放的区域地方分权立法。

印度尼西亚雅加达：从首都到省级以下政府中广泛存在的地方分权 © Asiantraoele

印度、印度尼西亚、尼泊尔和菲律宾是实现良好改革的实例。在发展中国家影响深远的菲律宾的地方分权被视为模范（Bruckner，2011），其允许地方政府在管辖范围内保留相当一部分的收入。通过当地发展议程和支出增加来获取相对的高度自治，目的是为了提高城市机构适应地方变革的能力（世界银行和亚洲开发银行，2005 年）。在印度尼西亚，大范围的地方分权始于 1999 年，地方政府受益于区域地方分权立法，将大部分权力和资源直接下放到地级政府（Miller，2013）。

在印度，尽管早期的民主的地方分权改革始于 20 世纪 90 年代，也兴起了参与度很高的话语权分享，使得社会团体能够参与到发展项目中，但是只有微不足道的资金和政策等权力被下放到邦以下地级政府，这严重削弱了地方政府自主满足社区需求的能力（Rao 和 Singh，2003；Fraschini，2003），导致大多数印度城市因为财政薄弱，而不能胜任转移而来的新责任。

孟加拉国、巴基斯坦和泰国在地方分权和中央集权之间经历了周期循环式的运动。该区域的经济合作与发展组织的成员国（澳大利亚、日本、新西兰和韩国）也一直在研究如何致力于地方分权的改革，而其首要任务便是提升服务（Campbell，2008）。

在强大的中央集权的政治体制和经济结构调整的大背景下，中国和越南选择了相对集中的分权策略。然而，在提高主要城市的生产率方面，鉴于中国模式非常有效，越南的模式仍致力于追寻城市自治和财富积累。

中亚国家哈萨克斯坦、乌兹别克斯坦和土库

曼斯坦已经选择更为集权的模式，然而吉尔吉斯斯坦和塔吉克斯坦开始小心翼翼地扩大分权(CER，2013)。太平洋岛国，尤其是斐济和所罗门群岛，在过去的十年里，开始强化地方政府的改革。其主要挑战是保持现代政府的结构和常规体系之间的平衡(ADB，2012；UN-Habitat，2012，2012a)。

辅助性原则隐含于地方分权之中，人们又重新认识到亚太地区不同层级政府分权问题的重要性，同时也意识到包括国家和非国家行为之间关系的重要性。辅助性原则的实现意味着下级政府的机构被给予更多的职责和资源来执行任务。

然而，在亚太的背景下，地方分权通常意味着将责任转移到地方级机构，但即使是面对新的或额外责任的需要，也几乎没有建立新的机构或下放财政自主权。

过去，许多城市政府在很大程度上仍然依赖(通常是不足和难以预料的)上级政府的财政拨款，从而影响了他们的制定预算和投资计划的能力。结果，经过 20 年的分权，许多地方机构执行委托任务的能力并没有显著地增强(Yap，2010)。

这点至关重要，由于大部分亚太城市人口在中小城镇中生活，其整体发展快于大城市(见第一章)。但是即使随着中小城镇的不断发展和重要性的不断加强，大部城镇并没有人力、资金和组织等资源以供分权之需。至于一些太平洋岛国，少数经培训的城市规划师屈指可数，有的甚至可能在官僚机构的其他领域工作。与此同时，一些中央政府和更高层地方政府经常把责任踢给下级政府，却没有分给他们所需的资金或自主融资的权利。在中亚，一些国家现在也不再提供更高级政府以前转移到城市的资源，这直接导致基础设施和住房条件的恶化(CER，2012)。在这种分权模式下，地方政府自身缺乏权利，仍主要依赖不确定的中央政府资源(Laquian 2008)。为了应对这些挑战，区域地方当局现正在寻求经验和知识的分享，以及通过团体的呼吁获得机会。正如专栏 5.2 中的解释。

为追求经济目标，中国的地方政府严重依赖的主要可用资源包括：公共土地。因为所有的土地属于国家，中央政府已通过法律法规放松对土地的控制，使土地价值成为一种有生产力的资产。

亚太城市和地方政府联盟(UCLG ASPAC) 集聚了当地市长和政府官员，通过一年两次的会议跨越地区分享经验和知识。
© UCLG ASPAC

专栏 5.2 地方政府论坛

越来越多的地方政府代表、市长和其他城市领导定期聚会，通过分享经验和实践来更有效地管理乡镇和城市。这些交际网对于中小城市可能特别重要，因为可以经常提供融资渠道和获取专门人才的机会。一些著名的地区协会包括：

英联邦当地政府论坛(CLGF)2014 年 5 月，当地政府在巴布亚新几内亚的莫尔兹比港举行了第三个太平洋论坛(PLGF)。超过 100 名代表与会，他们来自政府部门、地方政府协会和地区内十一个国家的省会城市：库克群岛、基里巴斯、马绍尔群岛、巴布亚新几内亚、所罗门群岛、萨摩亚、汤加、图瓦卢和瓦努阿图，也包括澳大利亚和新西兰。

亚太城市合作网络(CITYNET)在 ESCAP、UNDP、联合国人居署、名古屋和其 27 个成员国(目前包括 81 个正式成员和 42 准成员)支持下，于 1987 年由官方正式成立。为保证城市可持续性的发展，CITYNET 积极促进亚太地区的合作和伙伴关系。当前活动的主题主要集中于一些热点话题，如气候变化、灾害、基础设施和联合国千年发展目标(MDGs)。

城市市长论坛的东南亚国家联盟(东盟) 2011 年，第一次会议在印度尼西亚的泗水市召开，来自东盟城市大约 70 个市长和政府官员参会。

亚太城市和地方政府联盟(UCLG-ASPAC)其总部在雅加达，作为核心的知识管理中心，在地区地方政府事务方面影响巨大。其规模在 UCLG 八个分部中居首，与 7 000 多个地方政府紧密联系，涉及了 37.6 亿多人——超过世界一半的人口，包含了经济快速发展的国家，如中国、印度和印度尼西亚。

C40 联合世界上的大城市，致力于减少温室气体排放。在一系列的资源支持下，C40 和参与城市共同应对本地乃至全球气候变化的影响。

专栏 5.3 公民宪章和报告单

公民宪章在印度的安得拉邦和卡纳塔克邦大获成功，其主要原因归于：(1)来自公民社会团体的严格倡导和监督；(2)机构中非正式技术的广泛使用；(3)人性化的申诉、救济和服务机制，手机和电子服务中心的应用。城市公民宪章所带来的好处之一就是安得拉邦城市的服务交付和公民满意度有了显著改善。

在菲律宾，越来越多的城市也通过了宪章问责制度。那加市于 2001 年通过逐步落实提升服务的程序，为服务交付设置响应时间，并提供服务职员的名字等方式推出了公民宪章，同时给群众提供网络和纸质资料作为参考。一种手机短信系统“TextServe”已经建立，旨在为住宿投诉提供服务，其保证的响应时间为 24 小时(UNDEF，2012)以内。类似的公共责任机制在菲律宾的一些其他城市也正在实施，如马尼拉大都会的马里基纳市。

公民的报告单(或记分卡)是一个组织有序的公民反馈的例子，被广泛应用于规定服务的用户满意度评估方面。他们已经发现了服务交付的问题，塑造了公共意识和舆论机制，并引导服务供应商以加强其响应能力。

2002 年，科伦坡市议会联合当地非政府组织一起引进全市报告单来评估在低收入定居点的市政服务交付情况，其使用的报告单由联合国开发计划署支持的地区项目——城市治理计划自行研制，产生的公文——贫困档案-科伦坡城市，不仅成为宣传材料，还是优先解决城市问题的基础性文件(Jayaratne，2004)。

所罗门群岛发展信托基金(SIDT)，1989 年到 2003 年期间的主要使命是改善人居的生活质量，并进行公民报告单的调查。虽然调查结论普遍显示了服务交付的差距和制度的缺陷，但这并未给服务带来实质性的改进，因为这些结论很少被政客采用。这表明结论本身并不一定能带来管理的改变或催生更具响应力的机构。

资料来源：Arroyo and Siker，2005 and http：//naga. gov. ph/experience-naga/services/naga-city-citizens-charter/.

中国城市的发展清楚地显示了经济发展和地方分权之间的关系。为追求经济目标,中国地方政府严重依赖主要的可用资源:公共土地。因为所有的土地属于国家,中央政府已通过法律法规放松对土地的管控,使土地价值成为一种有生产力的资产。土地被长期地租赁给民营企业,同时作为国家资产的一部分,被提供给公私合资企业,这有助于住宅建筑的大规模增加和企业的建立。

如何分权和分到什么程度取决于国家的特征,在很大程度上也取决于国家的人口、社会、经济、政治和环境的特点以及政治的优先顺序。在多层次、多部门的框架下出现了越来越多的跨地区城市治理情况,涉及到政权、职责和资源协商等复杂的流程。而实际的分权可能随着时间的推移而变化,主要的挑战往往出现在以下关键领域:(1)吸引投资,同时促进公平和包容;(2)开放机构,引导更广泛的公民参与;(3)提高(地方)政府的公共信任度。

透明和负责的地方政府

在亚太地区,城市管理重要的挑战依然是使更多的公共决策透明化和建立问责制度(联合国人居署,2010)。尽管通常有明确的法律和规程来指导问责制和公共决策的透明度,但是往往因既得利益者的强烈反对而失效。既然腐败现象和模糊的问责制仍使部分地区不能实现良好治理,那么更严格的分权原则不失为一种解决方案,因为分权可以使城市机构和公众监督更接近民众。在这方面,亚太地区有许多经验可供分享和广泛学习。

例如,在印度、马来西亚和菲律宾,公民宪章已成为保持城市机构负责任的一个有效机制。这种宪章代表了存在于公民和地方政府(或其他服务提供者)之间的一种契约,这种契约阐述了在品质、数量、响应时间和服务交付的职员责任,并概述了公民关注服务的责任(见专栏5.3)。

对社会问责制度而言,信息使用权和民间社团与当地政府之间更紧密的合作都至关重要。公民获取信息的权利被列入神圣的法律,相关的使用权在数个国家已经得到实施。例如“信息权利法2005”,保障所有印度公民以书面形式申请获得国家事务或当地政府任何相关信息的权利。在巴基斯坦,“信息自由法令”颁布于2002年,而孟加拉国则颁布于2009年。在阿富汗、马尔代夫和尼泊尔,信息权利也都是受宪法保障的。

新形式的分权和地方管治提供了多种潜在的选择,可以使服务交付更具响应力,可以针对穷人提供更多机会,同时也可以为当地公民提供机会来参与地方决策。

新形式的分权和地方管治提供了多种潜在的选择,可以使服务交付更具响应力,可以针对穷人为之提供更多的机会,同时也可以为当地公民提供机会来参与地方决策。换句话说:重视参与和包容的政治空间已经被创建,而在此之前并没有多少参与度和包容度可言。在这种背景下,地区涌现出越来越多的良好实践,尤其是在那些地方领导人行使新权利及处理分权结果的地方。然而,在那些非国家行为尚未和国家政策紧密结合的国家,参与管治在很大程度上依赖于当地领导水平和官方机构的态度。

专栏5.4 领导的重要性

亚太地区在公民代表和参与地方治理方面不断进步。虽然在收入、文化、宗教信仰、权力机制、个人偏好和优先权方面,城市居民间存在着诸多差异,甚至在同一城市会给予参与和代表以不同含义,但始终不变的是,强而大富有远见的领导总会展露头角。地方领导在发现问题、参与社区、确认优先方案、途径和对策,以及调动各方资源来实现产出等诸多方面扮演着重要角色(Roberts and Kanaly,2006)。

和斯里兰卡的马塔莱市、印度尼西亚的梭罗市和泗水市、印度的办拉特苏里亚佩特市一样,诸多形形色色的城市的成功要归功于领导者,他们可以跨越利益的多样性并展现成果。在某些情况下,地方领导甚至正在改变国家政治的局面。2014年,印度尼西亚选举梭罗市前市长“佐科维·维多多”当选总统。不论是来自印尼城市的政客,还是来自不太传统的权力基础的年轻政客们,对他们而言,这都被视为新生领导力的代表人物。

参与式预算制定

虽然参与式预算在亚太地区仍处于起步阶段，例如印度的浦那。但是亚洲开发银行在印尼和巴基斯坦的试点项目显示，公民对于分配资源和预算的意识得到提升，参与式预算广受欢迎，并在解决一些财政困难方面拥有取得成功的记录（UN-Habitat，2010）。由于其显著性，参与式预算的一些模式已经跨区展开。例如，基于印度尼西亚梭罗市的教训，乌兰巴托实施了城市蒙古包（原住民住房）社区交流的模式。其他一些措施则用来改善财务问责制和资金分配。例如，社会审计可以帮助社区参与审查公共项目的花费，从而进一步协助政府部门制定审订计划、开展管理和监察非金融活动、以及监管社会和商业运作。

预算分析也被用作宣传材料，来指导更有助于弱势公民的优先次序。在印度尼西亚，万隆治理研究所分析住房政策和预算对于贫民窟居民的影响，而妇女联盟则更关注用于倡导妇女关怀的预算。在马绍尔群岛，一个联合行政化社会倡议——“社会性别平等和青年敏感公共支出管理”——旨在增加影响妇女和青年的相关部门的预算。这样的金融扫盲计划利于审查在其他方面不透明的预算分配（Arroyo and Siker，2005）。

城市边界外的管理

城市人口的快速增长导致了各种规模城市的领土扩张。在亚太地区，这样的扩张往往由公路或经济特区的公共投资引起，也为正式和非正式的私人土地开发投资提供了机会。但这样的处理和频繁的经济活动往往超越了城市行政边界及其管辖权，这意味着城市化超出城市管理、服务条款和规划授权的范围，同时也超出土地利用规划。城市边缘的人居环境和土地使用权也在城市管理方面备受争议，通常包括一些极度退化的环境、赤贫和非法活动。

当地的一些新举措，像萨摩亚的城市规划和管理机构的设立，从整体上解决了城市及其周边的问题，是城市综合治理重要的一步。通过关注环境和气候变化，该机构解决了城市及周边地区的土地侵蚀、土地使用、土地退化、生物多样性和固体废物和饮用水供应等问题。更为重要的是，它同时接纳正式和非正式（村干部）的代表，鼓励当地群众积极地应对城市所面临的问题，由此为建立市政当局和村干部之间的新型伙伴关系提供了一种新途径，这有助于杜绝城市周边社区在政治、经济和社会生活等方面边缘化问题（PUMA，2013）。

专栏 5.5　电子政务

在线管理系统的出现（电子政务）推进了一些亚太城市的透明度和问责制，提高了其城市管理效率。同样，最初由韩国公共采购服务机构引入（大韩民国）的电子采购，现在在亚太地区被广泛应用，有助于提高公共采购的效率、透明度和有竞争力。依法律规定，25 000 多个韩国公共团体在网上公开采购和招标信息，并为入围供应商提供标准化产品信息。市民可以参考这些网站，比较不同供应商提供的价格，这使得私人竞标者串通政府采购人员更加困难。一些城市也正使用在线系统，为市民提供各种许可证申请和审核服务。

首尔市政府已经开发了在线民事申请及审批程序。因其缩写为“OPEN”而知名，它使人们能实时监控自己申请的详情，查找处理业务的官员姓名和联系方式，在线得知审查和批准程序的消息。

在印度，公共电脑亭里设置了 100 多个公共服务，如申请许可证、纳税、水电费、买火车票、住店投诉等等。通过将这些交易数字化，政府取消了中间商层面，减少了腐败现象。余下的挑战就是如何使印度的文盲和电脑盲公民也享用这些服务。

30 多年来中国香港有一个世界上最易于操作也最高效的纳税系统。其战略性体现在其纳税点和书报亭遍及整个城市，公民可以确保在几分钟内就能有序地处理税务问题和支付。政府现在让电子纳税变得更为便捷：公民可以通过使用电话、互联网甚至 ATM 机来实现电子支付。

2014 年，佐科"佐科维"维多多当选印度尼西亚总统，他被视为新生领导力的代表人物　© US Embassy, Jakarta, Indonesia

虽然在印度、印度尼西亚、菲律宾和泰国的分权政策都意识到有必要与周边地区相协调，但是即使有，相关政策的条款大多也是非正式的。为合法的占有城市辖区范围外的领域而进行行政边界扩张是一个耗时的过程，在大多数情况下，这种行为被视作侵犯领土，会遭受占有领土的机构的抵抗。由于缺乏城市边缘区域快速发展的数据，任何类型的干预都变得困难。在快速增长的背景下，大都市人口和功能的界限变得越来越不稳定，这给整体治理不断带来挑战(Sellers,2008)。现有的机构可能只覆盖部分大都会地区，如孟买地铁 1 800 万的乘客中，大孟买的市政企业只覆盖了其中 67%。

因此，对于许多亚太城市而言，建立综合政策制定、实施城市规划和协调服务是主要的挑战。此外，机构的作用体现在是为高度分散的政府部门提供极其有限的协调。对于经济发达地区的城市而言，这种分散的治理是可行的，比如澳大利亚的新兴经济城市布里斯班，印尼的三堡垄港市(Minnery et al,2012)(专栏 5.6)。最近，虽然成功方式多种多样，在实施过程中更协调、更全面的城市管理和跨行政边界治理，却也在不断普及。

专栏 5.6　斯里兰卡城市规划的不足

在斯里兰卡，城市规划受制于城市发展局(UDA)、省级议会和城市地方政府(ULAs)之间的责任划分。UDA 接受任命，制定适合城市发展的地区开发规划方案，然而，这种 UDA 宣布的地区并不是 ULA 负责的核心城市规划中不可或缺的一部分。因为能力的约束，一个 UDA 仅能行使其有限的规划和执行权。此外，那些没有受到 UDA 认可的地区也无土地使用管制，其虽具有城市特点，但却被视为农村地区而管理。而专业基础设施建设与代理机构之间协调有限，这又进一步加剧了斯里兰卡制度和城市规划机构在职责划分上的各自为政(世界银行，联合国人居署，2012)的情况。

城市之内，体系之外

对于城市而言，地方政府如何看待辖区内的各种城市特征，尤其是贫民窟和其他非法住区是很重要的。城市贫民获得基本服务的主要障碍之一，举例来说，是许多城市政府不承认非法住区，也不能有效地满足其需求。不仅是因为经常性的信息匮乏，同时城市也经常面临着法律的约束，可能是因为这部分人口不纳税，也可能他们合法身份受限，甚至不合法。

那些关于最小地块面积和住房标准的政策，有些已经不切实际，与时代脱节。而这些政策可能会阻碍在非法住区的合法重建以及针对服务和基础设施供给的正规化管理。因此，市政当局常常采取"善意忽视"的态度，但是一旦出现开发土地(和提高收入)的机会，市政当局可能会强制清除此类住区。

印度城市的经验的独特之处在于，根据地方民主化规定，贫困群体可以通过民选议员来实现基础设施的改善和管治需求。议员要么在议会上代表这些需求，要么给管理和规划机构施加压力，让他们承认当地的实际情况。然而，当国有机构或私人机构夺得市政服务和土地开发的控制权时，穷人就会失去这一政治优势，因为这两者都不是受委托了的，而且也许也不愿意介入那些居民没有可供核查的合法居住权的地区(HRDC,2002)。

许多城市政府不承认非法住区，主要原因之一是城市贫困，缺乏基本服务。 © Samrat35

5.3 城市规划和城市现状

人们常说，规划师设计城市，而人民建设城市。城市规划是指导城市发展、促进城市繁荣和包容的重要前提，但城市发展规划与商业之间分歧越来越大。大部分亚太地区遵循编制的总体规划，将其作为发展的法定依据。通常，这些规划既不统一在基础设施和土地的开发计划中，也不隶属于财政预算和长期的财务计划。此外，等到总体规划被正式批准时，由于城市地面的发展不断变化，很多计划早已过时。另外，规划的排他性也经常加剧发展的不平衡性。在许多情况下，决策制定的过程从开始就将整个人口阶层进一步边缘化。

为更广泛地实现可持续发展的目的，城市至关重要。但在执行层面却存在着差距，主要是制度和能力上的不足。改变亚太城市的功能需要新的规划和城市管理形式（亚太经社会，2014）。尽管最近的改革可能会改善规划的实施，但其主要弱点体现在缺乏实施策略和长期融资保障。其瓶颈也包括顽固的各自为政的体制结构，使之很难达成责任上的一致，也很难解决地方政府实施规划的低效问题，其规划一个遥远未来城市的政治意愿也十分有限（UN-Habitat，2010）。

几乎所有亚太城市已经超出了原有市政的管辖范围，今天的城市规划和服务管理系统通常没有覆盖整个城市化区域，也没有城市的资源和经济腹地。因此，不同层次的规划可能会彼此忽视或相互矛盾，但在确定城市投资时，战略规划对于用综合的方式解决社会、经济和环境问题十分重要。

在分析当前的趋势来制定策略、计划、组织和筹措投资来实施这些策略方面，区域内的大多数城市还没有成熟的机制。更为雪上加霜的是，许多城市在处理各自问题时毫无紧迫感，因为城市管理者不堪重负，城市“失支管治”已然成为事实——这种现象不能继续下去。如果现在不采取行动，那么经济、社会和环境将面临长期的风险，并会产生十分巨大的破坏（ESCAP，2014）。

专栏 5.7　印度城市规划变化历程

在印度，强制性的城市改革是在贾瓦哈拉尔·尼赫鲁国家城市更新计划(JNNURM)指引下进行的，包括在房地产促进公私合作，废除城市土地上限和监管行为给私人发展腾出土地。然而新成立的 NDA 政府宣布将中止 JNNURM，并以新的含义重新启动它，全力打造全印度 100 个智慧城市。同时引入基于 GIS 的规划和改进废物管理来清洁城市。这些新项目将依赖于最近城市规划的收益，但也关注重大基础设施的建设，如高速公路和水路(Hindnstan Times，2014/06/25)。

因此各级政府亟需促进管治和改革城市规划，可从以下方面加以改进：

(1) 协调机制(主要从利益相关者和跨境两方面)为整个城市地区和相关部门提供更好的战略规划，实现全面管理；

(2) 加强金融结构来提升城市地区政府的财政生存能力，改善融资基础设施和服务机制；

(3) 行政和司法的跨界能力建设；

(4) 更大的社区和私营部门参与城市决策过程。

目前综合规划模型被应用于区域内的许多国家。然而，作为良好实践和系统应用的典范，如新加坡和日本，并不一定完全适合亚太其他地区。一个更好的方法——综合处理有关灵活性、响应能力和资源的问题——授权将上层的“可持续战略发展规划”和有效的投资计划相结合。上层规划没有划分详细的土地利用区，而是提供了总体发展的方向和原则。在优先考虑支撑战略规划方向的基础设施建设时，会给予批准。城市发展战略规划如印度的“贾瓦哈拉尔·尼赫鲁国家城市更新计划进行任务”(JNNURM)，就是建立了这类投资计划的例子。

孟买的改造计划已经使 60 万个家庭从非法住区搬进了合法住宅　© Adrian Constantinescu

专栏 5.8　孟买贫民窟改造

1995 年，贫民窟改造当局开始在孟买实施贫民窟改造计划，方法包括在贫民占领的土地上提供合法免费的住房，或者让居住者搬迁到与政府商定的土地上。贫民窟改造当局提供的容积率奖励机制，私营部门负责贫民窟居民的住房合作社的建设，从而使计划能够获利。该地区可以在容积率允许范围之内，为合作社所有成员提供住宅。同时这种方法可以变成"可转化的发展权利"，允许在城市其他地区建房或者在市场上进行房产交易。高地价和现状低容积率提供了充足的利益空间，保障了开发者和土地所有者双方的利益，甚至可以为贫民窟居民提供改造的免费公寓。

尽管近二十年来有超过 60 万个家庭从正规住房中受益，但是因为土地市场的波动和不准确的地籍，接下来的进度并没有预期的那么迅速。计划的主要缺点是会导致后续的再发展零碎而不完整，这只适用于在商业上可行的区域。因此，建设会忽略那些处于低地价的贫民窟和大贫民窟中最贫穷的地区。

该方法使城市基础设施升级变得很难，也不能使之与更高密度地块相匹配。以最近推出的"Rajiv Awas Yojana 计划"为例，支持印度市民参与当地社区计划来绘制城市贫民窟。在这里大规模的突破范围现象实际上是被默认的，从单个到全市非正规的城市搬迁是一种提高非法住区的生活条件的途径。积极鼓励地方政府、非政府组织、私营部门和社区团体之间的合作，从而促进贫民窟改造并预防新贫民窟的形成，使他们能够作为平等发展伙伴，这对社区组织的能力建设而言是一个关键的策略(Government of India，2011)。

有时，对机构和系统的关注会掩盖这些计划的目的或不利于其服务的对象。新的方法和手段应阐述如何让民间社会参与到投资城市基础设施的关键决策中，如何为他们创造更多的空间。如果给予更多的相关信息和适当的激励机制，通常情况下，市民不仅会支持该计划，还会努力和其他资产方来支持底层建设。

土地是一切规划程序的核心。因为不断扩展的城市活动、积累的财富和权力会产生更高的需求，土地成为不断被争夺的资源。所以，贫困、赞助、以及政治权和财政权往往决定着土地开发的选择，而不是在总体规划上给予科学的指导。执行机构的乏力，与城市贫民有限的协商，往往成为亚太城市大规模非法住区的形成的基础，正如美拉尼西亚州、蒙古的乌兰巴托、孟加拉国的达卡和印度的许多小城镇。奇怪的是，富人同样对规划法规漠不关心，而他们中的一些人却通过集聚城市土地来投机，一些人无视分区的规章制度却形成了独家公寓和封闭的小镇。

在印度孟买，高地价被用作贫民窟重建来争取利益，作为城市规划手段，"发展权转移"成为私人开发商的动力(Banerjee，2014)。这些规划过程希望保持土地资产的价值，并通过转移权利来实现，即从一个禁止或不鼓励开发的地区(划定土地发展权转让区)到一个鼓励发展的地区(接收区域)。关键是将发展地区的部分土地交易价格传递给禁止开发区域的地主。

"创业计划"的危险之一在于，既没有长期规划的视野，也不考虑城市发展的整体愿景。尽管私人部门已经存在，然而这还是取决于公共部门如何规划全市或全区的交通网络和主干基础设施的发展，因为目前这些仍处于传统规划领域，包括公园、环境敏感区保护、防止污染和抵抗自然灾害。这种方法基本上是短期战略和决策的集合，但对于长期规划和良好的管理具有潜在危害。

5.4　为城市转型融资

城市发展资金

最近的全球化分权浪潮已经将许多责任分给下级政府，而却往往没有给予财政权，因为一直以来亚太国家的财政系统高度集中。其收入被中央政府汇集，然后以内部收入分配、拨款和各种补贴的方式供省、城市和农村共享。地方政府的收入来源通常不足以满足大型的、长期的基础设施建设及其他资本的融资投入需求，因为地方政府的预算往往已经捉襟见肘，难以负担基本的税收支出。

地方政府的收入来源通常不足以满足大型的、长期的基础设施建设及其他资本的融资投入需求，因为地方政府的预算往往已经捉襟见肘，难以负担基本的税收支出。

区域内所有国家的中小城镇都发生过更极端的资金缺口情况。这些中小城镇依赖（这种依赖通常是不确定的及不充分的）上级政府的资金，用于融资和财政支出。日积月累会造成服务和专业人才的短缺，除此之外，这还会消极地影响政府的预算过程。中亚的小城镇完全依赖于从上级政府的资金流而没有独立的预算，这进一步导致了行政力的削弱（CER，2012）。

在没有中央政府资金流的情况下，良好运转的地方政府和健全的税收基础通常可以使城市仍能做好管理工作。孟买很多本地资源来自于货物入市税——一种针对外来商品的税收（UN-Habitat，2010），然而这个能创造财政收入的良好税收实践只适用于印度的马哈拉施特拉邦。

圣路易斯的普鲁帝-艾戈住房项目，根据现代规划概念建造，仅仅建造 18 年后被拆除 © Lee Balterman/getty images

专栏 5.9 亚太地区现代主义的城市观念：一个历史教训？

国际现代建筑协会（CIAM），成立于 1928 年，是一个先锋派的西方建筑师协会，致力于寻求新的视角来解决 19 和 20 世纪早期出现在许多西方城市的问题，如拥挤不堪和不健康的居住条件。1933 年 CIAM 举行的第四届会议以“功能城市”为主题，奠定了一种“科学的”城市规划方法的新基础，也被称为“现代主义规划”。

现代城市规划理论认为，城市的优劣取决于四大城市功能（居住、工作、交通和游憩）是如何在空间进行组织的（Somer, 2007）。然而，现代派深受当时社会管理理论的影响，尤其是专业化、标准化和大规模生产的福特主义原则的影响。所以现代规划师推广专门的城市功能分区，其划分十分严格。这就产生了单功能的中央商业区，仅用来居住的邻里社区和专用于购物和娱乐的分散区，所有区域皆由基础设施连接。

根据现代主义，公民需要住在郊区的高层公寓住宅区内，它们是大规模的标准化生产的产物。宽尺度的街区由公园和其他社会绿地分隔开来（Sennott, 2004）。街道也成为特殊区域，因为在现代主义看来，过去的多种街道功能，集合了孩子玩耍、社区活动、行人、骑车人和汽车通行，障碍了快速交通的发展。现代主义认为街道是汽车通道，而不是人行通道（Nastrasony 和 Aklexander）。

现代规划有宏伟的目标，他们想解决那些影响了那个时代诸多城市问题，例如混乱的城市生长、土地利用的矛盾和不健康的居住条件的问题。而所谓社会住房的概念，本质上是现代主义为贫穷的城市居民提供能负担得起的、健康的居住环境而努力的结果。

现代建筑设计的任务是制定一个城市的综合规划，在工作、居住、购物、娱乐和机动性之间为其提供更多的功能空间上的联系。然而，如今在试图解决城市中心的交通拥堵问题时，现代主义为以汽车为基础的城市发展及其蔓延创造了条件。

现代主义的影响是巨大的，遗留在今天世界各地的城市仍能感受到其脉搏。举例来说，大规模的欧洲二战后的重建，迎合了现代主义城市规划的概念，因为在饱受战争蹂躏的大陆，它提供了人民需要的住房解决方案，能迅速地提供大型的保障性住房。然而，许多原始 CIAM 的想法受诸多因素的限制，如紧缩的财政政策，人民对基础概念的肤浅理解、或纯粹的大众阻力。例如德累斯顿的战后规划，它依据于现代主义准则，却因被其市民认为“对城市的全面袭击”，进而受到抵制。(www. ciam4. com)。

战后的欧洲住房短缺，而廉价的快速建设和标准化的高层塔楼似乎可以缓解这个现实。19 世纪五六十年代，一些 CIAM 成员已经对被错误地理解与实施的现代主义规划愿景产生怀疑。

在加拿大和美国，现代主义观念也是在战后作为解决相关问题的手段而走红:(1)大量移民的住房需求;(2)不断升级的城市社会问题;(3)普遍存在的对建筑环境的乏力控制。但是，时间很快就证明了现代主义的愿景不切实际。

19 世纪五六年代的苏联，因现代主义诱发的问题不断演变，比欧洲和北美更为明显。不同的苏联社会组织，由国家提供的既非自由也无差别化选择的住房供给，以及公共部门服务和维护共享设施，这些可能更符合现代主义愿景。

为改善战后严重的住房短缺问题，苏联领导人尼基塔 · 赫鲁晓夫，宣布解决方案为快速地建设低成本的住房，并将其作为苏联的主要目标之一。这种政策催生了“赫鲁晓夫楼”:一种标准化和大规模生产的城市住宅区，为五层多户型住宅。然而赫鲁晓夫楼，从未达到过欧洲和北美公寓的楼层数，因为电梯结构要求楼层必须超过五层，否则建设成本过于昂贵。

到 19 世纪 60 年代晚期和 70 年代早期，欧洲和北美的许多城市规划师和社会学者开始意识到，缺乏人性化的现代主义削弱了社区和社会集体的活力。大型住宅的小区周围，有一些共享但分离的公共区域，由于没有人对这些区域有个人责任感，所以这些区域难以被居民所认同。相反，公共空间环境恶化、利己主义、社会疏离、故意破坏和高犯罪率等问题都似乎滋生于这种类型规模的住宅区之中。

现代居住区因此与地方社会问题有关，特别是当经济衰落时，社会将出现这些高发的生活热点问题，诸如隔离、失业和被剥夺权利的社会团体。

到 20 世纪 70 年代，许多欧洲国家和北美叫停了廉价和统一的高楼大厦的建设。在类似的苏联及其卫星国家的城市住区也出现过相似的深层社会问题。特别是当经济由国家中央引导过渡到由市场引导后，这些问题会迅速升级升温，失业率和共享公共设施的缺乏和零维护则变得司空见惯。

在一些亚洲国家，当代的城市规划不一定遵循现代主义城市规划本身的概念，但会促进与其十分相似的城市空间专业化、住房标准化和基础设施等的推广。诚然，亚洲城市化的快速发展，短期内对巨大城市住宅的大规模需求会增加，几乎都不可避免地推动城市规划师的转变，即将居民集中到城市高层的住宅区中。今天在一些所谓的亚洲国家，“智慧城市”观念在应用中还是残存着类似的现代主义的特征。尽管量身定制的社会干预和空间调整可能有助于解决一些由现代主义导致的问题，但城市规划的历史在亚太地区可能会重演。

鉴于世界各地城市的不同经验和社会政治制度的差异，目前基于国家规划的实践，应重点关注那些单一功能的城市地区和大规模的高层公寓住宅区，历史的教训应铭记于心。因此，亚太城市管理者都开始谨慎地探索这个问题的答案:

伴随着城市规划的干预，将会出现什么现象?

资料来源：Somer, K. ed., The Functional City — The CAM and Cornelius van Eesteren, 1928-1960, Nai Publishers, 2007; Sennott, R. ed., Encyclopedia of 20th-century Architecture, Fitzroy Dearborn, 2004, Vol. 1, A-F, p. 87; S. Natrasony, S. and Alexander, D., The Rise of Modernism and the Decline of Place: The case of Surrey City Centre, Canada, Vancouver, www. newcity. ca/pages/surreycentre. pdf; www. citylab. com/design/2012/11/evolution-urban-planning-10-diagrams/3851/; www. ciam4. com/.

信息技术的应用(特别是 GIS)也可以显著地增加税收。例如菲律宾的奎松市，其房地产税收在 2005 年和 2008 年之间增长了 3 倍。通过计算机处理税率，付款变得更为容易，消除了中间商的腐败现象(联合国人居署，2010)。许多印度城市通过数据库来改善他们的财产税信息和评估服务，这个数据库将房产税记录与地理信息系统相关联，随着付款方式的简化，这种应用已显示出良好的效果。

通常情况下，所有市政当局拥有的土地、固定资产和基础设施都没有被充分利用，因为它们并没有被用作融资策略的要素。在估值和合适的登记后，这些资产可以用作贷款担保(Roberts，2013)。印度艾哈迈达巴德市公司成功地利用这种方法，通过市政债券来筹集资金(Mathur，2009)。近年来，利用城市土地作为当地收入的来源确实很重要。资产是否是最具潜力，这在很大程度上取决于国有土地。中国沿海城市已经引起全球的关注，因为多达 81% 的城市发展资源是通过租赁，把公共(国有)土地转给私人开发而获得的(World Bank，2013)。

专栏 5.10　亚美尼亚二线城市的发展规划

在亚美尼亚的久姆里、瓦纳佐尔、迪利然、杰尔穆克 4 个二线城市，在亚洲开发银行的技术援助下，为其准备了城市发展和投资计划，并被视作国家的“可持续城市发展投资计划”一部分。按照计划，银行开始寻求城市的重点融资项目，投资计划专注于关键的发展和政策的挑战，包括城市交通、供水和卫生设施、固体废物管理、地区供暖和照明、住房、地方经济发展、物流和旅游。这个 10 年计划将指定亟需改进和优先的城市投资项目(ADB project 45415-001)。

专栏 5.11　惠及穷人的城市融资

穷人的普惠金融可以用于两个方面：(1)穷人成为纳税人；和(2)穷人能够从正规的金融机构筹集资金。在这种情况下，亚太地区两个捐助计划脱颖而出：

“治理和发展支持计划”，由加拿大国际发展署资助，联合国人居署实施，旨在整合基础社区来改善阿富汗的坎大哈市约 10 万低收入非法住区的居民生活条件。此外，针对供水、卫生设施和道路，它利用政策途径来创造合法的城市房地产，使之在市政税的管辖范围内。

只有当基于该区的计划和公共工程项目再投资时，才会征收可持续的年度物业税，也就是说，当纳税人看到这些收入被如何用于改善当地的状况时，市政的收入才会增加。随着房产税的可持续发展，该区的生活环境也在不断地改善(UN-Habitat，2009)。

社区主导的基础设施融资基金(CLIFF)是在 2002 年被认为是一种创新的融资基金，通过建立案例来影响政策，允许适度的风险管理，提供学习机会和加强能力建设。它使得城市贫困社区能够验证和展示，能够自己实现改善贫民窟的解决方案。基金设立被用于：提供过渡性贷款、担保和技术援助，与社区组织(CBOs)共同为城市的复兴而工作，调控商业和公共部门的资金，提供滚动融资基金及授权给城市贫民组织。通过城市联盟捐助约 1 000 万英镑资金被作为其启动资金。

CLIFF 已经在印度和巴基斯坦(除了肯尼亚)开展，并成功地协助城市贫困组织来资助和实施相关措施，用来改善由社区带动的基础设施建设、提升住房和城市服务。然而，为了彰显正式系统的透明度和财务廉洁，由非正式社区主导的过程，与捐助者、银行和政府的要求之间存在差距，缩小这两者之间的鸿沟并非易事。(WSP, 2009)。

给城市施压来实现经济增长的方式形成了中国模式。在城市战略规划指导下，基础设施的建设和农村土地的流转需要适应实际的房地产计划。然而这个模式不能简单地被其他国家乃至中国其他地区复制利用。尽管中国经济的成功强调实现适度而有效的城市化对于经济增长的重要性，同时这也带来了巨大的环境成本和社会不平等现象(World Bank，2013)。

条件资金

条件资金可以用作地方政府的改进绩效和改革的杠杆，也能用作城市间的竞争机制，更为高端的执行者可以从额外的资金中获得利益。后者的做法在区域内并不常见，因为它并不适用于那些对资金有更大需求的市政建设。目前，印度和菲律宾正在使用条件资金（见专栏5.12），其中一部分的公共资金来自“绩效挑战资金”。这些实践表明，资金从上级政府转移到城市的方式可以提高市政效能，而不是引起地方政府的自满，而这是以前常有的情况（Roberts，2013）。

最后通过公私合营，私营部门的参与可以减少公共机构的财政负担。价格和关税设置很复杂，除了电力、运输和电信行业，大多数国家的监管环境仍然不够强大，不足以保证成功。在开发银行担保项目上，严格的项目开发标准和方法十分缺乏，模糊的法律和政治上的不确定性也增加了开发难度。在雅加达和马尼拉的供水私有化已经表明：政策、法律法规和长期规划的确定性是吸引投资和创建联合工作方法的关键因素。

大韩民国是一个典型例子，通过适当立法、第三方监管和公共机构能力建设来支持公私合作经营。由国家政府建立的公私合营机构负责如铁路和高速公路等大型项目，地方政府公私合营机构则负责小型项目，如大型的停车场和文化、旅游开发等项目（见专栏5.13）。

专栏5.12　印度和菲律宾的条件资金

印度政府一直试图通过“贾瓦哈拉尔·尼赫鲁国家城市更新计划”来应对城市基础设施的挑战。计划并鼓励城市地方机构使用市场化融资，并资助由组建公司合营的城市基础设施项目。政府资金以强化分权为目标，同时作为改革和投资的催化剂，也被用于开发和推广印度城市的基础设施市场化融资机制（Vaidya和Vaidya，2009）。

2009年，菲律宾发展预算协调委员会批准了绩效激励政策，就是提供激励机制以改善地方政府的效能，使国内政府间的资金转移合理化。它通过奖励来刺激绩效目标的实现。根据该政策，绩效挑战资金由地方政府部门建立，并提供配套的资金给高效率的资本投资项目，旨在：（1）促进良好的治理绩效；（2）鼓励地方的发展投资与国家的发展目标和优先事项相一致；（3）促进当地经济发展；（4）遵守菲律宾减灾管理法案和适应气候变化法案（http：//www. dilg. gov. ph/programproject. php？ id=6）。

专栏5.13　大韩民国的公私合营

1994年，大韩民国建立和颁布了PPP法案，随后于1999年和2005年修订。其主要特点是：

（1）建立了公共和私人基础设施的投资管理中心，制定了相关知识框架，目的是确保PPP项目申请的透明度和客观性、为PPP政策提供专业的支持和展开专业的研究。

（2）由政府融资的信用担保基金为PPP项目的融资提供信用担保。保证最低收入，当实际收入大幅下降从而低于预期收入的时候，部分年收入将用来作为担保。

（3）在建设-移转-出租（BLT）特殊的采购计划支撑下，有特殊目的的公司设立设施，将所有转移给一个公共实体，作为回报，它将获得运营权，同时通过把财产租赁给公共实体来获得投资回报。

（4）对于私营部门而言，税收奖励包括在建造服务方面免除土地收购的税收、免除登记税和增值税；

（5）最大建筑补贴十分固定，其中30%用于公路，40%用于地铁。土地补贴通常由政府承担。对于盈利项目，私人则通过捐款来竞价。

资料来源：Park（2009）

5.5　谁最终为城市负责？

填补管理漏洞

在全球化的刺激下，城市越来越多地忙于财富生产的激烈竞争中。与此同时，在经济、政治、形态和社会方面，城市变得越来越各自为政。亚太城市管理的主要挑战之一是，当城市的发展越来越具有社会包容性，越来越可持续的时候，同时要确保其竞争力和创新机会。有充分的证据表明，这既不会自主地发生，也不会由市场引导。

大型的亚太城市作为世界工厂、办公和旅游目的地，仍然面临着快速增长、社会分化、贫穷、环境恶化、以及气候变化等问题的影响。几乎所有的亚太中小城镇都在与极度贫困、基础设施不足和低下或尚未实现的经济潜力做斗争。这表明除了商品、服务和生产外，城市需要更多不同的激励方式以更好地融入全球经济的趋势。

尽管最近有一些失败的公共政策和举措，尽管有观点认为管治应包含重要的非政府行动，但是国家和地方政府在驱动、管理和调节城市变化的过程中必须保持核心作用。亚太地区存在着城市和城市化管理不善的问题，大多缘于政府的实施措施少，缺乏更多的干预。这当然不意味着政府应该包揽一切，相反，政府应该策划和调节城市发展，以实现社会、环境和经济的可持续发展，在此方面发挥积极的、战略性的作用，这种多重作用不能由逐利的私营部门或民间团体来执行。

在印度，已经建立了 100 多个公共电脑亭，公共服务包括纳税、申请许可证、购买火车票、旅游门票和住宿投诉　© danielal

虽然地方政府在管理公民的需求方面负有主要职责，但是国家政府仍是有效的城市管理的关键推动者。只有在国家城市政策的框架下，城际和区域的发展难题才能得到解决，如发展中小城镇或进一步提升大城市。因此，亚太国家政府应更侧重关注国民经济和城市发展策略之间是否协调一致。

首尔的现代地铁系统通过公私合营方式设计，使授权立法和相应的公共机构的能力建设成为可能。 © Filedimage

总之：亚太城市需要更加动态、透明和积极的公共管理，而非反之。

国家的重要作用之一是创建一套框架体系，促进市场发挥作用，而不利于政府的直接干预。但是国家的扶持作用已经不再局限交于市场做出决策，为了使社会和环境朝可持续方向发展，必须在不同角色之间进行调解，并在发展进程中为弱势群体或人民创造公平条件。尤其是在市场无法满足所有需求，这时就需要中央政府采取干预措施，寻找合适的分权方式，来解决已经出现的问题和差距。在国家层面加强并改革政府的城市规划，可以使干预措施更加适应当前的和未来的城市需求。

为确保有效管理地方政府的能力建设，还需要更连贯的国家指导和政策。如果要使亚太城市在未来实现繁荣、可持续和包容发展，需要所有利益相关者之间实现更大的合作。为管理跨界的自然城市增长，有必要填补迅速出现的管理漏洞。在制定发展国家的城市政策时，认识到所有城市利益相关者的关键作用，是朝这些目标迈出的重要一步。总之：亚太城市需要更加动态、透明和积极的公共管理，而非反之。

5.6 参考文献

Asian Development Bank (2008) Managing Asian Cities

Asian Development Bank (2012) *State of Pacific Towns and Cities*, **Asian Development Bank**, **Manila Brillantes**, A. *New challenges and options for revitalising rural communities: the imperative of decentralisation and local autonomy*

Campbell, T. (2008) Conclusion: Decentralisation and democracy a Global Perspective, in Decentralisation and Local Democracy in the World, First Global Report by United Cities and Local Governments, Barcelona.

Centre for Economic Research (CER) (2013) *Urbanisation in Central Asia*, CER Analytical Report 2013/3, Tashkent

Cheema, G. and Rondinelli, D. (eds.), 2007, *Decentralising Governance. Emerging Concepts and Practice*, *Washington, DC*: The Brookings Institution.

Deichmann U. and Lall, S. (2003) *Are you satisfied? Citizen Feedback and Delivery of Urban Services. World Bank Research Working Paper*, *Washington D.C.*

Devas, N. (1999) *Who runs cities? The relationship between urban governance, service delivery and poverty*, Urban Governance, Poverty and Partnerships Theme Paper 4, DFID

ESCAP (2008) *Statistical Yearbook for Asia and the Pacific*

ESCAP (1998) *Living in Asian Cities*, Bangkok, Thailand Firman, T. (2009) *Multi local-government under Indonesia's decentralisation reform: The case of Kartamantul*, Habitat International 2009, 1-6

GTZ (2001) *Decentralisation, Urban Development and Management. Experience from Asia Countries, GTZ Eschborn*

Government of Sri Lanka *Strategic Structure Plan for 3K Township Development* (final draft) Ministry of Ports and Highways

Guevara, M. (2004) *The fiscal decentralisation process in the Philippines: lessons from experience*. Paper presented at the International Symposium on Fiscal Decentralisation in Asia Revisited, Tokyo, 20-21 February, 2004

Helmsing, B. (2002) *Local governance hybrids: enabling policies and citizen approaches to poverty reduction*, Paper presented at the ISS 50th Conference "Globalisation, Conflict and Poverty", 7-9 October 2002, The Hague

Human Development Resource Centre (HDRC) (2002) *Decentralisation in India: Challenges and Opportunities*, Discussion Paper Series 1, UNDP, New Delhi

Hadiz, V. (2004) *Decentralisation and Democracy in Indonesia: A Critique of Neo-institutionalist Perspectives*, Development and Change 35(4): 697-718 (2004)

Islam, N. (2005) *Decentralisation and its Impact on Urban Poverty Reduction in South Asia*, ESCAP, Expert Group Meeting on Decentralisation and its Impact on Poverty Reduction, 22-23 November 2005, Bangkok, Thailand Iszatt, N. (2002) *Legislating for Citizens' Participation in the Philippines*, *Citizen Participation in Local Governance: Experiences from Thailand, Indonesia and the Philippines*, *July 2002*

Kioe Sheng, Yap (2010) *Good Urban Governance in Southeast Asia*, *in Environment and Urbanisation Asia*, 1(2) 131-147, 2009

Laquian, A., 2005, *Beyond Metropolis: The Planning and Governance of Asia's Mega-Cities* in *Public Administration and Development* 25 (4): 275-284. Special Issue: Metropolitan Governance Reform.

Laquin, A. (2002) *Metro Manila: People's participation and social inclusion in a city of villages*.

Laquian A. (2007) *Decentralisation and Urban Political Experiences in Other Regions: Asia*, in Eds. Dickson E. and Stren, R. *Decentralisation And The Politics Of Urban Development In West Africa*, Woodrow Wilson International Center for Scholars, Washington, D.C. (pp 171-196)

Manor, J. (1999) *The Political Economy of Democratic Decentralisation*, Washington: World Bank

Minery, J., D. Storey and J. Setyono (2012) 'Lost in

translation? Comparing planning responses to urban growth in the global north and south, *Urban Geography*-*Vo*. 33, 6, pp. 850-865.

Nallathiga, R. (2005) *Institutional innovations of Urban Governance: Some examples of Indian cities*, *in Urban India Vol XXV*, *No*. 2 (2005): 1-28-1-Nickson, A. et al (2008) *Asia-Pacific*, in *Decentralisation and Local Democracy in the World*, First Global Report by United Cities and Local Governments, Barcelona.

Peterson, G. & Muzzini, E. (2005) *Decentralising basic infrastructure services* in *East Asia Decentralises: Making local government work*. Washington DC, World Bank

PUMA, *The Samoa National Urban Policy*, Ministry of Natural Resources and Environment, Independent State of Samoa.

Ramos C. G., *Decentralisation and Democratic Deepening in the Philippines* May 17, 2007, Logolink SEA

Roberts, B. (2000) Urban Management in Asia: Issues, Priorities and Opportunities in VAT NewsVol. 3/2000

Satterthwaite, D. (2008) *Understanding Asian Cities: A Synthesis of the Findings from Eight City Case Studies*

Sellers, J. and Hoffman-Martinot, V. (2008) Metropolitan Governance in Decentralisation and Local Democracy in the World, *First Global Report by United Cities and Local Governments*, *Barcelona*

Shatkin, G. (2007) *Collective action and urban poverty alleviation: Community organisations and the struggle for shelter in Manila*, Ashgate Publishing

Smoke, P., 2007, Fiscal Decentralisation and Intergovernmental Relations in Developing Countries Navigating a Viable Path to Reform. In Decentralised Governance: *Emerging Concepts and Practices*. Washington, DC: Brookings Institution Press and the Ash Institute for Democratic Governance and Innovation.

Song, L. K. (2013) *Secondary Cities in Southeast Asia: Frontiers of Opportunity and Challenges*, Community Innovators Lab (CoLab), MIT August 2013 Asia Development Dialogue

Stren, R. and Cameron, R., 2005, *Metropolitan Governance Reform: An Introduction* — (2005) *State*, *society and governance in Melanesia*, The Australian National University, Research School of Pacific and Asian Studies, Discussion Paper 2005/7

Tandon, R.. 2002. *Linking Citizenship*, *Participation and Accountability in IDS Bulletin*, Vol 33 No 2

UNDEF (2012) The Naga City Citizen's Charter

UN-Habitat (2010a) *Planning Sustainable Cities-Practices and Perspectives*, Nairobi

UN-Habitat (2012), Solomon Islands National Urban Profile, Nairobi, 2012

UN-Habitat (2012a), *Fiji National Urban Profile*, Nairobi, 2012

UN-Habitat (2013) *The State of Chinas Cities*, Nairobi 2013

World Bank, Decentralisation Net, www1.worldbank.org/publicsector/decentralisation/what.htm

World Bank & UN-Habitat (2012) Turning Sri Lanka's Vision into Policy and Action, World Bank Colombo office.

孟买从新金融中心拍卖的土地中筹集到 12 亿美元 © Youssouf Cader

专题聚焦：为城市未来融资

Michael Lindfield[①]

亚太城市是各个国家国民经济的“发动机”，但许多地方政府难以完成规定的融资任务。地区内大多数城市，甚至包括一些特大城市也常常(通常不适当的)过度依赖上级政府的资金转移。事实上，作为战略重点来说，城市应该有能力调动其大部分财政收入来应对融资和制度上的挑战。这种能力至关重要，是国民经济发展的保障，同时可以帮助一些国家在进入为人熟知的“中等收入陷阱”后应对相应的处境。

在一个非常现实的意义上来说，世界的命运取决于亚太城市能否成功推动环境的可持续发展。为此，城市需要在更具弹性的经济和可持续的发展方面进行投资。这不仅意味着城市需要精简机构和减少政府干预，而且必须找到增加收入的新方法。为实现这一目标，城市必须解决目前存在的体制僵化问题，缘于其阻碍了重要的投资来源。但需要注意的是，城市自身不可能独立解决这一问题。

可以说，对于许多亚太地区政府而言，最需要优先考虑的是如何发展具有竞争力且高效运

① Michael Lindfield 是一位独立的城市顾问。

行的城市，能做到这一点的政府屈指可数。即便如此，政府还是没有优先考虑解决城市的发展资金问题。

快速城市化已经成为地区持续增长和显著减贫的主要动力。经济的成功依赖于高层次的开放贸易、有效的资本投入和地区生产力的提升。尽管亚洲的企业和劳动力在世界经济中具有很强的竞争力，但收入的增加意味着许多国家（如中国、印度、印度尼西亚、马来西亚和泰国）需要超越基于制造业的出口导向型的经济增长模式。为了促进经济繁荣，保持现有的竞争力，政府需要制定新的策略，以最大限度提升对外竞争力并吸引外部的支持。在这方面，改善基础设施和降低企业成本成为两个关键性因素。

基础设施不足可能会造成高昂的经济成本，但基础设施投资的滞后也正开始威胁亚太地区一些国家和城市的经济竞争力和生产力。例如印度，在基础设施方面需要投资 1.2 万亿美元，因为当前每年的城市基础设施赤字约占 GDP 的 4.3%，投入的短缺极大地限制了国家潜在的经济增长（麦肯锡公司）。一些亚太地区的政府意识到正面临的挑战，并试图通过建立新的基础设施投资机制来解决这些问题。

经济大国……但财政相形见绌

城市是实现可持续发展的关键，可持续发展目标意味着城市基础设施的设计和运营的变革。不管是用以带来变革，还是应对不断增加的城市人口，都需要巨额的资金投入。即使对于那些财政稳健的政府而言都是巨大的压力，更何况大多数亚太地方政府并没有稳健的财政。

与 15 年前相比，实际上现在亚太地区许多地方政府的财政很少能够自给自足，快速的城市人口增长和相关支出地增加是这种变化的主要原因。对此各国政府也有部分责任，因为拨给地方政府的资金不足，有时甚至还阻止他们获取其他形式的融资。而这种融资往往是地方政府需要的，用以满足伴随权力下放而增加的义务。

诚然，由于地方政府之间出现了问责制和透明度方面的问题，人们对待大规模的资金转移的态度愈发谨慎。一些次国家政府债务及或有负债给一些亚太国家政府带来了严峻的问题，正如印度；在中国也有类似的问题，但可能没那么严重。然而这种看法应该得到改变，要认识到地方政府的能力和责任一直随着时间而变化，在多个层面上来说，效能才是更好的衡量标准，它能直接确定支持方和激励机制来实现进步。

在许多亚太国家，地方政府部门被限制进入资本市场，一些部门甚至被合法地排除在这些融资渠道之外。亚太国家政府面临的挑战是如何制定好底层建设，以寻求高收益和稳健的财政收入。这些财政收入可以来源于城市居民，但是要基于实现所有权、可持续和公平等方面。

除了上述挑战，作为环境变化的结果，一系列新的融资需求不断衍生，正如“里约＋20”可持续发展议程所设定的一样。这涉及到减缓和适应气候变化的投资。在此，新的和更有效的本地融资机制必不可少。

次国家政府债务及或有负债给一些亚太国家政府带来了严峻的问题

融资机制

为迎接这些挑战，国家、省和地方政府必须共同努力，最大限度增加收入，并在优先事项上予以透明使用。机制的范围及可能性要比人们通常认为的更为广泛。往往它们只是鲜为人知，或没有被充分探究。因为收入和支出模式改革的高度政治化，不仅需要法律法规的变革，还需要多方面的改革，涉及资金的收集和支出、监控资金流动的机构等方面。但只要政府愿意，会有许多关于成功创新和重组的例子可以提供。

从全球来看，成功的改革可以通过更好的利用主要融资手段得以实现，几种主要的融资手段如下：

（1）促进本地收入来源产生的机制；

（2）资产管理的机制；

（3）政府间转让的管理机制；

（4）合作的机制；

（5）贷款融资的机制；

（6）资本市场进入的机制。

应该注意的是，前 4 个机制是基本的，因为贷款和资本市场融资能否恰当使用，最终取决于这4个机制的正确利用。后面几种方法主要用来开展大型基础设施的投资需求，同时也用来解决基金积累和跨际公平方面的问题。

然而，这6个机制的分类需要监管机构、市政府和金融机构具备（或开发）对资金流的高效监督、使用和供应能力。为了促进这些能力的发展，一个有利于国家的框架是必要的(图5-1)。

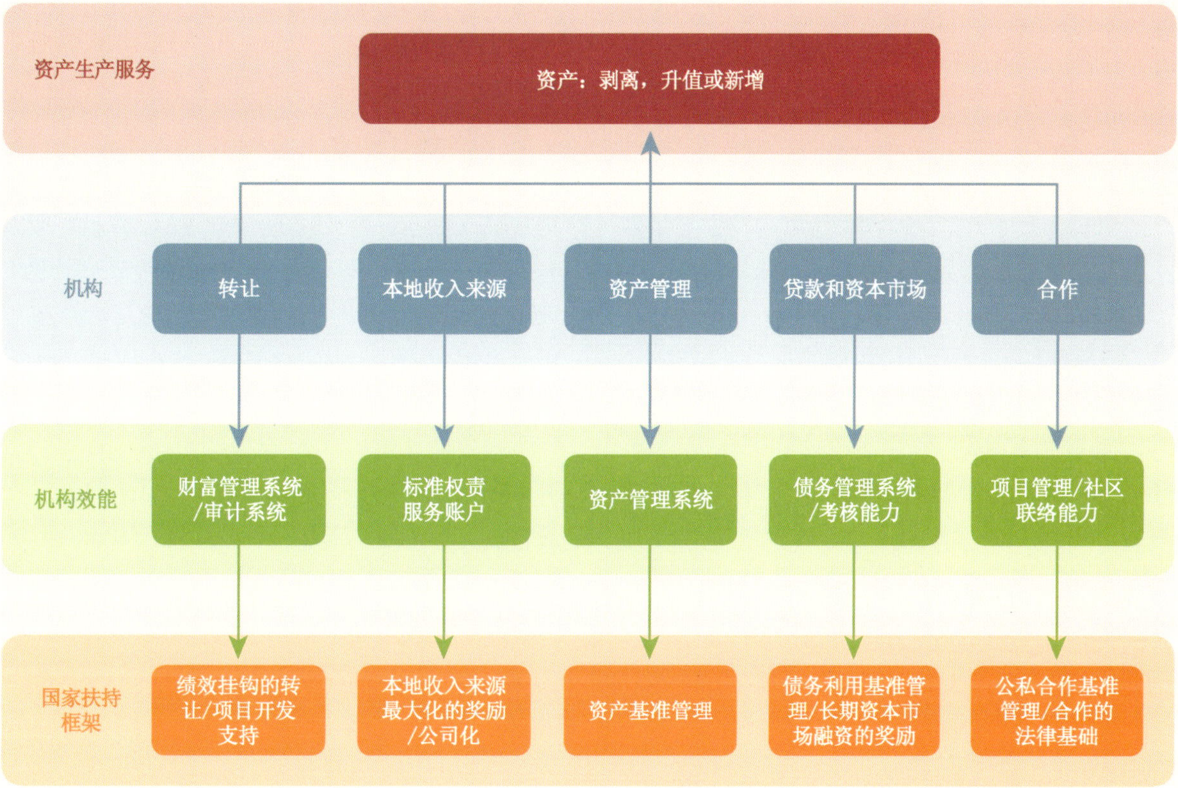

图5-1　融资机制框架图

融资的可持续性

地方政府的责任在地理范围、人口覆盖和授权方面相差很大。一些管辖区域的政府投资学校和医疗保健、一些投资公共交通，而另外一些则没有。尽管当前和未来面临着巨大的挑战，在不同类别的融资机制和相关问题的指导方面，还是有一些可以效法的例子。管理者应该在以下方面进行自我反思：

城市如何充分利用现有的收入来源获得最大收入？

最大化本地收入来源的机制

几乎所有地方政府从房产税中获得收入，但却很少有政府用这种税收来灵活支付具体的投资。地方政府在降低税率的竞争中，可能存在“逐底竞争”，只有当上级政府设定最低利率时，这种竞争才会得到限制。但是如果创造性地使用房产税，却可以达到意想不到的效果。

加州的房地产清洁能源评估机构(PACE)通过一种创新方式来利用房产税，并促进可持续发展。通常情况下，在房产出售时，家庭的太阳能光伏系统、节能窗户和绝缘住宅上的花费不会被返还。因此，太阳能和节能改造方面最大的障碍是前期成本的投入。通过PACE的管理，住宅和商业建筑的业主可以资助可衡量的能源效率和可再生能源利用，通过“抵押”这些改进房屋的设备，他们可以在拥有房产期间享受房产税的返还。

可以在本地资源收入的其他方面寻找类似创新的可能性，如通过用户手续费实现成本回收。例如在金边，许多市民很乐意为提供可靠的服务付费。

城市可以使用现有的资产来开发新资产吗？

资产管理的机制

虽然资产管理效能仍处于起步阶段，人们对其认识却在逐步加深。城市可以利用所拥有的资产价值(主要是土地)来资助公共基础设施建设。相对于其他来源来说，基于土地融资的优势在于，通常会产生更多的前期现金。

在发展中国家，由于土地估价系统缺乏，拍卖机制经常被用于出售土地，一些国家甚至把土地拍卖作为土地管理的标准项目之一。土地拍卖的数据不能公之于众，但是下面的3笔交易说明了其收益潜力：

2006年7月在孟买，新金融中心13 hm^2 土地的拍卖筹集了12亿美元，十倍于孟买大都市地区发展管理局2005年的总财政支出，六倍于印度所有城市地方机构和地方公用事业十年来发行的市政债券总额。收入主要用于资助大都会交通规划确定的项目；

2007年在伊斯坦布尔，老汽车站和政府大楼拍卖获取了15亿美元，超过了城市2005年财政总支出和基础设施投资；

2007年在开罗，为新城的3 100 hm^2 沙漠土地的拍卖获得31.2亿美元，这个数值是国家城市房地产总税收的117倍，是国家政府年收入的十分之一。所得款项用于这些新市镇的内部基础设施建设，并建立一条连接到开罗环城公路的高速公路。

上面的案例显示，资产管理对于市政预算和资产开发非常重要。

上级政府会鼓励创新、争取收益最大化和实现高效利用收入吗？

管理政府间转让的机制

尽管应该优先考虑地方政府的财政自治，但在某些情况下，把公共设施转让给地方政府和特定地域仍是必需的。这可能就包括基于人口的分类财政补贴(转让的主要形式)，即使这些通常有点不“透明”。

有一些良好基金转移的实例，如由印度国家城市部门负责的贾瓦哈拉尔·尼赫鲁国家城市更新任务(JNNURM)项目。它涵盖了7个大城市，28个100万到400万人口的城市，以及其他28个大型城市中心，这个项目有两条于2005年12月推出的资金线：“城市的基础设施和治理”(城市发展部管理)和“城市贫困人口的基本服务”(由城市就业和减贫部门执行)。

为了有资格获得资金，城市地方机构(ULBs)和国家政府先后执行了一系列强制性的改革。至于UBLs，其中包括运营和回收维护成本的完整方案、并采用问责制、电子政务和扶贫预算的方式。国家强制改革包括废除或修正受限或非法的土地使用、加强城市服务租金的控制和监管。国家和ULBs也引进激励措施来实现可选的改革，如通过规章制度来简化施工许可证的审批流程、引入产权认证系统、引入网络化的土地和财产登记/管理。

基金转让机制有时也用于可持续发展的目标。绩效激励政策被建立，用来促进菲律宾内务部和地方政府部门(DILG)实现这些目标。根据这项政策，内务部和地方政府部门基于绩效拨款5亿比索(大约1 100万美元)资助符合资格的地方政府机构。由此，在治理的关键领域建立了具体的绩效标准，包括规划、财政管理、透明度、问责制以及绩效管理。符合资格的城市地方政府会收到一对一匹配的资金，这种投资集中在可持续发展的3个关键要素：

包容性——在贫困地区，实现跨领域的千年发展目标(如学校建筑、农村卫生单元和中心、生育设施、供水和卫生系统、从农场到市场的道路、住宅和定居点)。

地方经济发展(如道路和桥梁、旅游设施、灌溉系统、采后冷藏设施、港口和码头，以及其他经济基础设施和促进增长的项目，如市场、屠宰场和供水系统)。

环境的可持续性——适应气候变化和应对灾害(如防洪、再造林、固体废物处理设施、排涝、堤坝及相关防洪措施、边坡保护、疏散中心、雨水收集器、预警设备和救援设备)。

城市应该与谁合作共同利用资源？

合作的机制

近年来尽管跨区合作能力有所增长，但仍有

不足。但我们依然可以看到，有许多不错的城市社区和私营部门间合作的例子可供参考。例如，非政府组织菲律宾社会进步事业（PBSP）与当地政府共同合作来改善低收入地区的住房、基础设施、生计和备灾设施。该项目提供的小额赠款部分来源于社区社会，并为这些社区住房的改造建立了周转资金。

"亚洲城市发展计划"，是由亚洲开发银行（ADB）在菲律宾发起了一个筹备基金的项目，帮助伊洛当地政府基于市中心 CBD 旧城更新项目进行可行性研究，此研究旨在重建旧市场并改进市中心的环境。在当地政府层面，该项目是菲律宾的第一个公私合作（PPP）的项目，其援助也扩展到支持 PPP 的竞标过程。该项目将改善 CBD 的设施便利和经营环境、增加了小贩的收入。通过公共市场的重建改善了卫生和公共健康、强化固体废物和废水的管理、通过步行化改善了空气质量。

为充分利用可持续发展资金，芝加哥市开发出一个称之为芝加哥基础设施信托的创新方法。由市议会 2012 年成立的"信托"是一个非营利性组织，旨在更好地利用 17 亿美元的私人资金。通过信托资助的项目将由城市控制，不会出现任何资产出售或终身租赁的情况，它的目的是吸引私人资金，并较短的时间（10 年而不是 90 年）进行偿还，所以 10 年后城市也可以从改善中获益。信托旨在将风险从纳税人转移到私人投资者，它的第一个项目就涉及 1 亿 100 万美元，对城市中所有建筑的节能改造。信托预先从投资者那里寻求现金，之后通过改善来节省开支，以偿还资金。

城市如何克服障碍贷到款呢？

贷款融资的机制

地方政府应该有授权并被鼓励贷款支出（capex），这种借贷的等比上限债务与其稳定的现金流基础相适应。一些机制可以促进贷款：例如在菲律宾"截留"国家成批的转让资金，在美国则"抵押"一定比例的稳定现金流（如房产税），在印度通过泰米尔纳德邦的城市发展基金（TNUDF）来"融合"或"分组"地方政府使用的"混合贷款"。

世界银行资助的泰米尔纳德邦的城市发展项目制定了贷款和拨款计划，也被称为"自治区城市发展基金（MUDF）"。1996 年 MUDF 转化成一种合法的新自主金融中介，参与私人资本的管理：泰米尔纳德邦城市发展基金（TNUDF），一个资产管理公司（泰米尔纳德邦政府和私人公司之间的合作企业）现在管理着这些基金。同时，一个面向扶贫投资的独立拨款窗口（如贫民窟的改造和安置费用的重置）也由该资产管理公司负责，它为投资准备提供技术援助，与此同时也提高自身的财务管理能力。

即使借贷的目的是为了可持续发展，许多地方政府可能也不会采用这种方法。尽管如此，目前却有越来越多的国际和地方机构予以支持。例如，亚洲开发银行为上海浦东发展银行（SPD）提供部分信用担保，来支持其节能建筑的私营部门融资。在其能源效率及多项目融资的计划中，亚洲开发银行与江森自控(一个在纽约证券交易所上市的私营能源管理公司)进行合作。江森自控建筑通过建筑节能的潜力来标识建筑，而亚开行与金融机构共享该项项目的信用风险。虽然提高建筑的能效在中国具有高的优先性，但是公司却发现很难从中获得融资，因为其只能提供很少的抵押物品。对公司来说，在能效项目融资方面，银行几乎没有什么经验。在亚开行的支持下，浦东发展银行是中国国内第一家为公司提供全方位的绿色信贷解决方案的银行。

城市如何获取金融机构的资金？

资本市场进入的机制

值得一提的是，地方政府，尤其是那些管辖超过百万居民的，应该能够进入资本市场并为资本支出融资。债券是地方政府和融资机构中最常见的资本市场工具，特别是通过特殊目标机构（SPVs）获得的 PPPs。利用债券融资可以让资本市场的驾轻就熟，并提高地方政府财政的灵活性。中国、印度、印度尼西亚、马来西亚、菲律宾和泰国已成功拓展了城市 PPP 并进入了资本市场(债券和股权两个领域)。可是，在大型(5 000 万美元以上)的公共交通、供水/污水和大城市进行的高速公路等项目上，联合项目通常受到限制。

菲律宾基础设施投资联盟(PINAI)基金也是一个良好的实践案例。这是一个未上市的基金，专门投资菲律宾基础设施的核心资产，主要集中在城市地区，致力于私营部门在基础设施上的投资。整体上来说，基础设施投资者普遍偏好拥有"安全"经济体的欧洲、北美和澳大利亚，这个基金也在试图改变这些投资者的想法。与大多数其他基础设施基金相比，该基金大逆其道，首先它与基础投资者，包括政府服务保险制度基金、亚开行和荷兰养老基金资产管理等聚首，然后一起选择麦格理基础设施基金和实际资产(MIRA)组织来管理基金。该基金的总规模为 6.25 亿美元。

满足资本市场可持续发展的例子越来越多，一些股票和债券资金被组合在一起，旨在吸引长期养老基金投资，现在可以并已经开始用于投资绿色基础设施(包括城市在内)。这种 PINAI 的投资组合的主要特色在于可持续发展的项目，并在公共交通和风力发电等领域上投资的比重越来越大。然而值得注意的是，地方政府仍然需要增强可为市场带来可行项目的能力。

芝加哥成立了一个特殊的基础设施信托，利用私人融资，同时保留项目的所有权 © Bert Kaufmann

可持续城市的基础设施融资

可持续发展的挑战

大多数地方政府既没有融资授权也没有所需资金的使用权，以至于无法促进经济的可持续发展，甚至也没有足够的资本投入到环保的基础设施建设方面。这些投资，至少在初期资本成本方面，通常比"日常商业"更昂贵。例如，采购更昂贵液化天然气燃料的巴士而不是标准的柴油巴士，解释其合理性可能是件很困难的事情，特别是穷人所享受的服务普遍短缺的大背景下。

估计到 2030 年，在亚太地区为适应气候变化所需的投资大约每年 400 亿美元，其中近一半将用于基础设施的建设。而到2030年可持续能源效率的投资估计要再增加1万亿美元。但是，建设一个可持续的经济所需要的投资远远超出了传统基础设施的需求，这种投资需要为可持续发展的经济结构的一个周期使用的资源的真实成本定价，必须有利于工业生态发展方法，如中国的“循环经济”的概念。基于底层的基础设施和系统来实现这样的经济结构调整并不便宜。此外，重组还必须解决一些相关的问题，如日益增长和分化的收入和机会的不平等，这将影响到许多亚太城市，同时它还需要在人力资本和基础设施方面进行大量的投资。

制定可持续发展的制度

上文提到过，为了扩大融资机制范围，需要实施监管和行政方面的改革。但除此之外，重大的体制改革也势在必行，以确保更好的问责制、更综合的方法和更长期的策略。就目前的机构而言，即使在高收入国家，也普遍实现不了这些需求，因为政治制度及其机构(尤其是那些负责提供城市服务)并不是为此而组织和制定的。如果仅仅是为持续发展议程给予政治上的支持，那么更好的问责和透明度至关重要。事实上，这种制度同时也可以确保既得利益不受到损害。

除此之外，可持续城市发展意味着更密集、高度联系和高效节能住宅和工业区。但是这样的城市形态发展，无论是通过扩张地区，还是通过改造现有的城区，都需要提供整合的服务。反过来要实现这一点，需要更大的跨机构之间的合作，旨在解决另一个时代所遗留下来的问题。最后，还需要有长期规划和至少10～15年不间断的时间跨度，这往往超出当前政府的政治视野。

不同的国情显然需要配置不同的制度，常见的类型是一套两级结构的规模机构：

- 在城市地区，一个独立的监督规划机构在规划过程中要考虑到区域的生态系统和经济腹地；
- 在当地和/或城市走廊的范围内，需要有一个独立的执行代理会将利益相关者的代表纳入到管理机构之中。

在城市建成区中进行整体的地方治理已经非常困难，而且这种治理还需要充分管理的环境足迹和提高城市的应变能力，同时经济腹地和流域地区的需要也被视作“城市地区”的管理实体，但是足以覆盖这些地区的授权和综合能力却几乎不存在。印度尼西亚的芝塔龙河流域(雅加达的主要水源)是个例外，还有些例外存在于中国某些发展地区，如珠江三角洲。然而，即使在这些情况下，规划和协调机制依然留有缺口，德国的斯图加特地区便是一个典型的例子。

1994年，大斯图加特地区被视作一个公共实体地位，拥有法定的核心竞争力和治理模式。该地区由179个城镇组成，其中包括斯图加特这个核心城市。城乡代表直选区议会确保地方民主。城市和农村地区在交通运输和经济层面进行合作，建立了城乡之间的互利关系。三个关键能力被分配给地区性组织(大斯图加特地区委员会：一个专门的提供资金的开发公司，除此之外还通过运输和179个城镇的强制性供款创造收入)：(1)地区土地利用规划；(2)公共交通发展；(3)经济发展。这个区域合作的细节具体可以在以下网址查找：http：//www.region-stuttgart.org/。

成功的开发公司的核心属性是众所周知的。需要一个合作机构，能授权签订合同(特别是买卖土地和其他财产)，也需要足够的资本化或不动产的所有权来发展初始投资；需要创造与区域的长期发展和土地征用权(如果不是它们所有，那么被另一个实体可靠地执行)相关的税收的能力，也需要一个管理结构，囊括所有关键的利益相关者。而有能力做到以上几点的公司往往只有少数。

链接税收到支出

收入的来源十分广泛，包括现有税收附加费改善设施的投资，国家和州或省税附加费是可能的途径之一，而与房产直接关系的本地税收却有更高的价值，也更易于管理。对于大多数地方政府来说，房产税和附加费不仅是获取收入的手段，也可以用于广泛的环境投资。节能建筑或高或低的差异价格也可能存在，还有附加费弥补节能投资的成本，尽管这些都是以提高管理水平为前提。

物业税，在基础设施修复的不同花费上被合法化，也鼓励人们远离相对脆弱的区域。这一原则也适用于说服工业部门转移到专业化的工业园区，在那里可以放置资源回收和其他环境基础设施。例如，用于行政费用的汽车可以用来促进节能流动模式。公用事业费用能反映家庭为节约资源所做的努力，如回收节水配件等。从更广泛的层面来说，为实现政治支持、管理和执法能力，东京和其他一些地方政府已经出台了地方碳税。

很重要的是，税收与之产生的利益之间密切相关。这种关联性提高了基金的使用效率，也受益于当地代表的现有的执行管理结构和政治上可接受的税收。柬埔寨、菲律宾和日本等不同国家的经验已经表明，人们愿意为获得更好的服务花更多的钱(合理的)。

未来城市的融资

对于当前的亚太城市而言，扭转无效的激励机制和匮乏的地方政府融资都需要全面地重建城市财政空间。考虑到城市巨系统的多样性——从以上海为中心的拥有6 500万人的长江三角洲特大城市群到仅有3.8万人的45个相对自治村组成的阿皮亚、萨摩亚村落地区——都有必要摆脱旧的财政模式和“一刀切”的方式。财政模式应以明确原则和指导方针为基础，为创新和适应地方环境留有余地。

朝着更有效的财务政策方向的渐进式改变不仅是可能的，也是必要的。但关键是，最佳途径利益相关者之间的讨论现亟需开始。

朝着更有效的财务政策方向的渐进式改变是必要和可能的，但关键是最佳途径利益相关者之间的讨论现亟需开始。

今天城市发展的融资解决方案，将在很大程度上决定未来城市的形态。由于涉及大量资本的支出，今天一个错误的决定可能会锁定一个城市或地区未来几十年的发展路径，而且很可能会做出未来后悔的选择。如果希望我们的城市更具可持续和富有弹性，各国政府将城市发展的融资问题作为改革的首要议程和极为紧迫的需求。

短期内，可以在现有政府间转让和最低授权之上实现激励机制的应用。中期目标则是，城市金融系统需要政府和民间更多的资金支持，并朝着更可持续和包容性的城市发展。

大韩民国的激励融资计划提供了一种模式，使之在发展中国家，国际资金如全球环境基金和绿色气候基金也可以同时使用。国际金融机构和发展援助机构有大量的资金和干预措施用于应对气候变化。联合国环境规划署融资计划(UNEPFI)针对此目标开发了如何利用国内外资本市场的模型。

人们普遍认识到，城市是国家乃至全球经济发展的最为关键的因素。但是，许多城市光鲜靓丽的外表掩盖了其财政的脆弱性。解决这个问题的关键在于如何有效利用跨世纪城市的转型。因此，与可持续的城市在融资政策方面进行有效的对话成为了当务之急，其重点是改善适应性框架，在国家以及地方政府授权范围及能力之内实施具体的措施。如果没有这样的改变，地区的城市金融能力可能面临即将到来的巨大挑战。

附表 1　　2014年年中城市和农村人口和城市化率百分比

主要区域、国家/地区	城市/万人	农村/万人	合计/万人	城市化率
世界	388 012.8	336 365.6	724 378.4	53.6%
亚太地区	206 970.2	227 301.3	434 271.5	47.7%
东亚和东北亚	94 235.6	66 368.2	160 603.8	58.7%
中国	75 836	63 542.4	139 378.4	54.4%
朝鲜民主主义人民共和国	1 519.5	983.2	2 502.7	60.7%
中国香港	726	0	726	100%
日本	11 813.6	886.4	12 700	93%
中国澳门	575	0	575	100%
蒙古	205.2	82.9	288.1	71.2%
大韩民国	4 078.8	873.4	4 951.2	82.4%
东南亚	29 440.9	33 157.3	62 598.2	47%
文莱达鲁萨兰国	32.5	9.8	42.3	76.9%
柬埔寨	316.1	1 224.7	1 540.8	20.5%
印度尼西亚	13 399.9	11 881.3	25 281.2	53%
老挝人民民主共和国	258.9	430.5	689.4	37.6%
马来西亚	2 234.2	784.6	3 018.8	74%
缅甸	1 802.3	3 569.6	5 371.9	33.6%
菲律宾	4 453.1	5 556.6	10 009.6	44.5%
新加坡	551.7	0	551.7	100%
泰国	3 305.6	3 416.7	6 722.3	49.2%
东帝汶	37	78.2	115.2	32.1%
越南	3 049.5	6 205.3	9 254.8	33%
南亚和西南亚	66 441.7	118 290.2	184 731.9	36%
阿富汗	822.1	2 305.9	3 128.1	26.3%
孟加拉国	5 312.7	10 538.6	15 851.3	33.5%
不丹	29	47.5	76.6	37.9%
印度	41 020.4	85 719.8	126 740.2	32.4%
伊朗伊斯兰共和国	5 717	2 130.1	7 847	72.9%
马尔代夫	15.6	19.5	35.2	44.5%
尼泊尔	513	2 299.1	2 812.1	18.2%
巴基斯坦	7 091.2	11 422.1	18 513.3	38.3%
斯里兰卡	392.9	1 751.7	2 144.6	18.3%
土耳其	5 527.9	2 055.9	7 583.7	72.9%
北亚和中亚	14 104.7	8 351.5	22 456.2	62.8%

（续表）

主要区域、国家/地区	城市/万人	农村/万人	合计/万人	城市化率
亚美尼亚	187.4	111	298.4	62.8%
阿塞拜疆	517.2	434.3	951.5	54.4%
格鲁吉亚	231.1	201.1	432.3	53.5%
哈萨克斯坦	885	775.7	1 660.7	53.3%
吉尔吉斯斯坦	200.2	362.3	562.5	35.6%
俄罗斯联邦	10 531.8	3 714.9	14 246.8	73.9%
塔吉克斯坦	224.5	616.4	840.9	26.7%
土库曼斯坦	263.7	267	530.7	49.7%
乌兹别克斯坦	1 063.8	1 868.6	2 932.5	36.3%
太平洋地区	2 747.3	1 134.1	3 881.4	70.8%
美属萨摩亚	4.8	0.7	5.5	87.3%
澳大利亚	2 109.9	253.1	2 363	89.3%
库克群岛	1.5	0.5	2.1	74.3%
斐济	47.3	41.4	88.7	53.4%
法属波利尼	15.7	12.3	28	56%
关岛	15.8	0.9	16.8	94.4%
基里巴斯	4.6	5.8	10.4	44.2%
马绍尔群岛	3.8	1.5	5.3	72.4%
密克罗尼西亚联邦	2.3	8.1	10.4	22.4%
瑙鲁	1	0	1	100%
新喀里多尼亚	18.1	7.9	26	69.7%
新西兰	392.6	62.6	455.1	86.3%
纽埃	0.1	0.1	0.1	41.8%
北马里亚纳群岛	4.9	0.6	5.5	89.3%
帕劳共和国	1.8	0.3	2.1	86.5%
巴布亚新几内亚	97.1	650.5	747.6	13%
萨摩亚	3.7	15.5	19.2	19.3%
所罗门群岛	12.5	44.8	57.3	21.9%
汤加共和国	2.5	8.1	10.6	23.6%
图瓦卢	0.6	0.4	1	58.8%
瓦努阿图	6.7	19.2	25.8	25.8%

资料来源：WUP 2014.

附表 2　**1950—2050 年主要区域、地区和国家的总人口**　单位：万人

主要区域、国家/地区	1950	1960	1970	1980	1990	2000	2010	2020*	2030*	2040*	2050*
世界	252 577.9	302 600.3	369 117.3	444 904.9	532 081.7	612 770	691 618.3	771 674.9	842 493.7	903 868.7	955 094.5
亚太地区	153 867	179 138.6	222 533.5	272 253.2	328 997.1	376 901.6	417 947	456 183.1	483 531.3	500 001.2	505 888.3
东亚和东北亚	71 590.6	78 388.2	96 942.1	116 174.1	135 918.3	148 462.5	157 042.6	164 607.5	166 480.5	164 171.8	158 397
中国	54 377.6	65 068	81 437.8	98 401.6	116 542.9	128 042.9	135 982.1	143 286.8	145 329.7	143 549.9	138 497.7
朝鲜民主主义人民共和国	1 054.9	1 142.4	1 441	1 737.2	2 019.4	2 284	2 450.1	2 576.6	2 671.9	2 708.6	2 707.6
中国香港	197.4	307.6	395.8	505.4	579.4	683.5	705	755	788.5	800.4	800.4
日本	8 219.9	9 250.1	10 370.8	11 591.2	12 224.9	12 571.5	12 735.3	12 538.2	12 062.5	11 451.7	10 832.9
中国澳门	19.6	17.1	25.1	24.6	36	43.2	53.5	62.6	70.2	75.5	79.7
蒙古	78	95.6	127.9	169	218.4	239.7	271.3	311.4	338.8	358.7	375.3
大韩民国	1 921.1	2 507.4	3 143.7	3 745.1	4 297.2	4 597.7	4 845.4	5 076.9	5 219	5 227	5 103.4
东南亚	16 798.6	21 494.1	28 112.3	35 660.6	44 373.5	52 441	59 709.7	66 611	72 279	76 385.4	78 753.5
文莱达鲁萨兰国	4.8	8.2	13	19.3	25.7	33.2	40.1	45.4	49.9	53.2	54.6
柬埔寨	443.3	572	702.2	669.9	905.7	1 222.3	1 436.5	1 694.7	1 914.4	2 102.3	2 256.9
印度尼西亚	7 259.2	8 869.3	11 406.7	14 549.4	17 863.3	20 893.9	24 067.6	26 941.3	29 348.2	31 133.4	32 137.7
老挝人民民主共和国	611	816.1	1 090.9	1 383.4	424.5	538.8	639.6	765.1	880.6	979.1	1 057.9
马来西亚	611	816.1	1 090.9	1 383.4	1 821.1	2 342.1	2 827.6	3 285.8	3 684.6	3 985	4 211.3
缅甸	1 752.7	2 148.6	2 716.6	3 447.5	4 212.3	4 845.3	5 193.1	5 612.5	5 869.8	5 941	5 864.5
菲律宾	1 858	2 627.2	3 580.5	4 739.8	6 194.9	7 765.2	9 344.4	11 040.4	12 779.7	14 351.6	15 711.8
新加坡	102.2	163.4	207.4	241.5	301.6	391.8	507.9	605.7	657.8	690.4	706.5
泰国	2 060.7	2 736.2	3 687.9	4 736.9	5 658.3	6 234.3	6 640.2	6 785.8	6 755.4	6 552	6 174
东帝汶	43.3	50	60.4	58.1	75.1	85.4	107.9	128.6	155.5	182	208.7
越南	2 494.9	3 291.2	4 378.3	5 489.7	6 891	8 088.8	8 904.7	9 705.7	10 183	10 415.5	10 369.7
南亚和西南亚	51 403.7	62 271.3	77 955.7	98 740.9	124 564.2	151 102.6	175 354.5	197 989.7	217 230.5	231 575.8	240 663.2
阿富汗	745.1	877.4	1 101.6	1 318	1 173.1	2 059.5	2 839.8	3 566.7	4 350	5 083.4	5 655.1
孟加拉国	3 789.5	4 953.7	6 630.9	8 249.8	10 738.6	13 238.3	15 112.5	16 956.6	18 506.4	19 586.1	20 194.8
不丹	17.7	22.4	29.2	41.3	53.6	56.4	71.7	82.2	89.8	95	98
印度	37 632.5	44 959.5	55 520	69 896.6	86 889.1	104 226.2	120 562.5	135 330.5	147 637.8	156 550.9	162 005.1
伊朗伊斯兰共和国	1 711.9	2 195.8	2 860.7	3 889	5 636.2	6 591.1	7 446.2	8 414.9	9 133.6	9 677.2	10 059.8
马尔代夫	7.4	8.9	11.4	15.4	21.6	27.3	32.6	38.8	43.6	47.3	50.4
尼泊尔	814	954.5	1 155.9	1 438.5	1 811.1	2 318.4	2 684.6	3 000.1	3 285.3	3 505.3	3 617.9
巴基斯坦	3 754.2	4 554.1	5 920.4	7 998.4	11 109.1	14 383.2	17 314.9	20 335.1	23 174.4	25 476.9	27 108.2
斯里兰卡	807.6	989.5	1 248.5	1 503.3	1 732.4	1 884.6	2 075.9	2 233.8	2 327.1	2 375.9	2 383.4
土耳其	2 123.8	2 755.3	3 477.2	4 390.6	5 399.5	6 317.4	7 213.8	8 030.9	8 682.5	9 177.8	9 460.6
北亚和中亚	12 807.5	15 408.5	17 556.5	19 382.1	21 445.7	21 774.7	22 175.9	22 769.7	22 811.1	22 646.6	22 388.6
亚美尼亚	135.4	186.7	251.8	309.6	354.5	307.6	296.3	299.1	297	290.1	278.2
阿塞拜疆	289.6	389.8	517.8	616.4	721.7	811.8	909.5	1 003	1 047.4	1 061.4	1 049.2
格鲁吉亚	352.7	416	470.7	507.3	546	474.4	438.9	420.2	395.3	373.8	356.3
哈萨克斯坦	670.3	971.4	1 275.7	1 451.9	1 617.2	1 457.6	1 592.1	1 751.9	1 857.3	1 944.1	2 018.6
吉尔吉斯斯坦	174	217.3	296.4	362.7	439.5	495.5	533.4	616.2	687.1	742.9	797.6
俄罗斯联邦	10 279.9	12 005.7	13 035.8	13 853.6	14 814.9	14 676.3	14 361.8	14 001.1	13 355.6	12 700.5	12 089.6
塔吉克斯坦	153.2	206.4	292	391.8	529.7	618.6	762.7	960.2	1 140.7	1 321.4	1 509.3

（续表）

主要区域、国家/地区家	1950	1960	1970	1980	1990	2000	2010	2020*	2030*	2040*	2050*
土库曼斯坦	121.1	159.4	218.8	286.1	366.8	450.1	504.2	568.5	616	643.8	657
乌兹别克斯坦	631.4	855.9	1 197.3	1 602.7	2 055.5	2 482.9	2 776.9	3 149.5	3 414.7	3 568.7	3 633
太平洋地区	1 266.6	1 576.5	1 967	2 295.5	2 695.4	3 120.8	3 664.4	4 205.2	4 730.2	5 221.7	5 686
美属萨摩亚	1.9	2	2.7	3.2	4.7	5.8	5.6	5.7	6.1	6.2	6.2
澳大利亚	817.7	1 029.2	1 290.5	1 470.8	1 709.7	1 925.9	2 240.4	2 544	2 833.6	3 104.5	3 373.5
库克群岛	1.5	1.8	2.1	1.8	1.8	1.8	2	2.1	2.2	2.3	2.4
斐济	28.9	39.3	52.1	63.5	72.8	81.2	86.1	91.6	93.9	94	91.8
法属波利尼	6	7.8	11	15.2	19.8	23.7	26.8	29.6	31.8	33.1	33.7
关岛	6	6.7	8.4	10.4	13	15.5	15.9	18	20	21.5	22.7
基里巴斯	2.6	3.3	4.4	5.5	7.1	8.3	9.8	11.4	13.1	14.4	15.6
马绍尔群岛	1.3	1.5	2	3.1	4.7	5.2	5.2	5.5	5.8	6.4	6.7
密克罗尼西亚联邦	3.2	4.5	6.1	7.3	9.6	10.7	10.4	11	12.1	12.7	13
瑙鲁	0.3	0.4	0.6	0.7	0.9	1	1	1	1.1	1.1	1.1
新喀里多尼亚	6.5	7.8	10.5	14.2	16.9	21	24.6	28	31.2	34	36.4
新西兰	190.8	237.2	282	314.7	339.8	385.8	436.8	481.4	520.8	552.1	577.8
纽埃	0.5	0.5	0.5	0.3	0.2	0.2	0.1	0.1	0.1	0.1	0.1
北马里亚纳群岛	0.7	1	1.3	1.7	4.4	6.8	5.4	5.6	5.7	5.5	5.2
帕劳共和国	0.7	1	1.1	1.2	1.5	1.9	2	2.2	2.5	2.7	2.8
巴布亚新几内亚	170.8	196.7	243.5	321.5	415.8	537.9	685.9	842.2	1 004.4	1 163.4	1 309.2
萨摩亚	8.2	10.9	14.3	15.6	16.3	17.5	18.6	19.9	21.1	22.9	24.2
所罗门群岛	9	11.8	16	23.1	31.2	41.2	52.6	64.3	76.4	89.1	101
汤加共和国	4.7	6.2	8.4	9.3	9.5	9.8	10.4	11.1	12.1	13.2	14
图瓦卢	0.5	0.6	0.7	0.8	0.9	0.9	1	1	1.1	1.1	1.2
瓦努阿图	4.8	6.4	8.5	11.6	14.7	18.5	23.6	29.2	35.2	41.4	4/.3

资料来源：WUP 2014.

* 表示预测

附表 3　　1950—2050 年主要区域、地区或国家的城市人口　　单位：万人

主要区域、国家/地区	1950	1960	1970	1980	1990	2000	2010	2020*	2030*	2040*	2050*
世界	74 648.1	101 949.5	135 028.1	174 953.9	228 503.1	285 613.1	357 127.2	433 801.5	505 815.8	571 541.3	633 861.1
亚太地区	28 986.8	41 976.0	57 618.8	78 660.6	110 123.0	143 952.8	188 172.1	233 702.6	#VALUE!	300 475.4	323 016.4
东亚和东北亚	11 747.8	17 861.9	24 114.2	31 565.2	45 360.6	61 707.0	84 853.9	106 253.0	118 857.6	123 121.9	123 192.9
中国	6 418.0	10 542.7	14 170.2	19 048.3	30 816.7	45 938.3	66 938.6	87 442.7	99 892.5	104 439.5	104 994.8
朝鲜民主主义人民共和国	327.0	459.2	781.0	988.5	1 179.0	1 357.0	1 475.2	1 594.2	1 730.8	1 854.9	1 950.7
中国香港	168.2	262.1	347.2	462.3	576.6	683.5	705.0	755.0	788.5	800.4	800.4
日本	4 389.6	5 852.7	7 454.2	8 829.7	9 454.6	9 887.3	11 528.2	11 944.4	11 691.8	11 153.2	10 578.4
中国澳门	19.0	16.3	24.4	24.3	35.9	43.2	53.5	62.6	70.2	75.5	79.7
蒙古	15.6	34.1	57.6	88.0	124.6	137.0	183.3	235.5	272.4	297.4	318.1
大韩民国	410.2	694.8	1 279.6	2 124.2	3 173.2	3 660.7	3 970.1	4 218.5	4 411.4	4 501.1	4 470.9
东南亚	2 606.6	3 989.5	6 046.0	9 095.5	14 016.4	19 968.1	26 580.1	33 682.2	40 328.4	46 020.5	50 772.5

（续表）

主要区域、国家/地区	1950	1960	1970	1980	1990	2000	2010	2020*	2030*	2040*	2050*
文莱达鲁萨兰国	1.3	3.6	8.0	11.6	16.9	23.6	30.2	35.7	40.3	43.8	45.8
柬埔寨	45.2	58.8	112.1	66.3	140.8	227.2	284.6	372.3	490.0	643.3	816.7
印度尼西亚	900.1	1 293.6	1 947.3	3 216.1	5 463.4	8 775.9	12 015.4	15 416.4	18 491.2	20 915.3	22 777.0
老挝人民民主共和国	12.2	16.8	25.8	40.2	65.5	118.4	211.8	333.2	447.9	547.3	643.5
马来西亚	124.4	217.1	364.9	581.6	906.8	1 451.5	2 005.1	2 554.4	3 018.2	3 353.4	3 616.3
缅甸	283.2	413.1	620.2	826.4	1 035.0	1 306.7	1 630.9	2 070.9	2 509.5	2 900.2	3 220.6
菲律宾	504.2	795.9	1 180.8	1 776.5	3 010.1	3 723.8	4 228.8	4 886.5	5 922.0	7 333.5	8 838.1
新加坡	101.6	163.4	207.4	241.5	301.6	391.8	507.9	605.7	657.8	690.4	706.5
泰国	339.6	538.3	770.4	1 269.1	1 664.9	1 957.0	2 927.0	3 789.4	4 313.5	4 470.3	4 433.5
东帝汶	4.3	5.0	7.8	9.6	15.7	20.7	31.9	46.1	63.8	81.6	100.7
越南	290.4	483.8	801.2	1 056.6	1 395.8	1 971.5	2 706.4	3 571.6	4 374.3	5 041.3	5 573.9
南亚和西南亚	8 421.2	11 198.5	15 871.6	24 053.6	34 804.8	46 158.4	60 161.9	76 473.8	94 403.0	112 440.5	129 279.9
阿富汗	43.2	72.1	127.0	206.7	214.9	438.3	701.1	1 032.1	1 478.8	2 009.4	2 564.2
孟加拉国	162.3	254.4	503.5	1 225.2	2 127.5	3 123.0	4 603.5	6 448.0	8 316.0	9 893.5	11 244.3
不丹	0.4	0.8	1.8	4.2	8.8	14.3	24.9	34.7	43.0	49.1	53.9
印度	6 413.4	8 058.6	10 970.9	16 144.6	22 197.9	28 836.5	37 290.2	47 072.6	58 303.8	70 135.8	81 439.9
伊朗伊斯兰共和国	471.6	740.8	1 178.9	1 932.6	3 174.9	4 221.1	5 259.0	6 373.9	7 254.4	7 923.1	8 435.8
马尔代夫	0.8	1.0	1.4	3.4	5.6	7.6	13.0	19.4	24.5	28.1	31.5
尼泊尔	21.8	33.2	45.7	87.6	160.4	311.4	451.6	617.7	823.5	1 054.7	1 297.9
巴基斯坦	657.8	1 006.6	1 469.3	2 244.8	3 396.7	4 768.7	6 337.0	8 376.4	10 788.0	13 254.8	15 574.7
斯里兰卡	123.8	162.6	243.6	282.3	321.6	347.6	380.3	419.4	486.8	594.4	719.0
土耳其	526.2	868.3	1 329.5	1 922.2	3 196.6	4 090.0	5 101.2	6 079.7	6 884.2	7 497.7	7 918.9
北亚和中亚	5 420.7	7 867.8	10 183.1	12 308.1	14 035.3	13 917.8	13 984.0	14 311.7	14 639.2	15 122.3	15 590.3
亚美尼亚	54.6	95.8	150.8	204.5	239.0	198.9	188.4	186.4	188.5	193.7	196.1
阿塞拜疆	132.3	205.3	258.9	325.3	387.9	417.1	485.7	562.7	625.9	678.9	713.6
格鲁吉亚	130.2	179.2	226.0	266.3	300.5	249.7	232.0	229.8	228.2	230.9	235.0
哈萨克斯坦	243.7	429.4	640.9	786.1	909.9	812.3	855.5	936.0	1 035.7	1 169.1	1 303.4
吉尔吉斯斯坦	46.1	74.3	111.1	140.1	166.0	174.9	188.3	225.7	275.4	336.5	405.2
俄罗斯联邦	4 532.1	6 450.8	8 143.6	9 663.1	10 873.2	10 765.0	10 582.8	10 439.9	10 194.4	10 000.0	9 804.0
塔吉克斯坦	45.0	68.5	107.7	134.3	167.7	163.8	202.2	264.2	347.3	467.1	618.5
土库曼斯坦	54.4	74.0	104.6	134.7	165.3	206.7	244.0	295.3	347.3	393.0	430.3
乌兹别克斯坦	182.3	290.8	439.6	653.6	825.7	929.3	1 005.0	1 171.7	1 396.4	1 653.1	1 884.2
太平洋地区	790.6	1 058.4	1 404.0	1 638.3	1 905.9	2 201.3	2 592.4	2 981.8	3 374.7	3 770.2	4 180.7
美属萨摩亚	1.2	1.3	1.9	2.4	3.8	5.1	4.9	5.0	5.3	5.5	5.5
澳大利亚	629.7	839.1	1 100.3	1 261.4	1 460.1	1 678.7	1 988.0	2 291.0	2 583.5	2 859.3	3 134.6
库克群岛	0.6	0.8	1.1	0.9	1.0	1.2	1.5	1.6	1.7	1.9	2.0
斐济	7.0	11.7	18.1	24.0	30.3	38.9	44.6	50.9	55.4	58.3	59.7
法属波利尼	2.0	3.3	6.1	9.0	11.5	13.3	15.1	16.5	18.0	19.5	20.9
关岛	2.5	3.3	5.2	9.8	11.8	14.5	15.0	17.1	19.1	20.7	21.8
基里巴斯	0.3	0.5	1.1	1.8	2.5	3.6	4.3	5.1	6.2	7.4	8.5

（续表）

主要区域、国家/地区	1950	1960	1970	1980	1990	2000	2010	2020*	2030*	2040*	2050*
马绍尔群岛	0.3	0.5	1.1	1.8	3.1	3.6	3.7	4.1	4.4	5.0	5.4
密克罗尼西亚联邦	0.6	1.0	1.5	1.9	2.5	2.4	2.3	2.5	2.9	3.5	3.9
瑙鲁	0.3	0.4	0.6	0.7	0.9	1.0	1.0	1.0	1.1	1.1	1.1
新喀里多尼亚	1.6	2.9	5.4	8.1	10.0	13.0	16.6	20.3	23.8	26.7	29.3
新西兰	138.4	180.3	228.7	262.6	288.0	330.5	376.4	416.6	455.0	489.0	518.7
纽埃	0.1	0.1	0.1	0.1	0.1	0.1	0.1	0.1	0.1	0.1	0.0
北马里亚纳群岛	0.3	0.5	0.9	1.5	3.9	6.2	4.8	5.0	5.1	5.0	4.7
帕劳共和国	0.4	0.5	0.7	0.8	1.1	1.3	1.7	2.0	2.3	2.5	2.6
巴布亚新几内亚	2.9	7.3	23.9	42.0	62.3	71.0	89.3	112.0	150.3	213.1	297.6
萨摩亚	1.1	2.1	2.9	3.3	3.5	3.8	3.7	3.7	4.0	4.7	5.7
所罗门群岛	0.3	0.7	1.4	2.4	4.3	6.5	10.6	15.8	21.8	28.4	35.5
汤加共和国	0.6	1.1	1.7	2.0	2.2	2.3	2.4	2.7	3.1	3.8	4.5
图瓦卢	0.1	0.1	0.2	0.2	0.4	0.4	0.5	0.6	0.7	0.8	0.9
瓦努阿图	0.4	0.7	1.1	1.7	2.7	4.0	5.8	8.1	10.9	14.1	17.7

资料来源：WUP 2014 F3.
* 表示预测

附表 4　　1950—2050 年主要区域、地区或国家的城市人口比例

主要区域、国家/地区	1950	1960	1970	1980	1990	2000	2010	2020*	2030*	2040*	2050*
世界	29.6%	33.7%	36.6%	39.3%	42.9%	46.6%	51.6%	56.2%	60%	63.2%	66.4%
亚太地区	19.6%	23.4%	25.9%	28.9%	33.5%	38.2%	45%	51.2%	56.2%	60.1%	63.9%
东亚和东北亚	17.8%	22.8%	24.9%	27.2%	33.4%	41.6%	54%	64.5%	71.4%	75%	77.8%
中国	11.8%	16.2%	17.4%	19.4%	26.4%	35.9%	49.2%	61%	68.7%	72.8%	75.8%
朝鲜民主主义人民共和国	31%	40.2%	54.2%	56.9%	58.4%	59.4%	60.2%	61.9%	64.8%	68.5%	72%
中国香港	85.2%	85.2%	87.7%	91.5%	99.5%	100%	100%	100%	100%	100%	100%
日本	53.4%	63.3%	71.9%	76.2%	77.3%	78.6%	90.5%	95.3%	96.9%	97.4%	97.7%
中国澳门	96.9%	95.3%	97%	98.5%	99.8%	100%	100%	100%	100%	100%	100%
蒙古	20%	35.7%	45.1%	52.1%	57%	57.1%	67.6%	75.6%	80.4%	82.9%	84.8%
大韩民国	21.4%	27.7%	40.7%	56.7%	73.8%	79.6%	81.9%	83.1%	84.5%	86.1%	87.6%
东南亚	15.5%	18.6%	21.5%	25.5%	31.6%	38.1%	44.5%	50.6%	55.8%	60.2%	64.5%
文莱达鲁萨兰国	26.8%	43.4%	61.7%	59.9%	65.8%	71.2%	75.5%	78.6%	80.7%	82.4%	84%
柬埔寨	10.2%	10.3%	16%	9.9%	15.5%	18.6%	19.8%	22%	25.6%	30.6%	36.2%
印度尼西亚	12.4%	14.6%	17.1%	22.1%	30.6%	42%	49.9%	57.2%	63%	67.2%	70.9%
老挝人民民主共和国	7.2%	7.9%	9.6%	12.4%	15.4%	22%	33.1%	43.5%	50.9%	55.9%	60.8%
马来西亚	20.4%	26.6%	33.5%	42%	49.8%	62%	70.9%	77.7%	81.9%	84.2%	85.9%
缅甸	16.2%	19.2%	22.8%	24%	24.6%	27%	31.4%	36.9%	42.8%	48.8%	54.9%
菲律宾	27.1%	30.3%	33%	37.5%	48.6%	48%	45.3%	44.3%	46.3%	51.1%	56.3%
新加坡	99.4%	100%	100%	100%	100%	100%	100%	100%	100%	100%	100%
泰国	16.5%	19.7%	20.9%	26.8%	29.4%	31.4%	44.1%	55.8%	63.9%	68.2%	71.8%
东帝汶	9.9%	10.1%	12.9%	16.5%	20.8%	24.3%	29.5%	35.8%	41%	44.8%	48.3%
越南	11.6%	14.7%	18.3%	19.2%	20.3%	24.4%	30.4%	36.8%	43%	48.4%	53.8%

（续表）

主要区域、国家/地区	1950	1960	1970	1980	1990	2000	2010	2020*	2030*	2040*	2050*
南亚和西南亚	16.4%	18%	20.4%	24.4%	27.9%	30.5%	34.3%	38.6%	43.5%	48.6%	53.7%
阿富汗	5.8%	8.2%	11.5%	15.7%	18.3%	21.3%	24.7%	28.9%	34%	39.5%	45.3%
孟加拉国	4.3%	5.1%	7.6%	14.9%	19.8%	23.6%	30.5%	38%	44.9%	50.5%	55.7%
不丹	2.1%	3.6%	6.1%	10.1%	16.4%	25.4%	34.8%	42.2%	47.9%	51.7%	55%
印度	17%	17.9%	19.8%	23.1%	25.5%	27.7%	30.9%	34.8%	39.5%	44.8%	50.3%
伊朗伊斯兰共和国	27.5%	33.7%	41.2%	49.7%	56.3%	64%	70.6%	75.7%	79.4%	81.9%	83.9%
马尔代夫	10.6%	11.2%	11.9%	22.3%	25.8%	27.7%	40%	50.2%	56.2%	59.4%	62.5%
尼泊尔	2.7%	3.5%	4%	6.1%	8.9%	13.4%	16.8%	20.6%	25.1%	30.1%	35.6%
巴基斯坦	17.5%	22.1%	24.8%	28.1%	30.6%	33.2%	36.6%	41.2%	46.6%	52%	57.5%
斯里兰卡	15.3%	16.4%	19.5%	18.8%	18.6%	18.4%	18.3%	18.8%	20.9%	25%	30.2%
土耳其	24.8%	31.5%	38.2%	43.8%	59.2%	64.7%	70.7%	75.7%	79.3%	81.7%	83.7%
北亚和中亚	42.3%	51.1%	58%	63.5%	65.4%	63.9%	63.1%	62.9%	64.2%	66.8%	69.6%
亚美尼亚	40.3%	51.3%	59.9%	66.1%	67.4%	64.7%	63.6%	62.3%	63.5%	66.8%	70.5%
阿塞拜疆	45.7%	52.7%	50%	52.8%	53.7%	51.4%	53.4%	56.1%	59.8%	64%	68%
格鲁吉亚	36.9%	43.1%	48%	52.5%	55%	52.6%	52.9%	54.7%	57.7%	61.8%	66%
哈萨克斯坦	36.4%	44.2%	50.2%	54.1%	56.3%	55.7%	53.7%	53.4%	55.8%	60.1%	64.6%
吉尔吉斯斯坦	26.5%	34.2%	37.5%	38.6%	37.8%	35.3%	35.3%	36.6%	40.1%	45.3%	50.8%
俄罗斯联邦	44.1%	53.7%	62.5%	69.8%	73.4%	73.4%	73.7%	74.6%	76.3%	78.7%	81.1%
塔吉克斯坦	29.4%	33.2%	36.9%	34.3%	31.7%	26.5%	26.5%	27.5%	30.4%	35.4%	41%
土库曼斯坦	45%	46.4%	47.8%	47.1%	45.1%	45.9%	48.4%	51.9%	56.4%	61%	65.5%
乌兹别克斯坦	28.9%	34%	36.7%	40.8%	40.2%	37.4%	36.2%	37.2%	40.9%	46.3%	51.9%
太平洋地区	62.4%	67.1%	71.4%	71.4%	70.7%	70.5%	70.7%	70.9%	71.3%	72.2%	73.5%
美属萨摩亚	61.8%	66.2%	70.4%	74.3%	80.9%	88.6%	87.6%	87%	87.3%	88.3%	89.4%
澳大利亚	77%	81.5%	85.3%	85.8%	85.4%	87.2%	88.7%	90.1%	91.2%	92.1%	92.9%
库克群岛	38%	46.5%	53.3%	53.8%	57.7%	65.2%	73.3%	75.7%	77.9%	79.9%	81.6%
斐济	24.4%	29.7%	34.8%	37.8%	41.6%	47.9%	51.8%	55.6%	59%	62%	65%
法属波利尼	33.3%	42.3%	55.2%	59%	57.9%	56.1%	56.5%	55.7%	56.5%	59.1%	62.1%
关岛	41.3%	50.1%	61.9%	93.8%	90.8%	93.1%	94.1%	94.9%	95.5%	95.9%	96.3%
基里巴斯	11%	16.3%	24.1%	32.3%	35%	43%	43.8%	45.1%	47.8%	51.1%	54.5%
马绍尔群岛	23.3%	35.6%	53.5%	58.3%	65.1%	68.4%	71.3%	73.9%	76.1%	78.2%	78.2%
密克罗尼西亚联邦	20%	22.3%	24.8%	26.4%	25.8%	22.3%	22.3%	22.8%	24.4%	27.2%	27.2%
瑙鲁	100%	100%	100%	100%	100%	100%	100%	100%	100%	100%	100%
新喀里多尼亚	21.6%	37.4%	51.2%	57.4%	59.5%	61.8%	67.3%	72.7%	76.2%	78.4%	78.4%
新西兰	72.5%	76%	81.1%	83.4%	84.7%	85.7%	86.2%	86.5%	87.4%	88.0%	88.6%
纽埃	21.5%	21.5%	21.1%	27%	30.9%	33.1%	38.7%	46.1%	51.8%	55.6%	55.6%
北马里亚纳群岛	42%	51.2%	70.1%	86.8%	89.7%	90.1%	89.5%	89.2%	89.5%	90.4%	90.4%
帕劳共和国	53.9%	56.8%	59.7%	62.5%	69.6%	70%	83.4%	89.4%	91.6%	92.4%	92.4%
巴布亚新几内亚	1.7%	3.7%	9.8%	13%	15%	13.2%	13%	13.3%	15%	18.3%	18.3%
萨摩亚	12.9%	18.9%	20.4%	21.2%	21.2%	22%	20.1%	18.6%	18.8%	20.7%	20.7%
所罗门群岛	3.8%	5.8%	8.9%	10.6%	13.7%	15.8%	20%	24.5%	28.6%	31.9%	31.9%
汤加共和国	12.9%	17.6%	20.2%	21.2%	22.7%	23%	23.4%	24.2%	26%	28.7%	28.7%
图瓦卢	11.2%	15.9%	22.1%	29.8%	40.7%	46%	54.8%	63.9%	69.9%	73.2%	73.2%
瓦努阿图	8.8%	10.4%	12.3%	14.7%	18.7%	21.7%	24.6%	27.7%	30.9%	34.2%	34.2%

资料来源：WUP 2014 年，ESCAP SD table_01-Urban population, share of total population-1950—2050.

*表示预测

附表 5　　1950—2050 年主要区域、地区或国家中城市人口年均变化率

主要区域、国家/地区	1950—1960	1960—1970	1970—1980	1980—1990	1900—2000	2000—2010	2010—2020*	2020—2030*	2030—2040*	2040—2050*
世界	3.17%	2.85%	2.62%	2.71%	2.26%	2.26%	1.96%	1.55%	1.23%	1.04%
亚太地区	3.34%	2.96%	2.79%	2.93%	2.41%	2.41%	2.04%	1.54%	1.15%	0.93%
东亚和东北亚	4.28%	3.05%	2.73%	3.69%	3.13%	3.24%	2.27%	1.13%	0.35%	0.01%
中国	5.09%	3.01%	3%	4.93%	4.07%	3.84%	2.71%	1.34%	0.45%	0.05%
朝鲜民主主义人民共和国	4.53%	2.87%	2.9%	2.24%	1.72%	0.31%	0.69%	0.44%	0.15%	0%
中国香港	-1.52%	4.07%	-0.04%	3.99%	1.87%	2.16%	1.6%	1.14%	0.74%	0.54%
日本	3.47%	5.46%	2.39%	1.78%	1.42%	0.84%	0.78%	0.83%	0.69%	0.51%
中国澳门	2.92%	2.45%	1.71%	0.69%	0.45%	1.55%	0.36%	-0.21%	-0.47%	-0.53%
蒙古	8.13%	5.39%	4.33%	3.54%	0.95%	2.96%	2.54%	1.47%	0.88%	0.68%
大韩民国	5.41%	6.3%	5.2%	4.1%	1.44%	0.81%	0.61%	0.45%	0.2%	-0.07%
东南亚	4.35%	4.24%	4.17%	4.42%	3.6%	2.9%	2.4%	1.82%	1.33%	0.99%
文莱达鲁萨兰国	10.71%	8.46%	3.75%	3.88%	3.39%	2.51%	1.67%	1.22%	0.84%	0.45%
柬埔寨	2.67%	6.71%	-3.45%	7.85%	4.9%	2.28%	2.72%	2.78%	2.76%	2.41%
印度尼西亚	3.69%	4.17%	5.15%	5.44%	4.85%	3.19%	2.52%	1.84%	1.24%	0.86%
老挝人民民主共和国	3.29%	4.38%	4.53%	5%	6.1%	5.99%	4.63%	3%	2.02%	1.63%
马来西亚	5.72%	5.33%	4.77%	4.54%	4.82%	3.28%	2.45%	1.68%	1.06%	0.76%
缅甸	3.85%	4.15%	2.91%	2.28%	2.36%	2.24%	2.42%	1.94%	1.46%	1.05%
菲律宾	4.67%	4.02%	4.17%	5.41%	2.15%	1.28%	1.46%	1.94%	2.16%	1.88%
新加坡	4.86%	2.42%	1.53%	2.25%	2.65%	2.63%	1.78%	0.83%	0.49%	0.23%
泰国	4.71%	3.65%	5.12%	2.75%	1.63%	4.11%	2.62%	1.3%	0.36%	-0.08%
东帝汶	1.64%	4.44%	2.11%	5.05%	2.85%	4.4%	3.76%	3.31%	2.48%	2.13%
越南	5.24%	5.17%	2.81%	2.82%	3.51%	3.22%	2.81%	2.05%	1.43%	1.01%
南亚和西南亚	2.89%	3.55%	4.25%	3.76%	2.86%	2.69%	2.43%	2.13%	1.76%	1.41%
阿富汗	5.26%	5.82%	5%	0.4%	7.42%	4.81%	3.94%	3.66%	3.11%	2.47%
孟加拉国	4.6%	7.07%	9.32%	5.67%	3.91%	3.96%	3.43%	2.58%	1.75%	1.29%
不丹	8.06%	8.22%	8.95%	7.7%	5.04%	5.7%	3.35%	2.17%	1.34%	0.94%
印度	2.31%	3.13%	3.94%	3.24%	2.65%	2.6%	2.36%	2.16%	1.86%	1.51%
伊朗伊斯兰共和国	4.62%	4.76%	5.07%	5.09%	2.89%	2.22%	1.94%	1.3%	0.89%	0.63%
马尔代夫	2.42%	3.17%	9.74%	4.98%	3.09%	5.59%	4.09%	2.34%	1.39%	1.13%
尼泊尔	4.31%	3.25%	6.72%	6.23%	6.86%	3.79%	3.18%	2.92%	2.51%	2.1%
巴基斯坦	4.35%	3.85%	4.33%	4.23%	3.45%	2.88%	2.83%	2.56%	2.08%	1.63%
斯里兰卡	2.77%	4.13%	1.49%	1.31%	0.78%	0.9%	0.98%	1.5%	2.02%	1.92%
土耳其	5.14%	4.35%	3.76%	5.22%	2.5%	2.23%	1.77%	1.25%	0.86%	0.55%
北亚和中亚	3.8%	2.61%	1.91%	1.32%	-0.08%	0.05%	0.23%	0.23%	0.33%	0.31%
亚美尼亚	5.78%	4.65%	3.1%	1.57%	-1.82%	-0.54%	-0.11%	0.11%	0.27%	0.12%
阿塞拜疆	4.49%	2.35%	2.31%	1.77%	0.73%	1.53%	1.48%	1.07%	0.81%	0.5%
格鲁吉亚	3.25%	2.35%	1.66%	1.22%	-1.84%	-0.73%	-0.1%	-0.07%	0.12%	0.18%
哈萨克斯坦	5.83%	4.09%	2.06%	1.47%	-1.13%	0.52%	0.9%	1.02%	1.22%	1.09%
吉尔吉斯斯坦	4.89%	4.11%	2.35%	1.71%	0.52%	0.74%	1.83%	2.01%	2.03%	1.87%
俄罗斯联邦	4.29%	4.63%	2.24%	2.24%	-0.23%	2.13%	2.71%	2.77%	3.01%	2.85%
塔吉克斯坦	3.11%	3.52%	2.56%	2.07%	2.26%	1.68%	1.92%	1.64%	1.24%	0.91%
土库曼斯坦	4.78%	4.22%	4.05%	2.37%	1.19%	0.79%	1.55%	1.77%	1.7%	1.32%

（续表）

主要区域、国家/地区	1950—1960	1960—1970	1970—1980	1980—1990	1900—2000	2000—2010	2010—2020*	2020—2030*	2030—2040*	2040—2050*
乌兹别克斯坦	3.59%	2.36%	1.73%	1.19%	−0.1%	−0.17%	−0.14%	−0.24%	−0.19%	−0.2%
太平洋地区	2.96%	2.87%	1.56%	1.52%	1.45%	1.65%	1.41%	1.25%	1.11%	1.04%
美属萨摩亚	2.91%	2.75%	1.38%	1.47%	1.41%	1.71%	1.43%	1.21%	1.02%	0.92%
澳大利亚	2.68%	2.41%	1.39%	0.93%	1.39%	1.31%	1.02%	0.89%	0.72%	0.59%
库克群岛	6.89%	3.55%	1.23%	0.47%	1.06%	−0.27%	−0.09%	0.69%	1.8%	1.78%
斐济	5.19%	4.48%	2.86%	2.36%	2.52%	1.38%	1.33%	0.85%	0.51%	0.23%
法属波利尼	6.23%	6.32%	4.24%	2.11%	2.6%	2.48%	2.06%	1.57%	1.16%	0.93%
关岛	9.7%	12.56%	5.82%	4.04%	1.31%	2.32%	2.3%	2.98%	3.55%	3.4%
基里巴斯	7.14%	7.71%	5.5%	5.75%	4.34%	4.93%	4.1%	3.31%	2.66%	2.27%
马绍尔群岛	4.73%	4.73%	4.94%	4.88%	3.87%	3.78%	3.38%	3%	2.64%	2.3%
密克罗尼西亚联邦	5.92%	4.66%	1.45%	0.94%	0.43%	0.77%	1.01%	1.57%	1.88%	1.64%
瑙鲁	3.11%	4.49%	6.53%	1.95%	2.02%	0.37%	1.32%	1.1%	0.79%	0.55%
新喀里多尼亚	6.46%	7%	5.24%	3.51%	3.66%	1.87%	1.86%	1.96%	1.7%	1.43%
新西兰	5.57%	7.66%	5.06%	5.61%	1.49%	0.48%	0.83%	0.85%	1.21%	0.74%
纽埃	4.5%	4.37%	2.39%	2.57%	−0.34%	−0.37%	0.8%	1.65%	1.61%	1.33%
北马里亚纳群岛	4.15%	3.9%	1.44%	2.03%	0.93%	−0.02%	0.41%	0.44%	0.23%	0.03%
帕劳共和国	5.79%	6.02%	4.81%	10.33%	4.57%	−2.43%	0.34%	0.16%	−0.12%	−0.6%
巴布亚新几内亚	3.17%	2.27%	1.08%	3.25%	2.48%	2.44%	1.64%	1.26%	0.8%	0.56%
萨摩亚	5.31%	5.21%	4.07%	4.31%	1.7%	2.2%	1.82%	1.5%	0.8%	1.05%
所罗门群岛	1.25%	3.78%	2.3%	4.67%	2.96%	−0.44%	0.26%	0.63%	0.34%	0.03%
汤加共和国	4%	3%	−1.82%	0.7%	1.35%	2.49%	0.84%	0.68%	0.74%	0.55%
图瓦卢	5.1%	6.32%	3.92%	2.52%	1.49%	1.3%	0.86%	0.87%	0.84%	0.69%
瓦努阿图	0.35%	0.41%	−1.6%	−2.42%	−1.36%	−1%	−0.71%	0.5%	0.91%	0.67%

资料来源：WUP 2014.
＊表示预测

附表 6　2014 年统计的按国家分超过 300 万居民及以上的城市密集区总人口（1950—2025）　单位：万人

次区域、国家/地区	城市集聚区	1950	1960	1970	1980	1990	2000	2010	2014	2020*	2030*
东亚和东北亚											
中国	上海	430.09	681.96	603.65	596.62	782.30	1 395.90	1 998.00	2 299.11	2 713.73	3 075.07
中国	北京	167.14	390.04	442.61	536.61	678.77	1 016.24	1 618.96	1 952.03	2 420.15	2 770.60
中国	重庆	156.70	227.52	223.73	296.14	401.06	786.30	1 124.37	1 291.57	1 523.28	1 738.04
中国	广州	104.90	127.20	154.22	187.00	307.21	733.01	962.04	1 184.28	1 517.43	1 757.44
中国	天津	246.73	293.52	331.78	375.04	455.79	666.95	945.09	1 085.98	1 281.61	1 465.54
中国	深圳	0.32	0.83	2.19	5.83	87.50	655.04	1 022.29	1 068.02	1 128.71	1 267.28
中国	武汉	106.85	165.33	203.94	251.58	341.75	663.78	751.48	783.81	836.40	944.16
中国	东莞	9.16	9.89	11.40	13.72	55.26	363.09	711.84	740.97	773.14	870.06
中国	成都	64.62	158.03	175.00	215.00	295.49	422.23	623.43	728.90	876.57	1 010.44
中国	南京	103.71	123.02	145.92	173.09	289.28	427.86	616.22	712.74	847.57	975.43
中国	佛山	10.33	18.26	32.26	57.03	100.80	383.23	665.32	698.88	739.94	835.33
中国	沈阳	214.77	269.90	315.58	341.79	365.07	456.25	567.63	619.41	693.23	791.09

（续表）

次区域、国家/地区	城市集聚区	1950	1960	1970	1980	1990	2000	2010	2014	2020*	2030*
中国	杭州	61.05	94.82	102.67	114.14	147.62	315.98	508.18	612.11	759.66	882.18
中国	西安	57.47	78.19	95.97	117.82	215.70	369.03	514.94	586.66	686.93	790.38
中国	哈尔滨	72.65	142.27	169.55	199.20	239.24	388.76	489.63	535.07	599.90	686.00
中国	苏州	45.71	51.61	50.78	55.58	106.67	211.19	399.73	515.59	687.58	809.85
中国	青岛	75.11	90.18	90.59	109.49	210.14	293.98	395.15	444.52	513.89	592.02
中国	大连	71.59	93.85	117.70	142.38	188.43	283.33	386.24	436.60	507.31	585.06
中国	郑州	19.56	31.52	50.80	81.86	113.44	243.76	362.96	423.44	508.56	589.98
中国	厦门	19.34	31.72	41.76	49.05	63.94	141.65	304.00	412.40	579.98	691.10
中国	济南	57.59	100.30	106.00	126.00	192.32	259.18	349.30	392.65	453.69	523.41
中国	汕头	27.04	30.54	34.49	41.97	72.46	293.07	362.31	388.82	428.08	489.94
中国	昆明	33.43	39.73	47.22	56.12	110.01	260.00	336.54	370.02	417.77	480.46
中国	长春	76.46	111.09	125.48	165.54	219.23	273.02	338.65	369.11	412.96	474.21
中国	长沙	57.71	86.08	73.10	83.01	108.94	218.23	315.51	363.98	432.17	501.32
中国	中山	5.53	9.03	14.75	24.09	39.35	137.57	268.18	347.44	465.79	551.75
中国	太原	19.65	34.95	62.16	110.57	163.66	250.27	313.12	341.52	382.44	439.65
中国	乌鲁木齐	10.23	29.61	58.12	88.06	124.09	180.66	281.10	335.77	413.52	483.11
中国	合肥	14.54	31.62	51.79	75.05	109.95	153.23	302.72	329.83	362.23	415.22
中国	福州	30.11	40.66	54.91	74.15	140.26	200.85	279.33	318.58	373.86	433.54
中国	石家庄	27.22	50.45	69.22	99.11	137.21	191.42	273.71	315.90	375.34	436.20
中国	南宁	14.31	32.33	43.19	62.14	75.93	162.40	261.91	310.97	380.04	443.84
中国	温州	15.10	41.88	76.67	94.87	111.06	156.54	265.20	309.57	372.23	433.56
中国	宁波	28.17	33.80	37.69	44.75	63.43	164.34	254.68	301.28	367.37	429.05
中国香港特别行政区	香港	168.19	262.05	347.25	462.30	576.60	683.53	704.95	725.96	754.95	788.52
日本	东京	1 127.46	1 667.88	2 329.75	2 854.85	3 253.00	3 444.99	3 683.40	3 783.29	3 832.32	3 719.05
日本	近畿都市圈(大阪)	700.53	1 061.48	1 527.15	1 702.76	1 838.88	1 866.00	1 949.17	2 012.27	2 052.34	1 997.57
日本	中京都市圈(名古屋)	223.69	429.67	660.34	777.73	840.72	874.02	916.49	937.34	949.15	930.41
日本	北九州-福冈都市圈	140.32	268.08	407.17	472.56	526.91	542.06	555.62	552.76	544.74	535.48
日本	静冈-滨松都市圈	38.04	53.42	72.58	89.50	100.29	121.68	272.98	323.93	384.59	393.35
大韩民国	首尔	102.10	236.12	531.16	825.78	1 051.76	987.85	979.61	977.54	981.82	995.97
大韩民国	釜山	94.78	115.41	181.28	310.44	377.22	359.44	332.91	323.68	317.45	326.37
东南亚											
印度尼西亚	雅加达	145.20	267.87	391.54	598.43	817.54	838.98	963.00	1 017.60	1 129.82	1 381.20
马来西亚	吉隆坡	26.15	34.35	45.12	97.15	209.77	417.65	581.00	662.92	784.36	942.29
缅甸	仰光	130.25	159.20	194.58	237.83	290.67	355.27	434.21	470.51	535.83	657.82
菲律宾	马尼拉	154.37	227.37	353.43	595.47	797.28	996.19	1 189.11	1 276.38	1 394.19	1 675.56
新加坡	新加坡	101.64	163.37	207.41	241.45	301.64	391.82	507.90	551.71	605.72	657.79

（续表）

次区域、国家/地区	城市集聚区	1950	1960	1970	1980	1990	2000	2010	2014	2020*	2030*
泰国	Krung Thep（曼谷）	136.00	215.09	311.00	472.31	588.84	636.05	821.34	909.79	1 013.71	1 152.79
越南	Thanh Pho Ho Chi Minh（胡志明市）	121.32	140.00	196.96	271.61	303.78	438.94	618.94	710.03	830.85	1 020.04
越南	河内	26.08	41.66	61.74	89.91	113.93	165.97	281.10	346.97	438.86	549.79
南亚和西南亚											
阿富汗	喀布尔	17.08	28.54	47.19	97.78	154.93	240.11	372.23	443.63	572.17	827.96
孟加拉国	达卡	33.58	50.79	137.37	326.57	662.07	1 028.50	1 473.05	1 698.24	2 098.86	2 737.36
孟加拉国	吉大港	28.89	35.99	72.33	133.98	202.28	330.85	410.61	444.67	515.48	671.88
印度	德里	136.94	228.30	353.07	555.85	972.59	1 573.23	2 193.51	2 495.33	2 934.76	3 606.01
印度	Mumbai（孟买）	285.74	406.04	581.13	865.79	1 243.64	1 636.68	1 942.20	2 074.08	2 283.85	2 779.66
印度	Kolkata（加尔各答）	451.35	565.22	692.57	903.03	1 088.97	1 305.81	1 428.31	1 476.61	1 572.62	1 909.25
印度	班加罗尔	74.60	116.60	161.48	281.24	403.62	556.73	827.50	971.80	1 183.68	1 476.21
印度	Chennai（马德拉斯）	149.13	191.48	305.67	420.33	533.81	635.26	852.25	961.96	1 124.07	1 392.09
印度	海得拉巴	109.63	124.05	174.84	248.70	419.26	544.54	757.75	867.02	1 027.87	1 277.36
印度	阿默达巴德	85.50	118.08	169.45	248.39	325.49	442.69	620.99	711.59	845.21	1 052.66
印度	Pune（浦那）	58.09	77.69	110.49	164.20	242.98	365.48	495.14	557.41	650.20	809.14
印度	苏拉特	23.36	31.14	47.71	87.68	146.84	269.88	443.84	539.77	682.67	861.64
印度	斋浦尔	29.40	40.23	61.63	98.39	147.81	225.95	301.67	337.34	391.09	488.48
印度	勒克瑙	48.87	64.37	80.10	99.33	161.40	222.13	285.42	315.03	360.33	449.32
印度	坎普尔	68.82	95.07	124.96	161.17	200.12	264.06	290.42	300.09	320.36	394.98
伊朗（伊斯兰共和国）	德黑兰	104.14	187.26	328.98	507.92	636.48	712.81	805.85	835.29	890.90	998.98
巴基斯坦	卡拉奇	105.50	185.30	311.90	504.80	714.70	1 003.20	1 408.10	1 612.60	1 923.00	2 483.80
巴基斯坦	拉合尔	83.60	126.40	196.40	288.20	397.00	545.20	748.70	850.00	1 005.40	1 303.30
巴基斯坦	费萨尔巴德	16.80	40.40	72.60	107.90	152.00	214.20	301.70	346.00	414.20	541.90
土耳其	伊斯坦布尔	96.75	145.34	277.21	439.70	655.22	874.39	1 270.34	1 395.37	1 509.90	1 669.43
土耳其	安卡拉	28.06	63.54	134.09	189.14	256.11	317.92	416.64	464.37	520.82	587.46
北亚和中亚											
俄罗斯联邦	Moskva（莫斯科）	535.64	617.00	710.65	813.61	898.66	1 000.45	1 146.13	1 206.27	1 247.41	495.54
俄罗斯联邦	Sankt Peterburg（圣彼得堡）	290.28	339.85	398.02	464.47	498.86	471.93	487.16	498.41	501.99	530.09
太平洋地区											
澳大利亚	悉尼	168.99	213.47	289.25	325.21	363.19	405.25	436.44	447.52	472.94	530.09
澳大利亚	墨尔本	133.20	185.12	249.91	283.90	315.43	346.05	395.12	415.10	450.05	507.09

资料来源：WUP 2014.

*表示预测

附表 7　2014 年统计的按国家分超过 300 万居民及以上的城市密集区年均变化率 1950—2025

次区域、国家/地区	城市集聚区	1950—1960	1960—1970	1970—1980	1980—1990	1990—2000	2000—2010	2010—2020*	2020—2030*
东亚和东北亚									
中国	北京	8.84%	1.27%	1.94%	2.38%	4.12%	4.77%	4.1%	1.36%
中国	长春	3.81%	1.23%	2.81%	2.85%	2.22%	2.18%	2%	1.39%
中国	长沙	4.08%	-1.62%	1.28%	2.76%	7.19%	3.76%	3.2%	1.5%
中国	成都	9.36%	1.03%	2.08%	3.23%	3.63%	3.97%	3.47%	1.43%
中国	重庆	3.8%	-0.17%	2.84%	3.08%	6.96%	3.64%	3.08%	1.33%
中国	大连	2.74%	2.29%	1.92%	2.84%	4.16%	3.15%	2.76%	1.44%
中国	东莞	0.77%	1.43%	1.87%	14.95%	20.71%	6.96%	0.83%	1.19%
中国	佛山	5.86%	5.86%	5.86%	5.86%	14.29%	5.67%	1.07%	1.22%
中国	福州	3.05%	3.05%	3.05%	6.58%	3.66%	3.35%	2.96%	1.49%
中国	广州	1.95%	1.95%	1.95%	5.09%	9.09%	2.76%	4.66%	1.48%
中国	哈尔滨	6.95%	1.77%	1.62%	1.85%	4.97%	2.33%	2.05%	1.35%
中国	杭州	4.5%	0.8%	1.06%	2.61%	7.91%	4.87%	4.1%	1.51%
中国	合肥	8.08%	5.06%	3.78%	3.89%	3.37%	7.05%	1.81%	1.37%
中国	济南	5.7%	0.55%	1.74%	4.32%	3.03%	3.03%	2.65%	1.44%
中国	昆明	1.74%	1.74%	1.74%	6.96%	8.98%	2.61%	2.19%	1.41%
中国	南京	1.72%	1.72%	1.72%	5.27%	3.99%	3.72%	3.24%	1.42%
中国	南宁	8.5%	2.94%	3.71%	2.02%	7.9%	4.9%	3.79%	1.56%
中国	宁波	1.84%	1.1%	1.73%	3.55%	9.99%	4.48%	3.73%	1.56%
中国	青岛	1.85%	0.05%	1.91%	6.74%	3.41%	3%	2.66%	1.43%
中国	上海	4.72%	-1.21%	-0.12%	2.75%	5.96%	3.65%	3.11%	1.26%
中国	汕头	1.22%	1.22%	1.98%	5.61%	15%	2.14%	1.68%	1.36%
中国	沈阳	2.31%	1.58%	0.8%	0.66%	2.25%	2.21%	2.02%	1.33%
中国	深圳	10.18%	10.18%	10.29%	31.11%	22.3%	4.55%	1%	1.16%
中国	石家庄	6.36%	3.21%	3.65%	3.31%	3.39%	3.64%	3.21%	1.51%
中国	苏州	1.22%	-0.16%	0.91%	6.74%	7.07%	6.59%	5.57%	1.65%
中国	太原	5.93%	5.93%	5.93%	4%	4.34%	2.27%	2.02%	1.4%
中国	天津	1.75%	1.23%	1.23%	1.97%	3.88%	3.55%	3.09%	1.35%
中国	乌鲁木齐	11.22%	6.97%	4.24%	3.49%	3.83%	4.52%	3.94%	1.57%
中国	温州	10.74%	6.23%	2.15%	1.59%	3.49%	5.41%	3.45%	1.54%
中国	武汉	4.46%	2.12%	2.12%	3.11%	6.86%	1.25%	1.08%	1.22%
中国	厦门	5.08%	2.79%	1.62%	2.69%	8.28%	7.94%	6.67%	1.77%
中国	西安	3.13%	2.07%	2.07%	6.23%	5.52%	3.39%	2.92%	1.41%
中国	郑州	4.89%	4.89%	4.89%	3.32%	7.95%	4.06%	3.43%	1.5%
中国	中山	5.03%	5.03%	5.03%	5.03%	13.33%	6.9%	5.68%	1.71%
中国香港特别行政区	香港	4.53%	2.85%	2.9%	2.23%	1.72%	0.31%	0.69%	0.44%
日本	中京都市圈(名古屋)	6.75%	4.39%	1.65%	0.78%	0.39%	0.48%	0.35%	-0.2%
日本	近畿都市圈(大阪)	4.24%	3.7%	1.09%	0.77%	0.15%	0.44%	0.52%	-0.27%
日本	北九州－福冈都市圈	6.69%	4.27%	1.5%	1.09%	0.28%	0.25%	-0.2%	-0.17%
日本	静冈－滨松都市圈	3.45%	3.11%	2.12%	1.14%	1.95%	8.42%	3.49%	0.23%
日本	东京	3.99%	3.4%	2.05%	1.31%	0.58%	0.67%	0.4%	-0.3%
大韩民国	釜山	1.99%	4.62%	5.53%	1.97%	-0.48%	-0.76%	-0.47%	0.28%

（续表）

次区域、国家/地区	城市集聚区	1950—1960	1960—1970	1970—1980	1980—1990	1990—2000	2000—2010	2010—2020*	2020—2030*
大韩民国	首尔	8.75%	8.44%	4.51%	2.45%	−0.62%	−0.08%	0.02%	0.14%
东南亚									
印度尼西亚	雅加达	6.32%	3.87%	4.33%	3.17%	0.26%	1.39%	1.61%	2.03%
马来西亚	吉隆坡	2.76%	2.76%	7.97%	8%	7.13%	3.36%	3.05%	1.85%
缅甸	仰光	2.03%	2.03%	2.03%	2.03%	2.03%	2.03%	2.12%	2.07%
菲律宾	马尼拉	3.95%	4.51%	5.36%	2.96%	2.25%	1.79%	1.6%	1.86%
新加坡	新加坡	4.86%	2.42%	1.53%	2.25%	2.65%	2.63%	1.78%	0.83%
泰国	Krung Thep（曼谷）	4.69%	3.76%	4.27%	2.23%	0.77%	2.59%	2.13%	1.29%
越南	河内	4.8%	4.01%	3.83%	2.4%	3.83%	5.41%	4.56%	2.28%
越南	Thanh Pho Ho Chi Minh（胡志明市）	1.44%	3.47%	3.27%	1.13%	3.75%	3.5%	2.99%	2.07%
南亚和西南亚									
阿富汗	喀布尔	5.27%	5.16%	7.56%	4.71%	4.48%	4.48%	4.39%	3.76%
孟加拉国	吉大港	2.22%	7.23%	6.36%	4.21%	5.04%	2.18%	2.3%	2.69%
孟加拉国	达卡	4.23%	10.46%	9.05%	7.32%	4.5%	3.66%	3.6%	2.69%
印度	阿默达巴德	3.28%	3.68%	3.9%	2.74%	3.12%	3.44%	3.13%	2.22%
印度	班加罗尔	4.57%	3.31%	5.71%	3.68%	3.27%	4.04%	3.64%	2.23%
印度	Chennai（马德拉斯）	2.53%	4.79%	3.24%	2.42%	1.76%	2.98%	2.81%	2.16%
印度	德里	5.24%	4.46%	4.64%	5.75%	4.93%	3.38%	2.95%	2.08%
印度	海得拉巴 d	1.24%	3.49%	3.59%	5.36%	2.65%	3.36%	3.1%	2.2%
印度	斋浦尔	3.19%	4.36%	4.79%	4.15%	4.34%	2.93%	2.63%	2.25%
印度	坎普尔	3.28%	2.77%	2.58%	2.19%	2.81%	0.96%	0.99%	2.12%
印度	Kolkata（加尔各答）	2.28%	2.05%	2.69%	1.89%	1.83%	0.9%	0.97%	1.96%
印度	勒克瑙	2.79%	2.21%	2.18%	4.97%	3.25%	2.54%	2.36%	2.23%
印度	Mumbai（孟买）	3.58%	3.65%	4.07%	3.69%	2.78%	1.73%	1.63%	1.98%
印度	Pune（浦那）	2.95%	3.58%	4.04%	4%	4.17%	3.08%	2.76%	2.21%
印度	苏拉特	2.92%	4.36%	6.27%	5.29%	6.28%	5.1%	4.4%	2.36%
伊朗（伊斯兰共和国）	德黑兰	6.04%	5.8%	4.44%	2.28%	1.14%	1.23%	1.01%	1.15%
巴基斯坦	费萨尔巴德	9.17%	6.04%	4.04%	3.49%	3.49%	3.49%	3.22%	2.72%
巴基斯坦	卡拉奇	5.79%	5.34%	4.93%	3.54%	3.45%	3.45%	3.17%	2.59%
巴基斯坦	拉合尔	4.23%	4.5%	3.91%	3.26%	3.22%	3.22%	2.99%	2.63%
土耳其	安卡拉	8.52%	7.75%	3.5%	3.08%	2.19%	2.74%	2.26%	1.21%
土耳其	伊斯坦布尔	4.15%	6.67%	4.72%	4.07%	2.93%	3.81%	1.74%	1.01%
北亚和中亚									
俄罗斯联邦	Moskva（莫斯科）	1.42%	1.42%	1.36%	1%	1.08%	1.37%	0.85%	−0.22%
俄罗斯联邦	Sankt Peterburg（圣彼得堡）	1.59%	1.59%	1.56%	0.72%	−0.55%	0.32%	0.3%	−0.13%
太平洋地区									
澳大利亚	墨尔本	3.35%	3.05%	1.28%	1.06%	0.93%	1.33%	1.31%	1.2%
澳大利亚	悉尼	2.36%	3.08%	1.18%	1.11%	1.1%	0.74%	0.81%	1.15%

资料来源：WUP.

*表示预测

附　录

参考资料：机动性

ADB(2011) *Parking Policy in Asian Cities* (Mandaluyong City, Philippines: Asian Development Bank). Viahttp://www.adb.org/publications/parking-policy-asian-cities. 'Attention newly motorising cities! Look to NEW Transit Metropolises!' via http://www.reinventingtransport.org/2013/08/attention-newly-motorising-cities-look.html

Barter, P. A. (2000) 'An International Comparative Perspective on Urban Transport and Urban Form in Pacific Asia: The Challenge of Rapid Motorisation in Dense Cities', Unpublished PhD dissertation, Murdoch University via http://researchrepository.murdoch.edu.au/3332/.

Barter, P. (2008) Public planning with business delivery of excellent urban public transport. *Policy and Society*, 27(2), 103-114. http://dx.doi.org/10.1016/j.polsoc.2008.09.007

Barter, Paul (2008) 'Singapore's Urban Transport: Sustainability by Design or Necessity?' in Wong, T-C; Yuen, B.; **Goldblum, C** (Eds.) *Spatial Planning for a Sustainable Singapore*. Springer, Dordrecht, pp. 95-114.

Barter, P. A. (2004) Transport, Urban Structure and Lock-in in the Kuala Lumpur Metropolitan Area, *International Development Planning Review*, 26(1), 1-24 **Tan, V and C. Y. LEE** (2014) 'Upcoming expressways serving people living in Greater KL', The Star newspaper, http://www.thestar.com.my/News/Community/2014/05/16/Alternative-links-to-the-city-Upcoming-expressways-serving-people-living-in-Greater-KL-Some-planned/.

Kenworthy, J. and Laube, F. (2001), *UITP Millennium Cities Database for Sustainable Transport* (CD-Database), Brussels, International Union (Association) of Public Transport (UITP).

McGranahan, G. and Satterthwaite, D. '*Environmental health or ecological sustainability? Reconciling the brown and green agendas in urban development*' in **Pugh, C** (2000) *Sustainable cities in developing countries*, 73-90 (Earthscan: London, UK). See also **Asian Development Bank** (2012) *Key Indicators for Asia and the Pacific 2012: Green Urbanisation in Asia, special chapter*. (Mandaluyong City, Philippines: Asian Development Bank).

Sustainable Urban Transport Program (SUTP), **GIZ, UN-Habitat, Asian Development Bank, World Bank, UNCRD, Inter-American Development Bank, ICLEI, Embarq and ITDP.**

Wright, C. L. (1992). *Fast wheels, slow traffic: urban transport choice*. Temple University Press, Philadelphia.

参考资料：包容性城市

Boonyabancha, S. and D. Mitlin (2012). "Urban Poverty reduction: learning by doing in Asia Environment and Urbanisation **24** 403-421

Genser, B., A. Strina, et al. (2008). "Impact of a citywide sanitation intervention in a large urban centre on social, environmental and behavioural determinants of childhood diarrhoea: analysis of two cohort studies." *International Journal of Epidemiology* **37**: 831-840. Not sure if this should be included

McGranahan, G., D. Balk, et al. (2007). The rising tide: assessing the risks of climate change and human settlements in low elevation coastal zones. *Environment and Urbanisation*. **19**: 17-37.

Patel, S., Mitlin, D. (2001) "The work of SPARC, the National Slum Dwellers Federation and Mahila Milan" *IIED Working Paper Series on Poverty Reduction in Urban Areas* Working Pape

Patel, S., Baptist, C, D'Cruz (2012) "Knowledge is

powerinformal communities assert their right to the city through SDI and community-led enumerations" in *Environment and Urbanisation* **24**(1): 13-26

Patel, S., Baptist, C, D'Cruz (2012) "Editorial: Documenting the undocumented *Environment and Urbanisation* **24**(1): 3-12

Saxena, N. C. (2013). The urban poor in India. in "Chapter of the Thematic Background Report for Global Poverty Reduction and Development Forum" UNDP-IPRCC.

SPARC(2012). BSUP: 11 Cities (NTAG study of BSUP projects to examine potential for community participation). Mumbai, SPARC.

SPARC(2014). Community Toilets. London, SHARE.

Thanh, H. X., T. T. Anh, et al. (2013). Urban Poverty in Vietnam: A View from Complementary Assessments *Working Paper. London, International Institute for Environment and Development.*

WHO and UNICEF (2014). Progress on Drinking-Water and Sanitation: 2014 Update, World Health Organisation and UNICEF.

参考资料：生态城市

Ahmed, N. (2014) "NASA-funded study: industrial civilisation headed for 'irreversible collapse'?", *The Guardian*, Online: http://www.theguardian.com/environment/earth-insight/2014/mar/14/nasa-civilisation-irreversible-collapse-study-scientists (accessed 20 March 2014).

Beddington, J. (2009) Food, Energy, Water and the Climate: a perfect storm of global events? ', London: UK Government Office for Science. Online: http://www.bis.gov.uk/assets/goscience/docs/p/perfect-storm-paper.pdf(accessed 20 March 2014).

Berners-Lee, M. and Clark, D (2013) *The Burning Question*, London: Profile Books.

Branigan, T. (2010) 'China heritage chief says building boom is destroying country's heritage', *The Guardian*, 5 August. Online: http://www.theguardian.com/world/2010/aug/04/china-culture-cities-heritage(accessed 20 March 2014).

China National Statistical Bureau/Lawrence Berkeley National Lab(LBNL) (2012) *China Energy Statistical Year Book* 2012, report by the China Energy Group, Berkeley/Beijing. Online: http://china.lbl.gov/sites/all/files/key-china-energy-statistics-2012-june-2012.pdf (accessed 15 February 2014).

Chinese Ministry of Environmental Protection(2012) 2012 *State of Environment Report*, Beijing: MEP. Online: http://english.mep.gov.cn/(accessed 15 March

Economy, E. (2014) 'China wakes up to its environmental catastrophe', *Bloomberg BusinessWeek*, 13 March 2014, 6-7, New York City. Online: http://www.businessweek.com/articles/2014-03-13/china-wakes-up-to-its-environmental-catastrophe (accessed 31 March 2014).

Environmental Protection Agency (EPA) (2014) 'Global Greenhouse Gas Emissions Data', published annually by the EPA USA, Washington, DC. Online: http://www.epa.gov/climatechange/ghgemissions/global.html(accessed 5 May 2014)

Girardet, H. (2010) *Regenerative Cities*, Hamburg: World Future Council and HCU.

Health Effect Institute(HEI) *Outdoor Air Pollution among Top Global Health Risks in 2010: Risks Especially High in China and Other Developing Countries of Asia, Beijing: HEI.*

International Council for Local Environmental Initiatives (ICLEI) (2012) *Local Governments for Sustainability Report: Building an Eco City, Building a Sustainable City*, Bonn: ICLEI. Online: www.iclei.org/resources/publications.html(accessed 15 March 2013).

International Panel on Climate Change (IPCC) (2014) *Working Group II Fifth Assessment Report, Climate Change 2014: Impacts, Adaptation, and Vulnerability*, Bonn: IPCC. Online: http://www.ipcc.ch/report/ar5/wg2/(accessed 29 September 2014).

John, M., Lehmann, S. & Sivam, A. (2013) 'The sustainable design and renewal of water's edge public spaces in the Asia-Pacific region. Sydney, Hong Kong and Singapore', *Journal of Sustainable Development*, 6 (8): 26-52. Online: www.ccsenet.org/journal/index.php/jsd/article/view/28164 (accessed 25 October 2013).

Lehmann, S. (2005) 'Towards a sustainable city centre: integrating ecologically sustainable development principles into urban renewal', *Journal of Green Building*, 1 (3): 83-104.

Lehmann, S. (2010) *The Principles of Green Urbanism: Transforming the City for Sustainability* London: Earthscan.

Lehmann, S. (2012) 'Green urbanism: formulating a series of holistic principles' in T. Haas(ed.) *Sustainable Urbanism and Beyond: Rethinking Cities for the Future*, New York: Rizzoli/Random House, pp. 23-30.

Lehmann, S. (2013a) *Working with China on Urban Challenges*, Singapore: Eco-Business. Online: www. eco-business. com/opinion/ working-with-china-on-urban-challenges/(accessed 15 March 2013).

Lehmann, S. (2013b) 'Low-to-no carbon city: lessons from Western urban projects for the rapid transformation of Shanghai', *Habitat International*, Special Issue: Low Carbon City, 37: 61-69.

Lehmann, S. (ed.) (2015) *Low-Carbon Cities*. London: Routledge.

Li, Y (2014) 'Real land reform requires more than words', *China Daily*, 3 April 2014, Beijing, p. 17. Online: http://usa. chinadaily. com. cn/business/2014-04/03/content_17404151. htm (accessed 10 April 2014).

Lin, J., Pan, D, Davis, S., Zhang, Q., He, K., Wang, C., David, S., Wuebbles, DJ. and Guan, D. (2014) 'China's international trade and air pollution in the US', *PNAS Proceedings of the National Academy of Sciences*, vol. 111, no. 5, pp. 1736-1741, doi: 10. 1073/pnas. 1312860111. Online: www. pnas. org/content/111/5/1736(accessed 15 Feb. 2014).

McKinsey & Company (2009) *Preparing for Chinas urban billion*, Beijing: McKinsey & Co. Online: www. mckinsey. com(accessed 15 March 2013).

Roseland, M. (ed.) (1997) *Eco-City Dimensions: Healthy Communities, Healthy Planet*, Gabriola Island, BC: New Society Publishers.

Satterthwaite, D. (ed.) (1999) *Reader in Sustainable Cities*, London: Earthscan.

United Nations, Department of Economic and Social Affairs, *Population Division*, *World Urbanisation Prospects: The 2014 Revision*. (accessed 29 September 2014).

United Nations Economic and Social Commission for Asia and the Pacific(ESCAP), Lehmann, S. and Thornton, K. (2014) *Planning principles for sustainable and green cities in the Asia-Pacific region: a new platform for engagement*, forthcoming report, Bangkok: ESCAP.

United Nations Economic and Social Commission for Asia and the Pacific (ESCAP) *Are we Building Competitive and Liveable Cities? Guidelines for Developing Eco-efficient and Socially Inclusive Infrastructure*, Bangkok: ESCAP.

United Nations Environment Programme (UNEP) (2013) *City-level Decoupling: Urban Resource Flows and Governance of Infrastructure Transitions*, Geneva: UNEP. Online: www. unep. org/resourcepanel (accessed 15 November 2013).

UN-Habitat(2012) *Time to Think Urban*, Nairobi: United Nations Human Settlements Programme. Online: www. unhabitat. org/ pmss/getElectronicVersion. aspx? nr=3456&alt=1(accessed 15 August 2013).

Urry, J. (2013) *Societies beyond Oil*, London: Zed Books.

Wei, H. (2013) 'China's urban transformation strategy in new period', *Chinese Journal of Urban and Environmental Studies*, 1 (1): 1350003. doi: 10. 1142/S2345748113500036.

World Bank(2012) *Sustainable Low-Carbon City Development in China*, Washington, DC: World Bank.

Xie, H. T. (2012) 'Tianjin Eco-City in China' in S. Joss (ed.) *International Eco-Cities*

nitiative: Tomorrow's City Today. Eco-City Indicators, Standards & Frameworks (Bellagio Conference Report), London: University of Westminster, p. 16.

参考资料：融资

ADB. 2009, '*Asia Energy Outlook 2009*'. Manila.

ADB. 2010. '*Asia 2050: Realising The Asian Century*' Manila.

ADB. 2008. *Managing Asian Cities Study*. Manila.

ADB. 2008. *Managing Asian Cities*. Manila

ADB. 2011. Press release. Manila. 16 May.

Canuto, O. and Liu, L. '*Until Debt Do Us Part*'. **World Bank.** Washington. 2013.

European Union. 2011. Efficient Metropolitan Governance. Brussels.

Gadenne, L. & Singhal, M. 2013. *Decentralisation in Developing Economies*. Annual Review of Economics, 3.

McKinsey & Company. 2011. '*Building India: Transforming the Nation's Logistics Infrastructure*.' Delhi

OECD. 2014. '*Pooling of Institutional Investors' Capital*. Paris

OECD. 2006. *Symposium on Agencies and Public Private Partnerships: Calle 30 Case. Madrid*; http://www.roadtraffic-technology.com/projects/m30_madrid/and http://www.hafencity.com/en/overview/hafencity-the-genesis-of-an-idea.htm

Property Assessed Clean Energy Advocate. *PACENOW. Solar Financing for Residential Solar Panels*.

Oh, D. 2011. 'Green Financing in Korea', Korea Corporate Governance Service. Seoul.

Sullivan, R. 2011. 'Investment Grade Climate Change Policy: Financing the Transition to the Low Carbon Economy.' UNEPFI. Geneva.

United Nations Environment Programme Finance Initiative, http://www.unepfi.org/

World Bank. 2010. '*Costs to Developing Countries of Climate Change*'. Washington.

World Bank. 2013. *Planning, Connecting and Financing Cities*. Washington.

World Bank. 2010. *Tokyo's Emissions Trading System: A Case Study, Directions in Urban Development*. Washington, DC; *The Guardian*. 2010. Tokyo kicks off carbon trading scheme. 8 April; *Green Futures Magazine*. 2010. Tokyo launches Asia's first ETS. 6 July www.cdia.asia

译后记

《亚太城市报告》系列是联合国人居署关于亚太地区城市发展状况的旗舰报告。为了帮助每个关注亚太城市发展的中国读者了解和把握亚太地区城市发展状况的最新进展，作为联合国人居署《亚太城市报告2015：城市转型从量到质》中文版的总策划，我组织了一个翻译小组，成员包括：周玉斌、应盛、周梦妮、刘冰、艾蓉、马书韵、周炳宇、杨笑予和在美国的Sicheng Zhou，全体人员都参加了翻译和校对工作，蒋文超参加了部分图片的制图工作。在此，谨对所有参加此项工作同事们的辛勤劳动和努力，表示深深的感谢！

联合国人居署和联合国亚太经济社会委员会对此次图书中文版的出版为我们提供了极大的支持；联合国人居署地区城市报告协调官JosephMaseland博士、联合国人居署区域合作司顾问沈建国先生以及联合国人居署亚太地区办公室高级人居官员Bruno Dercon先生在本书的中文版翻译出版过程中给予了大力的支持。没有他们的配合，此次中文版是不可能顺利出版的。

同时我要特别感谢联合国人居署驻华代表张振山先生，他为本书中文版的联络协调作了巨大的贡献！

最后，衷心感谢同济大学出版社为本书中文版出版所付出的辛勤工作！

由于翻译时间有限，本书难免存有疏漏和不足之处，敬请广大读者批评指正。

周玉斌

上海同济城市规划设计研究院副院长

2016年6月于上海